本书由深圳职业技术学院学术著作出版基金资助出版

近代汉语有标记被动句研究

◎郑宏 著

JINDAI HANYU YOUBIAOJI BEIDONGJU YANJIU

语文出版社
·北京·

图书在版编目（CIP）数据

近代汉语有标记被动句研究 / 郑宏著. — 北京 :
语文出版社，2017.6
ISBN 978-7-80241-530-0

Ⅰ. ①近… Ⅱ. ①郑… Ⅲ. ①汉语—句型—研究—近代 Ⅳ. ①H146.3

中国版本图书馆CIP数据核字(2017)第000831号

责任编辑 金春梅
装帧设计 徐晓森
出　　版 语文出版社
地　　址 北京市东城区朝阳门内南小街51号　100010
电子信箱 ywcbsywp@163.com
排　　版 北京杰瑞腾达科技发展有限公司
印刷装订 北京市科星印刷有限责任公司
发　　行 语文出版社　新华书店经销
规　　格 890mm×1240mm
开　　本 A5
印　　张 8.125
字　　数 204千字
版　　次 2017年6月第1版
印　　次 2017年6月第1次印刷
印　　数 1-1,000
定　　价 25.00元

010-65253954(咨询) 010-65251033(购书) 010-65250075(印装质量)

目 录

第一章　引　言

第一节　研究对象、范围和材料

一、研究对象

本书主要研究的是近代汉语三类不同来源的有标记被动句式，分别为“被”类、“叫”类、“给”类。本书的研究重心集中在“被”“叫”“给”这三个被动标记上，对和它们有着相同来源的其他一些被动标记也进行分类研究。如：被动标记“被”是由遭受义动词发展而来的，在近代汉语里有着相同来源的还有“吃”“着”；被动标记“叫”是由使役动词发展而来的，在近代汉语里有着相同来源的还有“教”“交”“让”；被动标记“给”是由给予动词发展而来的，在近代汉语里有着相同来源的还有“与”“把”“拨”等。本书将对这三类被动标记的产生、发展、演变进行历时考察，通过描写与分析试图找寻这三类不同被动标记的内部发展机制，并作出合理解释，以期在前人的研究基础上有所推进。

本书兼论现代汉语及汉语方言中有标记的被动句式。现代汉语书面语表示被动多用“被”字句，而在口语中表示被动多用“叫”“让”“给”。汉语方言中有一些比较特殊的被动句式，如西南官话的“着”字句、吴语的“拨”字句、湘语的“把”字句、粤语的“畀”字句、闽南语的“乞”字句和“互”字句等，其中可以追溯到近代汉语源头的被动句式也是本书研究的对象。

二、研究范围

“近代汉语”是汉语历史发展中的一个阶段，由于各人对汉语发展史分期的意见不同，近代汉语所包括的范围有多种说法。[①]王力（1958）认为，公元13世纪到19世纪（鸦片战争）为近代汉语时期（自1840年鸦片战争到1919年五四运动为过渡阶段）；吕叔湘（1984）认为，近代汉语时期应确定为晚唐五代：“以晚唐五代为界，把汉语的历史分为古代汉语和近代汉语两个大的阶段是比较合适的。”潘允中（1982）认为，自宋元明清至鸦片战争以前，是近代汉语时期。胡明扬（1992）提出并初步论证了从隋末唐初到明末清初为近代汉语时期，并认为近代汉语内部可分为早期（隋末唐初到五代北宋）、中期（宋元）、晚期（元末到清初《红楼梦》以前）。其分期标准为：①语音上阴阳入对应的严整格局开始动摇，入声韵尾-p、-t、-k相混到消失；全浊声母的清化；-m韵尾的消失。②语法上“的了哩／呢”的出现和全面替代旧的助词系统；“这那”替代“彼此”；“将”字句、“把”字句的出现和发展；“动＋将＋趋”的出现、发展和消失。③语汇中“我你他”（还有“们”）的出现和全面替代“吾汝其”等古汉语人称代词。袁宾（1992）提出汉语历史阶段由主干部分与交替重叠部分组成的意见，暂把南宋、元代、明代和清初作为近代汉语阶段的主干部分，其上沿可以前推几个世纪，下沿可以向后延伸几个世纪。蒋绍愚（1994/2003）综合语音和语法，将唐代初年作为近代汉语的上限，将18世纪中期或清初作为近代汉语的下限。

---

① 见蒋绍愚《近代汉语研究概论》绪论第一节，北京大学出版社2003年，第1—7页。

由于各家所持的划分标准并不一致，所以近代汉语上限和下限的认定一直存在争议。笔者认为，语言的发展演变是一个渐进的过程，有语音、词汇、语法多方面的因素，所以单单靠一条或几条标准将汉语史截然划分开来，本身也是不合理的。然而，对汉语史进行研究，不做大致的分期也是不可能的。所以，笔者根据现在保留下来的比较接近口语的材料，并综合各家的看法，把唐初至清初这段时间定为近代汉语时期。同时，考虑到研究的连续性，本书将近代汉语向现代汉语发展的过渡时期，即清中叶到1919年五四运动这段时期也囊括进来，纳入研究的范围，以确保研究结果的连续性、完整性和准确性。

本书兼论现代汉语及汉语方言被动式，研究的范围除了上文提到的近代汉语，对现代汉语及汉语方言的被动式也略有涉及。也就是说，五四运动以后的部分口语材料、方言材料也在本书的研究范围之内。

三、研究材料

本书选用各个不同历史时期比较接近口语并具有代表性的语料作为研究材料。

近代汉语时期选用的语料有唐代佛经、语录、《入唐求法巡礼行记》、《朝野佥载》、《全唐诗》、敦煌变文、《祖堂集》，宋代《朱子语类》、《全宋词》、南宋佛语录、宋元话本、《新编五代史平话》，元代《老乞大新释》、《老乞大谚解》、《朴通事谚解》、《训世评话》、《全元曲》、《元刊杂剧三十种》，明代《三国演义》、《水浒传》、《三遂平妖传》、《西游记》、“三言二拍”、《山歌》、《型世言》、《金瓶梅词话》、《金瓶梅》（崇祯本），清代《醒世姻缘传》、《儒林外史》、《红楼梦》、《镜花缘》、《官场现形记》、《二十年目睹之怪现状》、《老残游记》、《儿女英雄传》、《孽海花》、《文明小史》、《九尾龟》、《海上花列传》、《海上繁华梦》、《小额》（节选）。

现代汉语时期选用的语料有鲁迅、李劼人、巴金、老舍、茅盾、钱锺书、张爱玲、赵树理、王朔等作家的部分代表作品。本书所列之材料比较繁杂，是因为上述作家的某些作品明显具有汉语方言色彩，为方便进行比较而选取。

第二节　研究现状

有标记被动句是汉语重要的句式之一。殷商时期的“于”字句、春秋战国的“为”字句和“见”字句、西汉时期的“被”字句，都属于有标记被动句。到近代汉语时期，有标记被动句又有了进一步的发展，出现了新的变化。除了占有主流地位的“被”字句呈现出复杂化的趋势外，近代汉语时期还产生了多种新型的被动句式，如唐代的“着（著）”字句、“与”字句和“教”字句，宋代的“吃”字句，元代的“把”字句，明代的“叫”字句、“拨”字句和“乞”字句，清代的“让”字句和“给”字句等。近代汉语中这些有标记的被动句，从 20 世纪 40 年代起就有学者开始关注，或在语法史的著作中有所提及，或在单篇论文中进行详细分析，但全面和系统研究近代汉语被动句的专著并不多见。可喜的是，近两年来学界陆续出现了一批学者致力于汉语被动句的研究，如屈哨兵、张延俊、曹凤霞等，在认知、功能、语法化等方面对汉语被动句进行了纵深的研究。

一、语法史著作中涉及的近代汉语有标记被动句研究

近代汉语有标记被动句的研究最早出现在各种语法史专著中。“被”字句是一定在列的。王力《汉语语法史》（1989）从汉语史的角度细致地勾勒出“被”字句的发展过程；潘允中《汉语语法史概要》（1982）简略地指出近代汉语“被”字句不同于前期的三点发展；袁宾《近代汉语概论》（1992）从语法史和“被”

字历史发展两个方面证明“被”字句的逐渐成熟；向熹《简明汉语史》(1993)主要论述了“被”字句在近代汉语中的发展，即关系语、谓语的进一步复杂化，反向被动句的增加和“被”字语义的进一步虚化；蒋绍愚《近代汉语研究概论》(1994/2003)详细分析了“被”字句的产生；蒋冀骋、吴福祥《近代汉语纲要》(1997)对“被”字句的论述大多是转引他人观点，进而作出总结；俞光中、植田均《近代汉语语法研究》(1999)着眼于“被”字前被动受体的有无，对“被”的“不幸”意义作了深入分析；冯春田《近代汉语语法研究》(2000)就“被”字句句子成分的复杂化和语义结构关系的变化进行了讨论；袁宾、徐时仪等《二十世纪的近代汉语研究》(2001)就各学者对近代汉语被动句的研究进行了综述；蒋绍愚、曹广顺主编的《近代汉语语法史研究综述》(2005)针对各学者对近代汉语被动句所作的研究进行了详细的叙述，客观地展现了各学者在此类研究问题上的优势与缺憾。

除了“被”字句，近代汉语时期其他有标记被动句的研究在上述相应的著作中虽然略有论述，但均不是研究的重点。这些著作对被动句简单地进行了列举和分析。王力(1989)谈及了“叫”“让”“给”可以表示被动；潘允中(1982)提到“吃”“叫”“给”用于表示被动，并对“吃”表示被动的来源作出了假设；袁宾(1992)把被动标记分为“着”“做”、“把”“拨”、“教”“叫”和“得”四种类型，但对其来源并未深究；向熹(1993)列举了除“被”字外的近代汉语时期表示被动的介词，如喫(吃、乞)、教(叫)、与、着、把、给，并对其来源进行了简单的分析。综上可见，语法史著作对近代汉语有标记被动句的论述仅限于简单的描写，并未展开深入探讨。也有些著作对有标记被动句进行了有针对性的个案研究和来源分析。太田辰夫《中国语历史文法》(1987/2003)对“教(叫)”“让”表示被动有了初步的关注，并对使役动词表示被动的原因作出了解释；蒋绍愚

（1994/2003）对近代汉语使用使役动词表示被动，从词汇意义和语法意义两个方面作出了阐述；冯春田（2000）将具有被动语法意义的句式按照动词类别的不同分为“授与”“使役”“遭受”三类，从这三类动词入手，进行了较为系统的研究和分析；蒋绍愚（2005）对近代汉语“吃（喫、乞）”字被动句、“教（交、叫）”字被动句、“与”字被动句和“给”字被动句作了比较全面的梳理，并提出了一些看法和观点，是语法史著作中对近代汉语有标记被动句阐述最为深入的。

还有一些专书语法研究，其中也涉及了近代汉语有标记被动句式。如冯春田《聊斋俚曲语法研究》（2003），吴福祥《敦煌变文12种语法研究》（2004）、《〈朱子语类辑略〉语法研究》（2004），黄锦君《二程语录语法研究》（2005），李炎《〈醒世姻缘传〉及明清句法结构历时演变的定量研究》（2006），许仰民《〈金瓶梅词话〉语法研究》（2006），田春来《〈祖堂集〉介词研究》（2012）等。

近十年来，出现不少硕博论文研究被动句式。如史在宏《〈金瓶梅〉被动句式研究》（2006）、吕思洁《〈水浒全传〉“被”字句及“被”字结构研究》（2007）、高成建《“二拍”被动式研究》（2008）、曹思海《〈醒世姻缘传〉“被”字句研究》（2010）、李佳妮《“二程语录”被动式研究》（2011）、刘英《〈西游记〉汉语被动式研究》（2012）、李森森《〈型世言〉被动式研究》（2013），从共时角度对近代汉语时期专书中的被动式进行了详尽的描写和考察分析。也有从历时角度对汉语被动式进行研究的专著。张延俊《汉语被动式历时研究》（2010），对从远古到近古时期的无标记被动式和有标记被动式均进行了历时的考察，并就汉语被动式形成与发展的原因、机制和规律提出了新的学术观点，具有创新性；曹凤霞《汉语被动标记更替历时研究》（2014）对汉语上古、中古、近代的有标记被动式的形成、发展及标记更替进行了较为系统的研究，其中不乏对形成机制的探讨，研究内容丰富，研究材料广泛。张延俊的研究对汉语被动式的发展过程进行了全方位的审视，内容偏重于对汉语无标记被动句的研究，对有标记被动句的研究主要落在了句法上；曹凤霞的研究注重汉语有标记被动式发展过程的连续性和更替性，研究的内容着重于上古汉语和中古汉语的有标记被动式，对于近代汉语有标记被动式的研究则相对薄弱。

二、研究近代汉语有标记被动句的论文

研究近代汉语有标记被动句的论文是比较丰富的，研究的内容大致有以下五个方面：

（一）对“被”字句的进一步探讨

“被”字句产生初期比较简单，在发展过程中，出现了复杂的形式，许绍早（1956）、向熹（1958）、吕景先（1980）、袁宾（1989）、唐钰明（1988）对此进行了系列研究。其中唐钰明《唐至清的“被”字句》通过定量分析对近代汉语“被”字句进行定性，文章中不乏同时代文言与白话的横向比较、不同时代语言的纵向比较，对唐代至清代的“被”字句进行了详尽的历时考察与共时分析。专书研究近代汉语“被”字句的论文则比较深入。曹小云（1990）、黄锦君（2002）、丁勇（2006）、谢燕琳（2006）分别对《朝野佥载》《二程语录》《元典章》《三遂平妖传》的“被”字句进行了分析和研究；许仰民（1990）、方经民（2006）分析了《金瓶梅词话》中被动式的使用情况，并与《红楼梦》中的被动式进行了比较研究；陈昌来、李琳（2006）以《儿女英雄传》中的“被”字句作为参照，与此前的“被”字句和此后的现代汉语“被”字句进行比较研究，试图找出“被”字句演化转变的线索；高霄、王慧青（2005）通过对《红楼梦》“被”字句的句法结构、使用频率、运用特点等方面的研究，展现了“被”字句的总体特

征和应用特点。

（二）对“喫”“吃”“乞”字句表示被动的探讨

江蓝生（1989）、张惠英（1989）最早开始关注“喫”“吃”“乞”表示被动的来源问题。江蓝生考察了《水浒传》《金瓶梅词话》《清平山堂话本》里“喫”“吃”“乞”的用字情况，指出饮食义的“吃”不与“乞”混用，遭受义、被动用法的“吃”在《水浒传》和《金瓶梅词话》里多与“乞”混用，而在《清平山堂话本》里则避免用“吃”，只用“乞”。“乞”是“吃”的同音借字。江蓝生倾向被动标记“吃/乞”由动词遭受义发展演变而来。张惠英认为，“乞”表被动是从给予义发展来的。《敦煌变文集》中“喫”的被动用法还未成熟。《金瓶梅词话》和《山歌》中“喫”“吃”“乞”在用法上完全一致，都用来表示被动、挨受、原因，而不用来表示给予，但是“乞”在近代汉语中确实存在给予义，在现今某方言中也仍用“乞”表给予，当时不用的原因是这两部书的作者有意回避使用给予义的“乞”。江张二人在“喫”“吃”“乞”表被动的来源问题上各有理由和观点，值得深入思考。许仰民（1989）描述了《金瓶梅词话》“乞”字句和《水浒全传》“吃”字句的使用情况，客观描述语言事实，未涉及“吃”“乞”来源问题的探讨。马兴芳（2001）从“吃”的词汇手段和语法手段表被动这两个角度考察各自的格式使用情况，认为被动关系词“吃”来源于其动词“遭受”“挨”义。王虎、金御真（2011）考察汉语史特定阶段的特殊句式——“吃”字被动句的发展过程和语法化机制。周杨、张菊萍（2008）从语音的角度对被动标记“吃”的消失给予解释，角度新颖。

（三）对“给”字句表示被动的探讨

学界对“给”表被动的来源问题进行了深入研究，形成了三种观点：①张惠英（1989）认为，“乞”字句就是后来的“给”字句，“给”正好承接了“乞”表给予、被动的用法（即表给予的“乞”—表被动的“乞”—表被动的“给”）；②本涅特（1981）认为“给”从表示给予到表示被动，存在表示处置的中间环节（即表给予的“给”—表处置的“给”—表被动的“给”）；③太田辰夫（1959）、桥本万太郎（1987）、蒋绍愚（1994/2003）、李炜、濑户口律子（2007）认为，表给予的“给”向表被动的“给”转化的中间环节不是表示处置的“给”，而是表示使役的“给”（即表给予的“给”—表使役的“给”—表被动的“给”）。目前，学界比较倾向第三种观点，即表被动的“给”由给予动词“给”经过使役动词“给”发展而来。

（四）对“教”“叫”“让”字句表示被动的探讨

太田辰夫（1987/2003）、蒋绍愚（1994/2003、2002）、江蓝生（1999）、张延俊（2011）对这类使役动词表示被动进行了专门研究，通过历时分析与共时描写相结合的方法探寻使役与被动兼用的原因以及发展演变的过程；李崇兴、石毓智（2006）从语法化的视角探讨了自唐代以来“叫”字句的发展轨迹；杨月蓉（2007）分析了“教（叫）”被动与使役互转的原因。朴乡兰（2011）分析了“教（叫）”字句从使役到被动的演变过程，其转化原因不是受事前移、主语省略，而是反身致使句发展的结果。

（五）对其他有标记被动句式的探讨

袁宾（2005）论述了“蒙”字句的产生过程和发展情况，说明了语言的类化机制是“蒙”字句顺意倾向产生并强化的深层动因；田春来（2009、2010）、张振羽（2010）、张延俊（2011）对“遭”“着（著）”的被动用法进行历时追溯，揭示其作为被动标记的历史事实，并对演化途径作出了解释。

对近代汉语被动式进行研究的单篇论文中，学者们讨论的焦点主要集中在“被”“叫”“给”这部分被动标记上，而对极个别的曾经在近代汉语时期出现过的被动标记，如“着

（著）”“蒙”“把”“拨”的论述和研究相对较少。在上述研究中不乏对被动式的来源及其演变原因给予发展性的说明，对个别被动标记也给予了详细的理论阐释和事实分析，不足的是缺乏共时平面的对比研究，近代汉语被动句的内部发展机制还有待进一步挖掘。

三、涉及现代汉语和汉语方言被动式的专著和论文

研究现代汉语和汉语方言被动式的专著并不多见。屈哨兵《现代汉语被动标记研究》（2008）对现代汉语被动标记进行了个案研究，在论述过程中描写与解释并重，把被动标记的意义衍推和认知分析作为考察的重点，研究颇为详尽；石毓智《语法化的动因与机制》（2006）一书的部分章节从语法化和认知的角度对被动标记“叫”“让”“给”进行了历时考察，对现代汉语方言和少数民族语言的被动标记有所涉及，并试图发现这些被动标记所隐藏的内在规律性。

研究现代汉语和汉语方言被动式的论文比较多。桥本万太郎（1987）已经注意到了近代、现代汉语的被动式，从语言地理类型学的角度分析了汉语南北方言被动标记的不同与历史上汉语跟相关语言接触的关系；张振兴（1999）对汉语各方言中表示被动的标志词分别进行了描述；何洪峰（2004）解释了现代汉语被动标记产生的原因；王振来（2006）从语法化和方言的角度考察了汉语的被动标记；黄行、唐黎明（2003）以我国某些汉藏语系和阿尔泰语系的语言为例，进行了被动句跨语言类型的比较；石毓智（2005）运用类型学和认知语言学的方法，对古今汉语和少数民族语言的被动标记进行比较研究，着重探讨汉语被动式和其他语言的被动式之间的共性与个性；张惠英（2005）对汉藏语系壮侗语族、苗瑶语族语言的被动词，南亚语系的几种语言的被动词进行了研究；戴庆厦、李洁（2006）研究了景颇语的“$NP+e^{31}$”式的

语义、语法及语用特点，为汉藏语的被动句研究提供参考。

李炜（2004）对清中叶以来北京话的“给”字表示被动进行了论述；木村英树（2005）提出北京话给予动词“给”字的被动介词功能不是由“被使动者”标识功能扩展而来，而是由“受益者”标识功能扩展而来的；李宇明、陈前瑞（2005）运用定量的方式考察有标记被动句的使用情况，并且考察了“给”字被动用法的历史发展及其内在制约因素，认为北京话的介词“给”是在助词“给”的诱导下逐步发展出被动用法的；洪波、赵茗（2005）认为汉语给予动词的使役化和使役动词的被动介词化，都是由于认知上的前景凸显因素导致原来结构的重新分析而发生的，为汉语给予动词演变为被动标记提供了理论支持。

江蓝生（1999）探讨了使役与被动兼用的原因，并指出在汉语方言中确实存在北方用使役动词“叫”“让”兼表被动、南方用给予动词表被动的情况；何忠东、李崇兴（2004）分析了汉寿方言被动标记“等”的特点及成因，认为被动标记“等”源于使役动词“等”，使役与被动兼用是一种规律性的演变；周磊（2002）主要描述乌鲁木齐话的被动标记“让”；储泽祥（2006）从句法语义表现、语用考察等方面对赣语岳西话表被动的“让”字句进行了分析。

李海霞（1994）、丁崇明和荣晶（1994）、张定（2006）对四川方言、昆明方言、枞阳方言的被动标记“着”进行共时平面的描述，并对“着”字表示被动的现象作了必要的考察；崔显军、张雁（2006）对汉语方言中的表示被动的“着”进行了地域考察。

甘于恩、黄碧云（2005）对吴语的“拨”字句和湘语的“把”字句进行了方言描述和共时、历时考察；周芸（2007）重点介绍了句容方言“把”字被动句的句法格式、结构特点、语义特点以及被动标记的来源。

此外，方言工具书，如陈章太、李行健主编的《普通话基础方言基本词汇集》(1996)，许宝华、宫田一郎主编的《汉语方言大词典》(1999)，李荣主编的《现代汉语方言大词典》(2002)等，其中记录了丰富的现代汉语方言被动句材料；一些方言调查报告、方言语法研究专著，如山西、山东方言志，湖南方言研究丛书等，其中涉及方言被动句的描写与记录，为方言被动句的研究提供了生动的语言材料。

近代汉语有标记被动句的研究，研究内容从共时的描写到历时的考察，从历时的研究到方言的印证，从概括的研究到个案的研究，从内部机制的挖掘到外部动因的分析，研究方法从描写到解释，从综合到比较，从数量统计到性质分析，运用语法化、认知理论、生成语法等现代语言学理论方法，内容是全面丰富的，方法是多样新颖的。虽然现有的研究已经很深入了，但是近代汉语有标记被动句的复杂性决定了还有一些问题没有解决好，如：

1. 研究不平衡。对现代汉语共同语中仍在使用的被动标记“被”“叫”“让”“给”的研究较多，对近代汉语出现且在现代汉语方言中仍使用的被动标记“着（著）”“吃”“乞”“与”“把”“拨”的研究则相对薄弱。

2. 研究不够系统。近代汉语有标记被动句的研究大多限于个案的研究，对被动标记的来源和被动句的分化研究力度不够，缺乏上溯下延的连续性与归类研究的系统性。

3. 有些理论问题的研究还相对薄弱。对近代汉语被动标记历时发展中的语法化、类化等理论问题还缺乏深入、系统的研究。对个别被动标记产生和发展背后的动力与机制的解释还不够充分。

第三节　研究目的和方法

一、研究目的

汉语历史语法的研究，大多是从某一具体的语法形式出发，探求其产生、发展、演变的过程，并对这一过程作出解释。本研究以近代汉语“被”“叫”“给”三类不同来源的被动句作为研究对象，探求其产生、发展、演变的历时过程。

近代汉语时期是各种句式结构产生、发展、演变的重要时期，也是“被”“叫”“给”三类不同来源的被动句产生和发展的关键时期，对近代汉语这三类被动句进行系统深入的研究，试图从中找寻出其发展变化的内在规律，将有助于从类型学的角度重新审视近代汉语这三类不同来源的被动句。

现代汉语各大方言区中有些被动句和近代汉语被动句的表达形式相同，大多是近代汉语被动句在现代汉语方言中的保留。通过对近代汉语有标记被动句的研究，将有助于对现代汉语方言被动句源头的追溯，并从文献上为现代汉语被动句的源流、发展提供材料支持，从汉语史的角度对其定位。

二、研究方法

本书采取的研究方法有：

（一）系统描写与个案分析相结合

本研究将近代汉语有标记被动句按被动标记来源的不同分为“被”“叫”“给”三个类别，分别对三个类别系统中的被动句进行个案的描写与分析，理清其发展演变的过程，并在此基础上对同一类别的被动句进行系统的分析与归纳，从而绘制出被动标记的历时层次表。

（二）汉语史与汉语方言研究相结合

本研究的范围从近代汉语一直延续到现代汉语，不仅对近代汉语“被”“叫”“给”三类不同来源的被动句产生、发展、成熟、消亡的过程进行历时考察，理清这三类被动句在汉语史上的发展演变过程，而且将近代汉语语料与方言材料结合起来，探寻近代汉语这三类不同来源的被动句在方言中的保留情况，以确保研究过程的连续性和研究结果的准确性，同时也从文献上为现代汉语被动句的源流、发展提供材料支持，从汉语史的角度对其定位。

（三）传统描写与认知解释相结合

本研究不仅对近代汉语“被”“叫”“给”三类来源的被动句进行详细的历时考察，而且要对这三类被动句的发展变化以及特点加以解释，运用语法化、类化等语言学理论，对近代汉语被动标记的演变给予分析。

（四）数量统计与定性分析相结合

数量统计是计量语言学在语言描写中的具体运用，可用于区别统一与个别、质变与量变、主流与支流。本研究采用数量统计与定性分析相结合的方法，对近代汉语“被”“叫”“给”三类被动标记进行量化考察，并在此基础上作出客观的定性分析。

第二章 近代汉语“被”类被动句

近代汉语时期的“被”类被动句主要指的是“被”字句、“遭”字句、“蒙”字句、“吃”字句和“着(著)”字句①，将这五种被动形式纳入“被”类被动句是因为被动标记“被”“遭”“蒙”“吃”“着(著)”的来源相同，均由遭受义类动词发展而来。“被”字句在先秦已经出现，发展到近代汉语时期，其句子成分逐渐复杂化，语义结构关系也发生了变化，至今保留在现代汉语中。“蒙”字句表示被动最迟大概是在三国时期，其标志是“蒙”字开始引进动作的施事。唐代以来，“蒙”字被动句经历了进一步的发展演变与频繁使用的过程。到了明代，“蒙”字被动句的发展达到了鼎盛阶段，但在现代汉语和方言中，“蒙”表被动的意义已经消失了。“遭”字句表示被动产生于东汉，唐宋元明时期发展缓慢，到了清代逐渐萎靡，在现代汉语中已经消亡，但在西南方言中还有所保留。“吃”字被动句始见于晚唐五代，元明时期得到发展，在清代基本消亡，到现代汉语里，“吃”字被动句就更为罕见了。“着(著)”字被动句产生于唐代，其发展一直都

① 根据笔者的考察，近代汉语“着(著)”字被动句的形成主要有两个来源：一是由动词遭受义发展而来，一是由动词使役义发展而来。因涉及两个来源，在章节归属上有一定困难。为了清晰而完整地呈现“着(著)”字被动句在近代汉语时期发展演变的过程，笔者暂将“着(著)”字被动句纳入遭受义来源的“被”类被动句一章进行描写与分析，特解释说明。

不很成熟，于晚清消亡，但是在现代汉语西南官话和冀鲁官话中被保留了下来。本章将详细考察上述遭受义被动标记的来源及其历时发展，并从共时角度进行细致的描写。①

第一节 “被”字被动句

“被”字句是近代汉语被动句式中最重要的一种。“被”不仅是出现频率最高的，而且是被动化程度最高的，不像同样遭受义来源的“遭”“蒙”等被动标记，在发展演变的过程中牵扯较多。“被”字句比较纯粹，语法化程度较高，至今还在现代汉语中用于表示被动。

一、“被”字被动句的来源

学界对于“被”字被动句的来源有着多种阐释。王力（1957、1958、1989）认为“被”表示被动大约于战国末期萌芽，是由“被”的动词词义“遭受”“蒙受”义发展而来的。“被”字句的产生与“被”的词义发展有关，但“这并不是说一个字的意义的发展能决定一种语法结构的发展；我们的意思只是说，一种新兴的语法结构是采取了和它相适应的词汇形式来表现的”。在王力看来，“被 +V”这种结构中“被”的词义已经开始虚化，然而词义的虚化并不是“被”字被动句产生的绝对条件，只有在“被 +V”的语法结构共同作用下，“被”字被动句才最终得以产生。

本涅特（1981）认为“被”字被动句的形成是“重新分析”的结果，因为古汉语中有些词可以兼属名词和动词，比如“被辱”“被攻”“被围于赵”，“被”后面的词的词性是动词性的还

① “被”字句表示被动的汉语史考察，多数学者均已论述，所以本书将考察的重点放在近代汉语时期，并作为参照系与“被”类被动句进行比较研究。

是名词性的是不清楚的。当“被”后面的词有一个修饰语（定语）时，才表明这个词是名词性的，“被”一定是动词，比如“被水旱之害（《史记》）”。当出现“国一日被攻（《战国策》）”这种句式结构时，“攻”既可以分析为NP，也可以分析为VP，容易促使句子发生重新分析，在“攻”是VP的情况下，“被”就有了从动词转化为被动标记的可能。当4—5世纪在“被”字后面可以插入施事者之后，出现的就是被动句了，如“亮子被苏峻害（《世说新语》）”。在本涅特看来，“被+V”结构的出现使“被”由遭受义动词转化为被动标记成为可能，而“被+施事者+VP”结构的出现则意味着真正意义上的“被”字被动句产生了。

蒋绍愚（1994/2003）在此基础上进行了说明：在汉语中，名词固然常常充当宾语，但动词充当宾语，也是很常见的现象。所以，在“被”字后面是一个名词性成分（如“水旱之害”），固然说明“被”是一个动词而不是被动的标志，但如果“被”后面是一个动词（如“攻”或“害”），“被”也仍然可能是一个动词而不是被动的标志。所以重新分析的关键，主要不在于“攻”或“害”是名词还是动词，而在于它们和“被”构成什么关系。不过，只有当“被”字后面跟一个动词时，才有重新分析的可能，如果“被”字后面跟的是一个名词，就不可能发生重新分析了。判断“被”字被动句产生的标准，并不是以施事者的出现为依据，而是应该系统地看待“被”后面的成分跟“被”的关系。因此，把“被”字后出现述补结构作为“被”字句产生的衡量标准是合理的，由此看来，王力将“被”字被动句的萌芽期限定在战国末期，也正因为是“萌芽”，所以出现的频率较低。

笔者认为，“被”字被动句的产生是“被”的词义演变和句式结构共同作用的结果。“被+V”和“被+N+VP”这两类句式结构的出现，是“被”字句重新分析的契机，促使“被”字的词义虚化，这是“被”字被动句自身的发展演变。此外，外力的作用，即上古“为”字句表示被动的类化作用，是推动“被”字被动句产生和发展的外部推力。根据唐钰明（1985、1987、1991）关于汉语被动句的系列考察，“被”字被动句的演化过程与“为”字句颇为相似。两汉前的“被”字句，其结构大体是“被+V”，到六朝才出现较多的“被+N+VP”结构，六朝末进而萌生了“被N（之）所V”的形式，“被”的演变轨迹与“为”字句的演变轨迹一致，这种一致性或者说是相似性，无疑是“被”字被动句发展的外部助力。在内外力的共同作用下，“被”字被动句在唐代口语中最终取代了“为”字句。

二、“被”字被动句历时考察

“被”字被动句是近代汉语非常重要的被动句式，在所有的有标记的被动句当中，其主流地位当之无愧。此期的“被”字被动句较前期有了进一步的发展。

（一）“被N（之）所V”形式的增多

“被N（之）所V”式最早出现在《搜神记》中，有例为证：“见黄雀，被蝼蚁所困。”唐代“被N（之）所V”式逐渐增多，但远不如“被+N+VP”式。“被N（之）所V”式是在“被+N+VP”式的动词前加“所”构成的，是“为N（之）所V”的类化。如：

（1）在身前义海被五阴身所摄。（《祖堂集》卷十八）

（2）果被秦王所擒。（《朝野佥载》）

（3）不被见闻觉知所缚，不被诸境所惑。（《五灯会元》卷三）

（4）赵能被乱兵所杀。（《水浒传》第九十一回）

（5）塔上既被血雨所污，又况日久无光，恐生恶物。（《西游记》第六十二回）

相对于“被N所V”式，“被N之所V”式用例更少，如：

（6）不被阴界五欲八风之所漂溺。（《五灯会元》卷三）

（7）子开因蔡确事，被刘器之所逐。（《朱子语类》卷一百三十）

（二）句子成分的复杂化

句子成分的复杂化，体现在“被”字被动句关系语（施事）的复杂化、谓语结构的复杂化等。总之，“被”字被动句在近代汉语时期是逐渐向精细化方向发展的。

1. 关系语（施事）的复杂化。“被”字被动句在战国末期萌芽，汉魏六朝产生，唐以来逐步发展。唐以前，“被”字被动句不带关系语（施事）的情况比较常见，唐以来带关系语（施事）的情况则较为普遍。根据曹凤霞（2014）的研究，《敦煌变文集》《祖堂集》《朱子语类》《元朝秘史》《水浒传》《醒世姻缘传》《型世言》《红楼梦》中“被”字被动句带关系语（施事）的比例分别为56%、78%、100%、100%、85%、92%、74%、90%，说明此期“被”字被动句的施受关系比较明确，这是唐以来“被”字被动句的重要变化之一。“被”字被动句的关系语（施事）除了可以是名词、代词外，还有同位短语、偏正短语、并列短语以及其他更为复杂的短语，如：

（8）恐被摩羯居士摧。（《敦煌变文集新书》卷二）（同位短语）

（9）终是被这一块实底物事隔住。（《朱子语类》卷二）（偏正短语）

（10）被这君章、子征，将我紧逼逐，并不肯相离了左右。（《元刊杂剧三十种·死生交范张鸡黍》）（并列短语）

还有两种或多种结构混合的，如：

（11）但不被一切善恶垢净有为世间福智拘系。（《祖堂集》卷十四）

（12）弟子寻思起来，只有酸枣门外退居廨宇后那片菜园，时常被营内军健们并门外那二十来个破落户侵害……（《水浒传》

第六回）

（13）山上旧有一个道院，近来新被两个强人，一个姓王名江，一个姓董名海，这两个都是绿林中草贼，先把道士道童都杀了，随从只有五七个伴当，占住了道院。（《水浒传》第七十三回）

（14）近来世道没有了清议，人心没有了是非，把这四样真人都被那些无非无刺的乡愿、有钱有力的势要、作奸犯法的衙胥、骂街撒泼的歪拉占定了朝廷的懿典，玷辱了朝廷的名器。（《醒世姻缘传》第五十二回）

例（11）—（14）“被”字引入的关系语（施事），其结构本身较为复杂。例（11）“一切”是“善恶垢净有为世间福智”的定语，“善恶、垢净、有为、世间、福智”之间是并列关系；例（12）“营内军健们”和“门外那二十来个破落户”是并列的两个短语；例（13）连带着叙述“两个强人”的姓名和身份的句子；例（14）有连续四个并列结构，“无非无刺的乡愿”“有钱有力的势要”“作奸犯法的衙胥”和“骂街撒泼的歪拉”。“被”和V之间的结构较为复杂，使得“被”字被动句特别冗长松散。

2. 谓语结构的复杂化，体现为动词前后成分如补语、宾语、状语的复杂化，以及谓语本身的复杂化和多样化。从唐代开始，“被”字被动句动词后的补语呈现了多样化的风貌，这是“被”字被动句发展过程中的又一个重要变化。补语在被动句中历史悠久，处所补语、结果补语出现较早，此外还有时间/数量补语、趋向补语、程度补语、“得/的”字补语，如：

（15）便知耶输母子被父王推入火坑。（《敦煌变文集新书》卷三）（处所补语）

（16）于彼殿角，有一铜铃被风摇响。（《祖堂集》卷二）（结果补语）

（17）雀儿被禁数日，求守狱子脱枷。（《敦煌变文集新书》卷七）（时间补语）

（18）若被人问第二句，便晓未得。（《朱子语类》卷二十五）（数量补语）

（19）又被清风引出来。（《全元曲·张协状元》）（趋向补语）

（20）依旧被我闹了个人仰马翻，更不成个体统，至今珍大哥哥还抱怨后悔呢。（《红楼梦》第十六回）（程度补语）

大约从宋代开始，出现了以助词“得”为标志的补语，如：

（21）仁本是恻隐温厚底物事，却被他们说得抬虚打险、瞠眉弩眼。（《朱子语类》卷六）

（22）先交人掩扑了我几夜恩情，来这里被他骂得我百节酸疼，我便似窃墙贼蝎螫噤声。（《元刊杂剧三十种·诈妮子调风月》）

（23）我们今日在黄风洞口救我师父，不期被那怪将一口风喷来，吹得我眼珠酸痛。（《西游记》第二十一回）

（24）忽然被那一场雨水淹没得寸草不遗。（《醒世姻缘传》第三十一回）

（25）这个所在被我闹得血溅长空、尸横遍地。（《儿女英雄传》第九回）

可见，“得”字后的补语不仅可以是单音词，还可以是各类词组，比如并列词组、主谓词组等，补语的这种发展趋势恰恰印证了“被”字被动句谓语成分的逐渐复杂化。

伴随着“被”字被动句的成熟发展，这一句式的动词后可以出现宾语，这是“被”字被动句在近代汉语的一个重大发展。动词后可以带并列性宾语、隶属性宾语、复指性宾语等。

A. 并列性宾语，这种宾语与主语是并列关系，如：

（26）莫看江总老，犹被赏时鱼。（杜甫《复愁十二首之十二》）

（27）空使心作幸，被小夫人引了我魂灵。（《元刊杂剧三十种·诈妮子调风月》）

（28）却才正要报我知道，又被我的神气冲散了他的魂魄。（《水浒传》第二十六回）

B. 隶属性宾语，这种宾语或是主语所领有，或是主语的一部分，如：

（29）昔有秦故言是皇帝之子，当为昔鲁家斗戏，被损落一板齿，不知所在。（《敦煌变文集》卷八）

（30）瞥见个人如虎类，被它伤却股肱。（《全元曲·张协状元》）

（31）小人是牢城营差使人，被雪打湿了衣裳。（《水浒传》第十回）

C. 复指性宾语，这种宾语是主语的复指，如：

（32）若是下人出现，著衣更胜阿郎，奈何缘被人识得伊。（《祖堂集》卷八）

（33）日所以蚀于朔者，月常在下，日常在上，既是相会，被月在下面遮了日，故日蚀。（《朱子语类》卷二）

（34）若或做不办，又作一簿记未了事，日日检点了，如此方不被人瞒了事。（《朱子语类》卷一百〇六）

（35）他却是个帮闲的破落户，没信行的人。亦且当初有过犯来，被开封府断配出境的人。（《水浒传》第二回）

（36）这厮夜来赤条条地睡在灵官殿里，被我们拿了这厮。（《水浒传》第十四回）

“被”字被动句的谓语也逐渐出现连动结构、兼语结构等较为复杂的形式，如：

（37）仁节等三军弃步卒，将马先争入，被贼设伏横截。（《朝野佥载》）

（38）但鸡犬有时出去，被人打杀煮喫了。（《朱子语类》卷三十四）

（39）原来是个黄毛貂鼠成精，被他带去灵山见如来去了。

（《西游记》第二十一回）

（40）祝彪见庄兵走来报知，不敢回，直望扈家庄投奔，被扈成叫庄客捉了，绑缚下。（《水浒传》第五十回）

例（37）谓语是双音节动词“设伏”“横截”的并列结构；例（38）谓语是单音节动词“打”“杀”“煮”“喫”的并列结构；例（39）谓语是两个动词短语“带去灵山”“见如来去了”的并列结构；例（40）谓语“叫庄客捉了，绑缚下”是兼语结构。

动词前状语的复杂化是近代汉语“被”字被动句发展变化的一个重要方面。唐代之前，偶尔出现单音词构成状语。唐代之后，由复音词或词组构成的状语逐渐增多，如：

（41）母在家中，被严贼数十人以绳贯母掌驱劫而去。（《敦煌变文集》卷八）

（42）若不如此，被外人蓦然捉将去，也不知。（《朱子语类》卷九）

（43）郝思文赶去，被他额角上打中一石子，跌下马来。（《水浒传》第七十回）

（44）我被你前七八棍，后七八棍，打得我不疼不痒的，触恼了性子……（《西游记》第五十六回）

（45）程朝奉做事不成，羞惭满面，却被韩文子一路千老驴万老驴的骂。（《初刻拍案惊奇》第十卷）

“被”字被动句动词前状语的复杂化，实为汉语语义丰富化和表达精细化的体现，插入各种功能的状语，使得动词的表现力增强，表达效果不言而喻，这是“被”字被动句功能拓展的标志之一。

“被”字被动句的否定形式，可用否定副词“不”“未曾”“不曾”“休”“未免”“莫”，这些否定副词一般位于“被”字前，如：

（46）问：“如何得不被诸境惑？”（《祖堂集》卷四）

（47）此只是说要得道理在面前，不被物事遮障了。（《朱子语类》卷一百一十七）

（48）未曾被虎伤底，须逐旋思量个被伤底道理。(《朱子语类》卷十五)

（49）我又不曾被他骗了，你休得胡做。(《水浒传》第七回)

（50）休被人欲所缚，误大事。(《水浒传》第五十四回)

（51）只是起身之时，未免被素姐咒得利害，煞也有些心惊。(《醒世姻缘传》第七十五回)

（52）却又有第一不可犯偏最容易犯的一桩事，切切莫被那卖甜酱高醋的过逾赚了你的钱去。(《儿女英雄传》第二十七回)

也出现了一些特例，否定副词位于“被”字后，用例不多，主要见于元明时期，如：

（53）老汉自到蔡婆婆家来，希望做个接脚，却被他媳妇坚持不从。(《全元曲·感天动地窦娥冤》)

（54）被武松不管他，拖了过来。(《水浒传》第二十六回)

（55）三个正待要去投他，却被他那里不肯相容。(同上，第三十七回)

否定副词能出现在“被”与动词之间，反映了“被”字被动句在近代汉语时期发展的复杂化，也反映了其发展有汉语自身的特点。

（三）“被”字句与处置式的结合

宋代始，出现了“被”字句与处置式相结合的新型句式，明清时期这种新型句式发展到了顶峰。“被＋把/将”的句式是在“被”字句动词带宾语的基础上发展起来的，“把/将”的作用是将宾语提到动词前。[①] 如前所述，“被”字被动句动词的宾语有不同的类型，在“被＋把/将”中处置介词的宾语也有不同的类

① 根据唐钰明对唐至清的“被”字句的考察，“被”字句首先结合的是“将”字式，然后才是“把”字式。在汉语史上，“将”字式的产生和发展早于“把”字式。

型，大致可以分为两类。

1. 隶属性，如：

（56）他哥哥不伏，被敬瑭挥起手内铁鞭一打，将当门两齿一齐打落了。（《新编五代史平话·晋史平话》）

（57）被你把头巾来污。（《杀狗劝夫》）

（58）李天王着太子出师，只一阵，被那魔王把六件兵器捞了去了。（《西游记》第五十一回）

（59）邓龙急待挣扎时，早被鲁智深一禅杖当头打着，把脑盖劈做两半个，和交椅都打碎了。（《水浒传》第十七回）

（60）我失了脚掉下去，几乎没淹死，好容易救了上来，到底被那木钉把头碰破了。（《红楼梦》第三十八回）

（61）褪了半日，竟被他把那头儿从环子里褪出来。（《儿女英雄传》第三十一回）

在语义关系上，“把/将”引介的宾语从属于受事主语，或是受事主语的一部分，或是同受事主语存在某种联系。受事主语经常不出现，有时需要通过上下文语境判断。例（56）“当门两齿”是“他哥哥”身体的一部分；例（57）“头巾”是某人所属的；例（58）“六件兵器”是“太子”所有的；例（59）“脑盖”是“邓龙”的；例（60）“头”是“我”的；例（61）“头儿”是“环子”的一部分。

2. 复指性，如：

（62）然人莫不有此心，多是但知有利欲，被利欲将这个心包了。（《朱子语类》卷十八）

（63）且说那朱温出涧，取登州路去。方入城，被一人向前将朱温扯住。（《新编五代史平话·梁史平话》）

（64）好大圣，急纵身又要跳出，被佛祖翻掌一扑，把这猴王推出西天门外，将五指化作金、木、水、火、土五座联山，唤名“五行山”，轻轻的把他压住。（《西游记》第七回）

（65）我们走脱了，被他赶上，把我们就当汗巾儿一般，一袖子都笼去了。（《西游记》第二十六回）

（66）昨日要入殓，怎么被雷把先生震的稀烂？（《醒世姻缘传》四十一回）

（67）话说那万中书在秦中书家厅上看戏，突被一个官员带领捕役进来将他锁了出去。（《儒林外史》第五十回）

（68）我是被一起子听戏的爷们把我气着了。（《儿女英雄传》第三十二回）

从语义关系上来说，"把/将"引介的宾语与受事主语所指完全一致。一般受事主语出现后（也可以省略），"把/将"所引介的宾语必须出现。例（62）、（63）、（66）"把/将"所引介的宾语与受事主语分别为名词"心""朱温""先生"；例（65）、（68）"把/将"所引介的宾语与受事主语分别为代词"我们""我"；例（64）"把/将"所引介的宾语"猴王"指受事主语"大圣"，例（67）"把/将"所引介的宾语"他"指受事主语"万中书"。也出现了"把/将"处置式置于"被"字式之前的，但较为少见，如：

（69）耿恭把李逵等被乔道清擒捉的事，备细说了。（《水浒传》第九十五回）

（70）临难卸肩，不惟行不得，把品都被人看低了！（《醒世姻缘传》第七回）

（71）那伍小川、邵次湖把四只脚骨都被打的折了，疼的杀猪一般叫唤。（《醒世姻缘传》第十三回）

"把/将"的宾语是"被"字式动作行为的受事，主语是施事，整个句式结构应该是主动的。

（四）"被"字句的分化

"被"字句在近代汉语中发展迅速，形式丰富多样。宋代，"被"字句出现了分化，产生了致使义"被"字句、原因义"被"字句和强调性"被"字句。

1. 致使义“被”字句，这类“被”字句“被N”后的谓语动词是不及物动词，是N的自动行为。

（72）不知意之所不备处，才有缝罅便被贼人来了。（《朱子语类》卷一百二十一）

（73）这里麻绳喷水，紧紧的绑着，还比关在殿上，被你使解锁法搠开门走哩。（《西游记》第二十五回）

（74）他与那猪八戒当时寻到我的门前，讲甚么攀亲托熟之言，被我怒发冲天，与他交战几合，也只如此，不见甚么高作。（《西游记》第四十二回）

（75）朱仝告道：“小人自不小心，路上被雷横走了。”（《水浒传》第五十一回）

这一句式特点有二：一是“被N”后的动词是不及物动词；二是“被”字前未出现话题，而是出现了“被”字式所表达的动作行为得以产生的条件。这两个特点使这一句式的语义表达超出了被动式的范围，特别是后一特点使得句式产生了重新分析的可能性，作为后小句的“被”字式可以分析为前小句的结果小句，导致“被”字式有了致使义。[①] 此外，“被”字式分化出的致使义“被”字句的出现，与“被”的动词遭受义和使役式所表达的语义不无关系。遭受或承受了某种影响、结果与某条件致使某主体承受了某施事者发出的动作行为的后果在语义上有相同之处，再加上“被”字句大多用来表示不幸或不愉快的事情，这种不幸或不愉快有可能导致另一情况的发生，造成了“被”字句分化出致使义来。

2. 原因义“被”字句，这类“被”字句的谓语性质可以分为两类，一类是动词性的，一类是形容词性的。动词性的，在形式上跟“被”字被动句和致使义“被”字句没有区别，如：

---

① 见蒋绍愚、曹广顺主编《近代汉语语法史研究综述》，商务印书馆2005年，第388页。

（76）若是同时，何缘得有义利不同？只被源头便不同。（《朱子语类》卷一百二十四）

（77）你这老儿，怎么哄我？被你说奉玉帝招安旨意来请，却怎么教这些人阻住天门，不放老孙进去？（《西游记》第四回）

（78）为何不能全胜？却被呼延灼阵里都是连环马官军。（《水浒传》第五十五回）

（79）量花荣如何肯背反朝廷？实被刘高这厮无中生有，官报私仇，逼迫得花荣有家难奔，有国难投，权且躲避在此。望总管详察救解。（《水浒传》第三十四回）

（80）下官知汝弟兄之心，素怀忠义，只被奸臣闭塞，谗佞专权，使汝众人，下情不能上达。（《水浒传》八十二回）

形容词性的，如：

（81）本朝韩、范、张、魏公诸人，他只是一个秀才，于这般事也不大段会。只是被他忠义正当，故做得恁地。（《朱子语类》卷一百三十三）

（82）兼他自立得门庭又高，人既未必信他；被他门庭高，人亦一向不来。（《朱子语类》卷一百四十）

（83）那时俺便要杀这两个撮鸟，却被客店里人多，恐防救了。（《水浒传》第九回）

这一句式“被N”后的成分可以是动词性的，也可以是形容词性的。其特点有二：一是“被”字句的主语隐含；二是“被”字式后紧接结果小句作为后句。这两个特点，使“被”字式有了重新分析的可能，具有了表示原因的语法意义。这种原因义“被”字句产生于宋元，明代较多，清代以后减少。尤其例（78）、（79）“被”字句出现在结果句之后，引导原因句，“被”虚化成了表原因的连词。

3. 强调性“被”字句，如：

（84）其时被诸大臣道：“大王！太子是妖精鬼魅！”（《敦煌

变文集》卷三）

（85）远公当即不语，被左右道：“将军实是许他念经。”（《敦煌变文集》卷六）

（86）只是被李先生静得极了，便自见得是有个觉处，不似别人。（《朱子语类》卷一百〇三）

（87）今日五更被我起来张时，看见果然是这贼秃，戴顶头巾，从家里出去。（《水浒传》第四十五回）

上述例句并未出现受事者，实际上是“NV”以“被NV”的形式出现，不能作为受事句来看待。“被”字看似多余，如果去掉“被”字，句子仍然成立。我们认为，这类句子意念上大致是为了叙述一种不幸或不愉快的事情，为了达到这个目的故意作出这种姿态。而且，“被”字的有无，直接影响句子的叙述重点，带“被”字的句子突出了主语的地位，强调了句子的视点。“被”字句的这种用法和汉语的表达特点有关：汉语在一个句群中，总有一个叙述的中心或重点，用不用“被”字，常与这个中心或重点有关。

“被”字被动句在近代汉语中显示出极为繁盛的状况，句子的数量、结构、形式等方面都有了很大的发展，成为近代汉语中最主要的被动式。直至现代汉语，“被”字被动句依然活跃，不过已由最初的口语语体转向了书面语语体，主要用于比较正式的、书面语色彩较浓的场合中。

三、“被”字句的语用特征

汉语“被”字句的语用意义，学界历来众说纷纭。根据所持观点的不同，大致可以分为两派：一派以王力（1957）为代表，主张古代和近代汉语中的“被”字句表达的都是不幸义，少数表达好义、幸运义的则属“例外”，真正能够表达好义和中性义的“被”字句是到了19世纪末在西洋语法的影响下才出现的，是汉语和汉文化西化的产物，持此类观点的还有吕叔湘（1952）、丁声树等（1961）、李珊（1994）；另一派以李润桃（1996）为代表，他们认为表愉快义的“被”字句是其语用意义的一种，而不是偶然的例外，并且“现代汉语中表愉快义的‘被’字句是汉语被动式历史发展的继承，同西洋语法的影响没有什么关系”。[①] 另外，李润桃明确指出，“就在王力先生借以建立其语法体系的《红楼梦》里，我们也可以找到许多表愉快和不带任何感情色彩的‘被’字句”，持类似观点的还有马纯武（1981）、崔宰荣（2002）。我们认为，不幸义“被”字句从产生之初就出现了，一直占据“被”字句语用意义的主要地位，表好义和中性义的“被”字句的产生相对就晚了一些。近代汉语“被”字被动句的三种语用意义在文献中均有呈现。

1. 表达不幸义的“被”字被动句，如：

（88）早被妻儿送坟冢，独卧荒郊孤土堆。（《敦煌变文集》卷四）

（89）我婆婆因为与赛卢医索钱，被他赚到郊外勒死。（《全元曲·感天动地窦娥冤》）

（90）西门庆救时，已是扯的烂了，说道：“这扇子是我一个朋友卜志道送我的，一向藏着不曾用，今日才拿了三日，被你扯烂了。”（《金瓶梅》第八回）

（91）上路窄狭，被他两边飞下乱石弩箭，又伤了一个伏羌伯。（《型世言》第十七回）

（92）老残道：“船呢？上哪里去了？”翠花道：“都被官府拿了差，送馒头去了。”（《老残游记》第十四回）

（93）老婆子道：“第一件，我女儿既被你污了，不管你有太太没太太，娶我女儿要算正室。”（《孽海花》第七回）

---

① 见李润桃《“被”字句语义问题初探》，《殷商学刊》，1996年第2期，第78页。

这类句式所述事件，对受事主语或说话者来说，是“不幸”“不如意”的，这类表达占据“被”字句语用意义的主要地位。

2. 表达好义的“被”字被动句，如：

（94）净能便于会稽山内，精法人（上）应天门，下通地理，天下鬼神，尽被净能招将，神祇无有不伏驱使。（《敦煌变文集》卷六）

（95）见了齐君，被小生几句话打动的他心欢意悦，就释放俺公子申无事回还。（《全元曲·须贾大人谇范叔》）

（96）这娄敏中原是清溪县教学的先生，虽有些文章，苦不甚高，被柴进这一段话，说得他大喜。（《水浒传》第九十六回）

（97）谁知后来渐渐的被他捞回去了，倒赢了吴二浪子七八百两银子，付了一二百两现银，其余全是欠账。（《老残游记》第十九回）

（98）二位大奶奶不觉被他恭维的大乐。（《儿女英雄传》第三十八回）

这类句式所述事件，对受事主语或说话者来说，是“幸运”“如意”的，这类“被”字句的语用表达一般依靠谓语动词的性质来决定。

3. 表达中性义的“被”字被动句，如：

（99）虽有师兄身是佛，被妻缨绊懒来随。（《敦煌变文集》卷三）

（100）闻知此剑飞入楚国，被昭公收得。（《全元曲·楚昭王疏者下船》）

（101）西门庆刚绕坛拈香下来，被左右就请到松鹤轩阁儿里，地铺锦毯，炉焚兽炭，那里坐去了。（《金瓶梅》第三十九回）

（102）看那草房被风一煽，刮刮杂杂火起来。（《水浒传》第四十六回）

（103）申子平亦欢喜，赵立道：“被玙姑这一讲，连我也明白了！”（《老残游记》第十一回）

这类句式所述事件，对受事主语或说话者来说，无所谓幸运或不幸，只是一种纯客观的叙述、介绍、说明。此类句式中的动词几乎都是中性义动词，其他语法成分也多不带有褒贬色彩。

第二节 “蒙”字被动句

关于“蒙”字句表被动的问题，太田辰夫（1987/2003）在讨论表被动的兼语动词时已简单提及；李思明（1990）对《水浒传》中的“蒙”字句进行了考察，他指出《水浒传》中表示被动的还有另一种句式——“蒙”字句，与“被”字句不同的是，它是一种积极的被动句；袁宾（2005）详细地分析了汉语史上“蒙”字句的产生和发展情况，以及“蒙”字句的顺意倾向，并且通过对“被”字句、“蒙”字句的比较，令人信服地证明了“蒙”字句也是一种被动句。

一、“蒙”字被动句历时考察

动词“蒙”演变为被动标记，必须具备以下条件：“蒙”后的动词应为及物动词，其语义指向句子的主语，使主语成为受事。

先秦文献中，动词“蒙”后主要接名词或名词性短语作为宾语，如：

（1）屯见而不失其居，蒙杂而著。(《周易·杂卦)

（2）天子蒙尘于外，敢不奔问官守？(《左传·僖公二十四年》)

（3）西子蒙不洁，则人皆掩鼻而过之。(《孟子·离娄下》)

汉代，“蒙”后开始接及物动词作宾语，如：

（4）为道不为己，故逢患而不恶；为民不为名，故蒙谤而不避。(《论衡·问孔》)

（5）彭往者得执鞭侍从，蒙荐举拔擢，常思有以报恩。(《后

汉书·岑彭传》)

（6）鄗郡虽小，形便之国也，若蒙救援，使为外藩，则吴人剉谋，徐方永安，武声远震，仁爱滂流，未从之国，望风景附，崇德养威，此王业也。(《三国志·魏书·陈矫传》)

当“蒙”后接V时，“蒙”就有了重新分析的可能，为“蒙”字句表示被动创造了条件。我们知道，“被+V”和“被+N+V”两种句式结构在“被”字句转化过程中起着至关重要的作用。“蒙”与“被”有着同样的遭受义，东汉时出现了“蒙+V”和“蒙+N+V”两种句式结构，标志着“蒙”字被动句开始萌芽。例（4）分号隔开的两个分句结构相同，“蒙”“逢”对应，我们基本可以判定“蒙”为动词，例（5）“蒙”后“荐举拔擢”动词连用，例（6）“蒙”后接动词“救援”，“蒙”的词性不易判断，使得“蒙+V”结构出现重新分析的可能。三国时期《撰集百缘经》中出现了“蒙+N+V”结构，如：

（7）时彼水牛……寻自观察，知在世间，受水牛身，蒙佛化度，得来生天。[1]

“蒙+V”结构，有时很难判定“蒙”的语义，“蒙”字引入施事N，则基本上消除了造成歧义的可能性，增强了“蒙”字被动标记的功能，被动语义更加清晰。正如袁宾（2005）所说，“蒙”字句表示被动大概出现于三国时期，其标志是“蒙”字开始引进动作的施事。

“蒙”字被动句自产生以来，经历了长期的发展和使用过程，较前期有了精密化的发展，与遭受义来源的其他被动标记的产生和发展具有一致性。

---

① 转引自袁宾《“蒙”字句》,《语言科学》2005年第6期，第12页。

1. 从施事成分来看，近代汉语时期“蒙”字被动句带有施事的情况逐渐增加，施事成分比较单一，一般由名词、短语充当。如：

（8）更蒙女子劝谏，尽足食之。(《敦煌变文集新书》卷五)

（9）武松跪谢道：“若蒙恩相抬举，小人终身受赐。”(《水浒传》第二十三回)

（10）却说三藏自贞观十三年九月望前三日，蒙唐王与多官送出长安关外。(《西游记》第十三回)

（11）翟爹说那里话！蒙你老人家这等老爷前扶持看顾。(《金瓶梅词话》第三十回)

（12）日间蒙新安孙友邀饮，为我筹及此事，寸心如割。(《警世通言》第三十二卷)

（13）空空道人乃从头一看，原来就是无材补天，幻形入世，蒙茫茫大士、渺渺真人携入红尘、历尽离合悲欢炎凉世态的一段故事。(《红楼梦》第一回)

以上诸例中，句子的施事成分有名词，如例（8）的“女子”、例（9）的“恩相”，还有并列短语，如例（10）的“唐王与多官”、例（11）的“你老人家这等老爷”、例（12）的“新安孙友”、例（13）的“茫茫大士、渺渺真人”。充当施事的成分相对都比较简单。

2. 从谓语动词前后成分来看，“蒙”字被动句动词后补语、宾语和动词前状语的出现，使动词的中心谓语性质突出，“蒙”不再是句子的主要动词，介词的性质更为明显。“蒙”字被动句动词后的补语类型，趋向补语最多，其次还有处所补语、时间补语、数量补语、结果补语，如：

（14）使者既蒙引入，拜贺起居。(《敦煌变文集新书》卷三)

（15）吾乃二郎显圣真君，蒙玉帝调来，擒拿妖猴者，快开营门放行。(《西游记》第六回)

（16）牛魔，你往那里去！我蒙释迦牟尼佛祖差来，布列天

罗地网，至此擒汝也！（《西游记》第六十一回）

（17）既蒙菩萨放回，又延你阳寿一纪，待十二年之后，你再来也。（《西游记》第九十七回）

（18）听得杨得意举荐司马相如，蒙朝廷征召去了。（《警世通言》第六卷）

以上为趋向补语。

（19）遂便辞皇帝：“臣僧于大内，蒙陛下供养数年，今拟却归庐山，伏乞陛下进旨。”（《敦煌变文集新书》卷三）

（20）重蒙列位头领看待许久，小道岂敢失信。（《水浒传》第四十二回）

（21）樵夫道：“我一生命苦：自幼蒙父母养育至八九岁，才知人事，不幸父丧，母亲居孀。”（《西游记》第一回）

（22）蒙兄馆谷了这几时，那真得处不少，那身外的长物，要他做甚？（《醒世姻缘传》第十六回）

以上为时间补语。

（23）昨蒙高殿帅唤至军前，参谋大事。（《水浒传》第八十一回）

（24）小弟蒙兄长差遣到晋宁，卢先锋正在攻打城池。（《水浒传》第九十七回）

（25）今日蒙恩人拔离苦海，千里步行相送，又为妾报仇，绝其后患。（《警世通言》第二十一卷）

以上为处所补语。

（26）我们三人都是蒙他取在五名之内，他是我们的知己老师。（《醒世姻缘传》第四十回）

（27）典史因拿私盐不够起数，蒙盐院戒饬了十板，甚是没有好气。（《醒世姻缘传》第四十八回）

以上为数量补语。

（28）平日自己不知病痛，今日得蒙点破，却望指教，如何

医治？（《朱子语类》卷一百一十八）

（29）我们只得自己来到寺里，蒙长老留住。（《醒世姻缘传》第十六回）

以上为结果补语。

“蒙”字被动句动词后可带宾语，按照宾语类型的不同，可以分为隶属性宾语、复指性宾语和并列性宾语。

隶属性宾语，宾语或是主语所领有，或是主语的一部分。这类宾语在“蒙”字被动句中比较多见，如：

（30）若蒙员外不弃贫贱，结为相识，但有用洒家处，便与你去。（《水浒传》第四回）

（31）蒙将军救了女儿，满饮此盏。（《水浒传》第九十三回）

（32）我师父大发弘愿，情欣意美，报国尽忠，蒙唐王赐与文牒。（《西游记》第三十九回）

（33）自蒙菩萨解脱天灾，秉教沙门，保护唐僧往西天拜佛求经，我弟子舍身拼命，救解他的魔障，就如老虎口里夺脆骨，蛟龙背上揭生鳞。（《西游记》第五十七回）

（34）蒙君赐姓唐，贱号三藏。（《西游记》第六十二回）

（35）老夫有一末堂幼女，年方二八，才貌颇称，倘蒙御史公不弃老朽，老夫愿结丝萝。（《警世通言》第十一卷）

（36）既蒙朱兄不弃寒微，小子是男家，有何推托？（《醒世恒言》第九卷）

（37）他娘王氏买了礼，亲送他来。进门与月娘大小众人磕头拜见，道生受，说道：“蒙大爹、大娘并众娘每抬举孩儿，这等费心，俺两口儿知感不尽！”（《金瓶梅词话》第三十七回）

（38）既蒙老爷打过了他的男人，望老爷饶恕了这起妇女。（《醒世姻缘传》第二十回）

（39）有徒狄希陈，自幼从生读书，生尽心教诲，业底于成，昨蒙考取第七，拔送府学。（《醒世姻缘传》第三十九回）

（40）我不该说的。这紫鹃蒙太太派给我屋里，我才敢说。（《红楼梦》第一百十八回）

从上例（30）—（40）可知，“贫贱”是鲁智深所有的，“女儿”是“老夫”的，“文牒”是“我师父”的，“天灾”是“弟子”受的，所赐“唐”姓乃玄奘的，“幼女”是“老夫”的，“寒微”是男方所属，“孩儿”是“他娘王氏”的孩子，“他的男人”指的是妇女的男人，考取的名次“第七”是狄希陈取得的，“我屋里”毫无疑问是“我”的屋里。宾语或是主语所领有，或是主语的一部分。其中，“命”“性命”常作为隶属性宾语出现，如：

（41）倘蒙存留微命，当以捐躯保奏。（《水浒传》第五十五回）

（42）柴某自蒙兄长高唐州救命已来，一向累蒙仁兄顾爱，坐享荣华。（《水浒传》第九十四回）

（43）小人想来，当初被游兵捉住，蒙老爹救了性命，留作家丁。（《醒世恒言》第十九卷）

（44）我爷儿三个，托安公子的一点福星，蒙姐姐救了性命，已经是万分之幸，不见得此去再有甚么意外的事，即或有事，这也是没法儿的事，真个的叫姐姐管我们一辈子不成！（《儿女英雄传》第九回）

复指性宾语，即宾语是主语的复指，可以是代词性复指，也可以是名词性复指。如：

（45）孙安与贫道同乡，又与贫道最厚，他为父报仇，因而犯罪，陷身于贼，蒙先锋收录他，指望日后有个结果。（《水浒传》第一百十回）

（46）我已死三年，今蒙师父救我回生，怎么又敢妄自称尊。（《西游记》第四十回）

（47）你看师父说的话。弟子蒙菩萨劝化，受了戒行，等候师父。自蒙师父收了我，又承教诲，跟着师父还不上两月，更不曾进得半分功果，怎敢图此富贵！（《西游记》第二十三回）

（48）我还没谢的哥，昨日蒙哥送了那两尾好鲥鱼与我，送了一尾与家兄去，剩下一尾，对房下说拿刀儿劈开，送了一段与小女。（《金瓶梅词话》第三十四回）

（49）婆子道："蒙奶奶们派我在这里看守花果，我也没有差错，不料邢姑娘的丫头说我们是贼。"（《红楼梦》第九十回）

以上各例为代词性复指宾语。例（45）宾语"他"指代的是主语"孙安"，例（47）宾语"我"指代的是主语"弟子"，而例（46）、（48）、（49）的宾语和主语均为代词"我"。

（50）告尊师，恕弟子之罪。自当年在两界山蒙师父大德救脱弟子，秉教沙门，一向西来，虽不曾重报师恩，却也曾渡水登山，竭尽心力。（《西游记》第八十八回）

（51）王英道："既蒙官人不弃贱妾，从今为始，即当杜门绝客以待，切勿遗弃……"（《喻世明言》第十二卷）

以上为名词性复指宾语。例（50）的宾语为名词"弟子"，主语也是名词"弟子"。例（51）的宾语为"贱妾"，指的是主语"王英"，均为名词。

并列性宾语，宾语与主语的关系是并列关系。如：

（52）今蒙大圣至此搭救唐师父，请了观音菩萨扫净妖氛，收去怪物，将第宅还归于我，我如今团圞老小，再不须挨土帮泥，得居旧舍。（《西游记》第四十九回）

（53）蒙玉帝遣差天王，谢谢不尽。（《西游记》第五十一回）

（54）时借芭蕉施雨露，幸蒙天将助神功。（《西游记》第六十一回）

（55）妖王走了，又蒙斗、奎二宿救出尊师。（《西游记》第九十二回）

（56）一向要换，没有个施主。前日蒙钱奶奶发心舍下几根木子。今要照依东院一般做张佛柜。（《醒世恒言》第十五卷）

（57）前日奴家心中不好，蒙赐良剂，服之见效。（《金瓶梅

词话》第十七回）

（58）昨日又蒙胡爷家的二位公子助了十两，还少一半，没奈何，只得卖了孩子赔了他。（《醒世姻缘传》第三十六回）

以上例（52）—（58）的宾语与主语所指一致。

“蒙”字被动句动词前有状语修饰，如：

（59）季布既蒙子细问，心口思惟要说真。（《敦煌变文集新书》卷六）

（60）远公既蒙再三邀请，遂乃进步而行，百般伎艺仙乐前迎，群宰喜贺当今万岁。（《敦煌变文集新书》卷六）

（61）寇洪死于非命，蒙师父至阴司救活，乃再造之恩！（《西游记》第九十七回）

（62）蒙他远接，学生正要到他府上拜他拜。（《金瓶梅词话》第四十九回）

（63）今早又蒙老公公直房赐馔，威德不尽！（《金瓶梅词话》第七十回）

（64）吾向者偶寄尺书，即蒙郭君垂情荐拔；今彼在死生之际，以性命托我，我何忍负之？（《喻世明言》第八卷）

（65）既蒙苦苦相留，只好单叫这大令郎作我个“陈蔡及门”。（《儿女英雄传》第十八回）

（66）蒙伯父这样的体谅成全，伯父请上，受你孩儿一拜。（《儿女英雄传》第十九回）

（67）倘蒙伯父始终成全，我何玉凤纵然今世不能报你的恩情，来世定来作你的儿女。（《儿女英雄传》第二十三回）

（68）便是我张金凤的爹妈也蒙公婆在这西边一带一样的盖了这样一所房子，作为我爹妈现在的住房，我张金凤将来的家庙。（《儿女英雄传》第二十六回）

据笔者的考察，充当状语的成分都比较简单，或为词，如例（59）的“子细”、例（60）的“再三”、例（62）的“远”、例

（63）的“直房”、例（64）的“垂情”、例（65）的“苦苦”、例（67）的“始终”，或为短语，如例（61）的“至阴司”、例（66）的“这样的”、例（68）的“在这西边一带一样的”。

“蒙”字被动句的谓语动词初期多为光杆动词，如：

（69）善友蒙问，寻自思惟，我若实说，其恶友必遭损害。（《敦煌变文集新书》卷二）

（70）号名阿斯陀仙人，其仙人蒙诏，直至殿前。（《敦煌变文集新书》卷二）

（71）臣是小人，虚沾大造，蒙王收录，早是分外垂恩。（《敦煌变文集新书》卷五）

（72）三年，不蒙采用。（《敦煌变文集新书》卷六）

（73）皓月再问：“果上涅槃，已蒙和尚指示。如何是本来涅槃？”（《祖堂集》卷第十七）

敦煌变文中的“蒙”字被动句谓语多为动词“问”“诏”，《祖堂集》中多为动词“指示”。根据笔者考察，《朱子语类》《水浒传》《西游记》《金瓶梅词话》等文献中，“蒙”字被动句的谓语多为“指教（教诲、指示、教化、劝化）”、“错爱（怜爱、厚爱、垂怜）”、“照顾（顾念、恩顾、看顾）”、“收录”、“不弃”、“抬举”等动词，如：

（74）师父，我也是跟你一场，又蒙菩萨指教……（《西游记》第二十七回）

（75）我蒙大王辱爱，今已三年，未得共枕同衾。（《西游记》第七十回）

（76）小将既蒙兄长收录，理当效力。（《水浒传》第五十八回）

（77）今蒙将军不弃，折节下问。（《水浒传》第八十五回）

（78）既蒙你厚爱，我西门庆铭刻于心。（《金瓶梅词话》第十六回）

（79）倘蒙娘子垂怜见爱，肯结秦晋之缘，足称平生之愿。（《金瓶梅词话》第十七回）

（80）蒙爹娘抬举，莫大之恩，生死难报！（《金瓶梅词话》第二十回）

（81）俺家的常时打扰这里，多蒙看顾。（《金瓶梅词话》第四十三回）

“蒙”字被动句的谓语出现了动词选择的偏好，在语义上出现了程式化的倾向。与“被”字句明显不同的是，“蒙”字被动句基本是表积极意义的。

此外，“蒙”字被动句的谓语连动结构较为常见，如：

（82）善友既蒙龙王差鬼兵送出海岸，送已却回。（《敦煌变文集新书》卷二）

（83）今日武二蒙知县相公差往东京干事，明日便要起程。（《水浒传》第二十四回）

（84）小可宋江，自蒙救护上山，到此连日饮宴，甚是快乐。（《水浒传》第四十二回）

（85）六臂哪吒太子，天生美石猴王，相逢真对手，正遇本源流，那一个蒙差来下界，这一个欺心闹斗牛。（《西游记》第四回）

（86）大王，小将不才，蒙钧令差往山上巡逻，忽遇一个和尚，他是东土大唐驾下御弟三藏法师，上西方拜佛求经，被我擒来奉上，聊具一馔。（《西游记》第二十回）

（87）小人姓王名玉，蒙翟爷差遣送此书来。（《金瓶梅词话》第六十六回）

（88）各家父兄接着，都说蒙县官面试取中。（《醒世姻缘传》第三十七回）

（89）刚才面试，已蒙宗师取准进学。（《醒世姻缘传》第三十八回）

上述谓语的连动结构基本上都比较简单,《西游记》中有一例则较为特殊，如:

（90）臣僧到了灵山，参见佛祖，蒙差阿傩、伽叶二尊者先引至珍楼内赐斋，次到宝阁内传经。(《西游记》第一百回)

“蒙”字被动句的谓语还有复谓结构，用例比较少，如:

（91）自前日别了尊师，老孙上天查访，蒙太白金星识得妖魔是犀牛，指示请四木禽星。(《西游记》第九十二回)

3.“蒙”字被动句的否定形式，否定词一般在“蒙”字前，如:

（92）朕闻梁山泊聚众已久，不蒙善化，未复良心。(《水浒传》第八十回)

（93）几次哀求，不蒙怜准，教我去住两难，无门恳告。(《喻世明言》第九卷)

（94）曾令乳母白父母欲与浩议姻，当日尊严不蒙允许。(《警世通言》第二十九卷)

（95）更有吴猛、施岑、甘战、钟离嘉、彭抗五人，未蒙拔擢，诚为缺典。(《警世通言》第四十卷)

（96）逆子不遵教诲，被这班小人引诱为非，将家业荡费殆尽，向告在台，逃遁于外，未蒙审结，所存些少，止勾小人送终之用，岂可复与逆子还债。(《醒世恒言》第十七卷)

否定词一般为“不”和“未”，偶有否定词在“蒙”字后用以否定动词，如:

（97）若蒙不杀收留，誓当效死报答大恩。(《水浒传》第六十回)

4.“蒙N所V”式出现在明代，反映了“蒙”字被动句此期的特点，“蒙”的介词性质明显。如:

（98）小人是当牢节级蔺仁。前日蒙知府高廉所委，专一牢固监守柴进，不得有失。(《水浒传》第五十四回)

（99）自蒙恩人所赐，已足本钱，奈渠将利盘算，田产尽数取去，止落得一家骨肉完聚耳。（《警世通言》第二十五卷）

（100）朔蒙尊师所授道法，遵奉已久，乞带从行！（《警世通言》第四十卷）

除了“蒙N所V”式外，明代文献中“蒙N见V”式也较为常见。我们知道“见V”是“见”字被动句的一种类型，“蒙”字句中套用“见V”式，被动语义更为突出，如：

（101）若蒙先生见教，实感大德。（《水浒传》第七十一回）

（102）大仙道：“蒙王母见招，去赴蟠桃嘉会。”（《西游记》第五回）

（103）既蒙娘子见允，今月二十四日，有些微礼过门来，六月初二日准娶。（《金瓶梅词话》第七回）

（104）蒙大人见赐，宁可饮一杯。还有些小事，不能尽情，恕罪恕罪！（《金瓶梅词话》第十七回）

（105）适蒙上帝见召，我将去矣。（《喻世明言》第十二卷）

（106）娘子差矣！贫僧夜来感蒙学士见爱，置酒管待，乘醉乱道，此词岂有他意。（《醒世恒言》第十二卷）

例（101）—（106）均出自明代文献，明代应该是“蒙”字被动句比较成熟的时期。

5.“蒙”与“被”同义对举，其介词性质和被动意义明显。如：

（107）前被妖猴搅乱蟠桃嘉会，请众仙众佛，俱未成功。今蒙如来大法链锁顽猴，喜庆“安天大会”，无物可谢，今是我净手亲摘大株蟠桃数颗奉献。（《西游记》第七回）

（108）弟子陈玄奘，自离东土，蒙观世音菩萨差遣列位众神暗中保护，拜雷音，见佛求经，今在途中，被妖精拿住，强逼成亲，将这一杯酒递与我吃。（《西游记》第八十二回）

（109）今夜被你显魂，我先伯亦来家诉告；县中又蒙浪荡游

神下界；一时就有这许多显应，所以放出圣僧，圣僧却又去救活你也。(《西游记》第九十七回)

(110) 秋夜月蒙云笼罩，牡丹花被土沉埋。(《警世通言》第十六卷)

例(107)“前”句的“被”与“今”句的“蒙”对举，例(108)“自离东土”句的“蒙”与“今在途中”的“被”对举，例(109)“今夜”句的“被”与“县中”句的“蒙”对举，例(110)前后两句“蒙”与“被”对举。可见，“蒙”确实具有被动介词的性质。

6.“蒙”字句与其他句式的混合，具体表现在与处置式和使令式结合的句型上。“蒙”字句与处置式结合，构成“蒙N把/将……V”句型，如：

(111) 前者江南采访回来，面奏圣人，说白居易无罪远谪。蒙圣人可怜，已将他宣唤回朝，仍复旧职。(《元曲选·青衫泪》)

(112) 经过丞相殷府门前，遇抛打绣球适中，蒙丞相即将小姐招孩儿为婿。(《西游记》第九回)

(113) 二来，想到姑娘自幼疼他，到了这里又蒙安老爷安太太把他配给随缘儿成了夫妇，如今好容易见着姑娘，听了听姑娘口气大有个不安于安家的意思，他正没作理会处……(《儿女英雄传》第二十二回)

“蒙”字句作为被动式，其谓语动词语义指向主语，且代表的动作行为是施加于主语的，因此，谓语动词多由动作性较强的及物动词充当，并常具有处置的语义。

“蒙”字句与使令式结合，构成“蒙N教/遣/着/令”句型，如：

(114) 因至玉华州倒换关文，蒙贤王教他三个王子拜我们为师，学习武艺，将我们宝贝作样，打造如式兵器。(《西游记》第八十九回)

（115）但如今因保唐僧到玉华州，蒙王子遣三子拜老孙等为师，习学武艺，把我们三件兵器照样打造，不期夜间被贼偷去。（《西游记》第九十回）

（116）彼时蒙兄长着小弟同张清往高平疗治他。（《水浒传》第九十八回）

（117）蒙恩相令小人伺候听用。（《水浒传》第九十八回）

上例“教/遣/着/令”等既充当“蒙”字句的谓语动词，又是使令式里的使令动词。“贤王”“王子”“兄长”“恩相”是“教/遣/着/令”的施事，“他三个王子”“三子”“小弟同张清”“小人”是其受事，同时，“他三个王子”“三子”“小弟同张清”“小人”又是“拜”“拜”“往伺候听用”的施事。使令动词是“蒙”字句中动作性比较强的及物动词，使令的对象正处于被动的地位，所以“蒙”字被动句可常与使令式结合构成混合句型。

纵观“蒙”字被动句的发展历程，不难发现“蒙”字句表示被动大概最迟是在三国时期，其标志是“蒙”字开始引进动作的施事。唐代以来，“蒙”字被动句经历了进一步的发展演变与频繁使用的过程，明代“蒙”字被动句的发展达到了鼎盛阶段，出现了宽松化、复杂化和自由化的倾向，表现为“蒙”和V之间施事的复杂、谓语前状语的复杂、谓语本身的复杂、“蒙”字被动句与处置式和使令式的结合等。现代汉语“蒙”字有动词“遮盖”义、动词“蒙蔽”义、动词“受”义、名词“蒙昧”义，并没有被动义，可见，现代汉语中“蒙”字被动句已经消失了。

那么，为什么“蒙”字被动句在明代已经有了极大的发展，却没有继续发展下去，反而在现代汉语中消失了，甚至也没有保留在汉语方言中？笔者认为，可能有以下几点原因：

1. 内在原因，即“蒙”字语义的多样性使然。

“蒙”的动词“受”义出现较早，且在汉语史上作为常用义出现。如《敦煌变文集》卷五：“秦穆公赐酒蒙恩，能言独正三军，空笼而获重贵。”《水浒传》第九十七回：“多蒙龙君神圣救护之恩，未能报谢，望乞灵神助威……”这里的“蒙”是动词“受”之义，表示的是受者尊重或感谢施者的恩惠，“蒙”有尊重或感谢的情感。

“蒙”由此又引申作表敬副词。如《水浒传》第十九回：“感蒙众豪杰到此聚义，只敝山小寨，是一洼之水，如何安得下许多真龙？”第八十五回：“俺郎主知道将军实是好心的人，既蒙归顺，怕他宋兵做什么？”“蒙”均为副词，表示尊敬的意思。如果将“蒙”字去掉，不会影响句子的语义，只是缺少了尊敬或感谢的情感而已。观察“感蒙众豪杰到此聚义”和“既蒙归顺”的句式结构，实与被动句式“蒙+（N）+V”式类似，如果按照被动式分析，“王伦”“将军”为受事，“蒙”为表被动的介词，“众豪杰”“郎主”为施事，从语义上分析或从上下文语境上考察肯定是有问题的，把“蒙”作为被动标记肯定也是不妥当的。所以，相似的结构使得语义容易混淆，势必会对“蒙”字被动句的发展造成一定的阻滞，这应该也是影响其发展的一个原因。

此外，“蒙”的有幸感情色彩，使得它一般只用于主语对施事者表示感激或礼貌的场合。这种场合往往需要使用典雅、庄重的语言，再加上“蒙”本身比较“文”，因此，“蒙”字句基本上是文言色彩较浓的语句，即使少数为白话句，也还带有某些文言味儿。[①]“蒙”字被动句表示积极的意义，在发展演变中逐渐用于第一人称语境，具有一定的语用化倾向。这种程式化的用法，使得“蒙”字句在表被动的时候具有很强的规定性，这种较强的规定性限制了“蒙”字被动句在语用和语境中的扩大发展，现代汉

① 李思明《〈水浒〉中的积极被动句——“蒙”字句》，《安庆师范学院学报》，1990年第1期，第70页。

语共同语中“蒙”字被动句消失了，而与其演变相似的“得”字被动句得以在方言中沉淀保留。

2. 外在推力，即同时期其他被动句式的影响。

近代汉语时期是多种被动句式百花齐放的时期，“遭受”“使役”“给予”三类来源的被动句在此期均有不同程度的发展。其中，同样遭受义来源的“被”字句的发展势头最足。一方面“蒙”字被动句在语义和句式结构上受“被”字句的类化作用而发展，另一方面“蒙”字被动句在发展过程中也受到“被”字句的竞争和排挤。而且，此期与“蒙”字被动句同样表示积极意义的“承”字被动句和“得”字被动句也已产生并且兴起，语义、语用、句法上的相似性，使得“蒙”“承”“得”被动标记之间也存在竞争关系，这对“蒙”字被动句的发展也会造成一定的影响。

二、“蒙”字被动句产生的动因

“蒙”字被动句产生的条件，上文已经谈及，即“蒙”后的动词应为及物动词，其语义指向句子的主语，使主语成为受事。“蒙”字被动句的产生，其实是多种因素综合作用的结果。

1.“蒙 +V”和“蒙 +N+V”这两种句式的出现，是“蒙”字句表示被动的直接动因。当“蒙受”的语义与上述句式结构相契合，便促使了“蒙”字的语义虚化。“蒙 +N+V”结构由于施事 N 的出现，施受关系明确，“蒙”表被动的意义清晰。“蒙 +V”结构造成“蒙”字不易判定的歧义情况，正说明了“蒙”字处于发展变化的过渡转变期。[①] 根据袁宾（2005）的研究，“蒙”字被动句的产生，经历了“蒙”后的宾语是名物化的及物动词阶段，使

---

① 这类情况并不罕见，同样是遭受义来源的“被”字句和“吃”字句均有类似的歧义现象。笔者认为，这并不是偶然的，而是相似结构的类化。

“蒙”与及物动词的联系逐渐密切起来，从而诱发表被动语义的“蒙V（及物动词）”结构的产生。例如：

（118）吾母与弟在汉，幸蒙其赏赐。（《汉书·苏武传》）

（119）至，拜为谏大夫，秩八百石，俸钱月九千二百，廪食太官，又蒙赏赐四时杂缯绵絮衣服酒肉诸果物，德厚甚深。（《汉书·贡禹传》）

“其赏赐”，是定中结构，“赏赐”是名物化用法；“赏赐四时杂缯绵絮衣服酒肉诸果物”是动宾结构，“赏赐”是动词。例（119）应为“蒙V”结构的被动句。笔者认为，句式结构的重新分析和“蒙”字之“蒙受”语义的常用，是“蒙”字被动句产生的最直接的内在原因。

2.“被”字句对“蒙”字句的影响，是“蒙”字句表示被动的外部动因。动词“被”有“覆盖”和“遭受”“蒙受”的语义，表示被动的“被”来源于“遭受”“蒙受”义；动词“蒙”也有“覆盖”和“遭受”“蒙受”的语义，表示被动的“蒙”也是来源于“遭受”“蒙受”义。“遭受”“蒙受”义的动词“被”和“蒙”经常在同一句中同义对举或同义连用，如：

（120）南越王甚嘉被惠泽，蒙休德，愿革心易行。（《汉书·严助传》）

（121）人命有长短，时有盛衰，衰则疾病，被灾蒙祸之验也。（《论衡·命义》）

（122）其后熏鬻作虐，东夷横畔，羌戎睚眦，遐眠为之不安，中国蒙被其难。（《文选》卷九）

（123）故投身死地，转战万里，被蒙宽恕之恩，得从临履之宜。（《晋书·王濬传》）

表示被动的“被”“蒙”也经常同现。如：

（124）逮文帝之世，初被圣明鉴赏；及孝武之朝，复蒙英主顾眄。（《南齐书·张敬儿传》）

（125）城北有窣堵波，苏达拏太子（唐言善牙）以父王大象施婆罗门，蒙谴被摈，顾谢国人，既出郭门，于此告别。（《大唐西域记》卷二）

（126）臣以空虚，被蒙拔擢，入充近侍，兼典机衡。（《三国志·魏书·钟繇传》，裴松之注引《魏略》）

（127）黻又率诸生上书言：“黻等蒙被教养，视国家休戚利害若己痛痒。”（《宋史·刘黻传》）

“被”“蒙”后的成分由名词性的宾语变成了动词性的谓语，“被”“蒙”前的主语由施事变成了谓语动词的受事。①

晚唐五代时期敦煌变文中“蒙唤”“蒙问”“蒙请”与“被唤”“被问”“被请”意思相同，用法也一致。如：

（128a）[老人]蒙唤，直至远公面前。（《敦煌变文集校注》卷二）

（128b）光严被唤，便整容仪。（《敦煌变文集校注》卷五）

（129a）老翁蒙问，擢笑呵呵，说道……（《敦煌变文集校注》卷四）

（129b）老人被问，具已咨闻。（《敦煌变文集校注》卷四）

（130a）远公既蒙再三邀请，遂乃进步而行。（《敦煌变文集校注》卷二）

（130b）是时远公由（犹）未了，遂被会下诸[众]并及相公再请重昇高座。（《敦煌变文集校注》卷二）②

“蒙”“被”这种互相配合和彼此对应的使用方式，势必造成“蒙”“被”既彼此同化又彼此背离的发展态势。原因有两方面：

一方面，在汉语史上“被”字句先于“蒙”字句出现用以表

---

① “被”“蒙”表示被动同现于句的情况，在笔者考察的近代汉语语料中唐宋时期的用例未见，明代用例略多。

② 例（120）—（130）均引自袁宾《“蒙”字句》，《语言科学》2005年第6期，第6—7页。

示被动，由于“蒙”和“被”在语义、句式结构、演变轨迹上的类似，在演变初期“被”字句必定会对“蒙”字句的发展起到推动和促进的作用。笔者认为，一种语言现象在反复多次使用中，逐渐朝相同的结果发展，重复的频次越高越容易在人脑中存储相应的发展轨迹，比如同样为遭受义来源的被动标记，在发展演变的过程中均有着类似的过程。

另一方面，“被”“蒙”在语义、句式结构、演变轨迹上的类似，在语言经济节约原则的作用下，必定促使“被”“蒙”在汉语史发展进程中或竞争或背离，竞争的结果是此消彼长，背离的结果是朝着不同的方向发展。袁宾（2005）的研究正好为此观点提供了佐证。袁宾认为，“蒙”字句在发展过程中，逐渐产生并强化了它与以“被”字句为代表的一批表逆意为主的被动句的重要区别，即以表顺意为主。动词“蒙”的顺意倾向并非与生俱来，先秦两汉时期的《诗经》《论语》《孟子》《韩非子》《史记》《论衡》中，动词“蒙”的顺意例有15个，逆意例有17个，并没有明显的顺意倾向。到了东汉《论衡》里其顺意倾向才有所体现（顺意13例，逆意5例）。在近代汉语的两部有代表性的文献《敦煌变文集》和《水浒传》里，动词“蒙”则几乎清一色地全部叙述顺意之事。这就是说，动词“蒙”的顺意倾向并不是它的原始特征，而是在长期的语言运用中逐渐形成并得到强化的。

“蒙”字被动句和“被”字被动句在发展演变的过程中，逐渐向着背离和对立的方向发展，形成了逆意倾向和顺意倾向这两种功能的分工和互补。这种分工和互补对于语言的平衡是有利的，宋元之后的口语文献中，这种情感倾向上的分工和互补更加明确，被动标记“蒙”“被”混用的现象逐渐减少了。

3.“得”“蒙”连用表被动的现象强化了“蒙”字表被动的标记性，使其被动语义更为稳固。宋元以后，“得蒙”在《金瓶梅词话》（1例）和“三言”（7例）中均有表被动的用例，如：

（131）给假省亲，得蒙皇上俞允。（《金瓶梅词话》第三十六回）

（132）枳棘岂堪凤凰所栖，若恩官可怜，得蒙收录，使得备巾栉之列，丰衣足食，不用送往迎来，固妾所愿也。（《喻世明言》第十七卷）

（133）小子乃垂死之人，得蒙公公救拔，实再生之父母。（《醒世恒言》第十卷）

（134）小人得蒙收留灌园，已出望外，岂敢复望解库中使令？（《醒世恒言》第十七卷）

“得”字句在近代汉语时期也可以表示被动，其表被动的用法来自其动词“得到”义。“得”“蒙”连用说明“得”与“蒙”具有一致的表意倾向，对受事而言是有利的事情或期望发生的事情，均为积极的被动意义，如：

（135）又将来撺在水里，头脸都磕破了，险不冻死，却得相识救了回来。（《水浒传》第三十二回）

甚至，“蒙”字句和“得”字句可以出现相同或相近的谓语动词，如：

（136a）若得哥哥不弃，肯带携兄弟时，愿随鞭镫。（《水浒传》第五十四回）

（136b）蒙大官人不弃，奴家得奉巾栉之欢，以遂于飞之愿。（《金瓶梅》第十六回）

（137a）已后出去求名，却又得府尹李杰一力抬举，仕宦而终。（《拍案惊奇》卷十七）

（137b）若蒙恩相抬举，小人终身受赐。（《金瓶梅》第一回）①

“得”“蒙”连用一方面促使了“得”字被动句的产生，另一

① 例（136a）—（137b）选自田春来《〈祖堂集〉介词研究》，中华书局2012年，第126—127页。

方面也强化了“蒙”字被动标记的被动性。

综上，“蒙”字被动句是在自身句式结构演变与外在被动句式推动的共同作用下，最终完成了从动词向被动标记转化的过程。

第三节 “遭”字被动句

“遭”字句，东汉产生，唐宋元明缓慢发展，清代逐渐萎缩，现代汉语消亡，但在西南方言中还有所保留。相较于“被”字被动句，“遭”的动词遭受义的语义滞留性较强，致使“遭”字并没有演变为纯粹的被动标记，最终与“被”字分工互补，和谐共处。

一、“遭”字被动句的来源

“遭”字表被动的演变途径跟“被”字是一样的。从语义上看，上古时期“遭”本是“碰上”“遇见”义，当其后的宾语为不幸或危险的事物时，“遭”字引申出“遭受”“受到”之义。如：

（1）寡君少遭闵凶，不能文。(《左传·宣公十二年》)

（2）是以箕子详狂，接舆辟世，恐遭此患也。(《史记·鲁仲连邹阳列传》)

（3）未及爵土，而遭患逢祸，母子同命，愍伤于怀。(《后汉书·阴皇后纪》)

汉代，出现了“遭+V”和“遭+N+V”的结构，如：

（4）或成器而见举持，或遗材而遭废弃。(《论衡·幸偶》)

（5）庾亮儿遭苏峻难遇害。(《世说新语·伤逝》)

（6）京房易传曰：“有德遭害，厥妖龙见井中。”(《搜神记》卷六)

（7）对云：“夫遭烧死。”(《搜神记》卷十一)

（8）社稷遭王莽废绝，以是子孙之忧，所宜共诛，故遂西连

羌戎，北怀匈奴。(《后汉书·卢芳传》)

（9）寔为太丘长，遭党锢，隐居荆山，远近宗师之。(《三国志·魏书·陈群传》裴松之注）

上述例句中，例（4）、（6）、（7）、（9）是“遭+V”式，不带施事；例（5）、（8）是“遭+N+V”式，带有施事。这两类句式是“遭”字句重新分析的关键。我们知道，“被”字被动句的句式来源主要是“被+V”和“被+N+V”这两个句式结构。本涅特（1981）指出，“被+VP”的组合结构性质不易确定，它有可能是被动结构，也有可能是述宾结构。当“被”后插入施事之后，即“被+VP”中有N插入，那么就可以判定是“被”字被动句了。蒋绍愚（1994/2003）认为，判定“被”字被动句的标准，并不是“被”字后施事的出现，而是“被”后的成分与“被”的构成关系，只有“被”后面跟一个动词V时，才有重新分析的可能。“遭”字被动句的演变路径恰与“被”字句一致，除了语义上具备“遭受”“受到”的动词义，句式上也出现“遭+V”和“遭+N+V”的句式结构。“遭”字句表示被动的机制和动因也与“被”字句极为相似。

那么，“遭”字被动句的判定标准是什么呢？从句式上来看，“遭+V”和“遭+N+V”句式结构的出现是“遭”字句表被动的句式契机；从语义上来看，“遭”的遭受义的出现是“遭”字句表被动的语义契机。当遭受义运用到上述句式中，“遭”字的语义发生了变化，动词转化为介词，“遭”字被动句由此产生。在“遭+V”和“遭+N+V”这两个结构中，后者在“遭+V”之间插入动作V的施事，使得“遭”的被动义更为清晰。因为动词V前带有施事后，动宾结构作“遭”字宾语的可能性减少，而作句子主要谓语的可能性增加，这样“遭”的被动标记作用也随之增强。“遭+V”结构因为“遭”的词性不易判断，其结构与“受事主语+弱性动词被动标记+及物动词谓语”的形式一致，我们不妨将其视为“遭”字被动句的萌芽。[①]

“遭”字被动句的产生有两方面的推力：一为内因驱动，即如上所述“遭”的动词遭受义运用于“遭+V”和“遭+N+V”句式结构，促使“遭”字被动句产生；一为外因推动，即“被”字被动句的类化作用。“被”字被动句战国时期萌芽，汉魏六朝初步发展，唐宋时期逐渐复杂化，而“遭”字被动句于东汉时产生，唐宋时期缓慢发展，其演变发展轨迹与“被”字被动句几乎完全一致，但在发展时间上又略微缓慢一些。我们有理由相信，“遭”字被动句的产生受到了“被”字被动句类化作用的影响。

二、“遭”字被动句历时考察

中古时期“遭”字被动句比较单纯，几乎全部用于消极场合。近代汉语时期，“遭”字被动句有了进一步的发展，相较于中古时期，其出现的概率明显有了提升。

1. 从“遭”字被动句的施事成分来看，近代汉语之前施事不出现的情况较为常见，近代汉语时期带有施事的情况逐渐增加。施事成分从名词到名词性短语，从有生命的到无生命的都有，如：

（10）醉则骑马归，颇遭官长骂。（杜甫《戏简郑广文虔兼呈苏司业源明》）

（11）蝶遭蛛之网并（罥），尽随天使。（《敦煌变文集新书》卷二）

---

① 现代汉语中也有“遭+V”式和“遭+N+V”式，“遭+V”式中的“遭”一般被看作是遭受义动词，如“遭枪杀”“遭殴打”等。《汉语大字典》《汉语大词典》《现代汉语八百词》中也均未收录“遭”作为被动介词的义项。但是，笔者认为在“遭+V”式和“遭+N+V”式的句式推动下、在“被”字句的类化作用下，“遭”从动词转化为表被动的介词是完全有可能的，只不过“遭”本身的动词遭受义在汉语史上更为常用，语义上的滞留性就更强，从而使“遭”的被动介词用法不那么纯粹。

（12）被隋兵所追，无处躲藏，遂同二妃投入井中，隋兵搜出，亦遭其虏。（《新刊大宋宣和遗事·元集》）

（13）若不活，遭人怪笑。（《五灯会元》卷七）

（14）你道是先打后商量，做个耕牛为主遭鞭杖。（《元刊杂剧三十种·地藏王证东窗事犯》）

（15）几多伶俐遭他陷，死后应知拔舌根。（《水浒传》第二十一回）

（16）他师徒们立在这无火处，不遭雨湿。（《西游记》第六十一回）

（17）蚊虫遭扇打，只为嘴伤人！（《金瓶梅词话》第八十三回）

（18）作恶恐遭天地责，欺心犹怕鬼神知。（《喻世明言》第二十六卷）

（19）后遭安禄山贼党史思明攻陷东都，杀戮僧众，将钟磬毁为兵器，花果伐为樵苏。（《醒世恒言》第二十五卷）

（20）他后边自到桐乡去望时，掌珠遭章二郎妻子忌，百般凌辱，苦不可言。（《型世言》第三回）

（21）马巡抚叱他收敛进城，满四与马骥诉说，遭刘参将、冯指挥激变，原非本心，求天爷死投降。（《型世言》第十七回）

（22）所以也与尤聪同遭雷殛。（《醒世姻缘传》第五十四回）

（23）好一似，无瑕白玉遭泥陷；又何须，王孙公子叹无缘。（《红楼梦》第五回）

上述“遭”字被动句的施事可以是有生命的名词，如例（10）中的“官长”、例（13）中的“人”；可以是代词，如例（12）中的“其”、例（15）中的“他”；可以是无生命的事物，如例（14）中的“鞭”、例（17）中的“扇”、例（23）中的“泥”；可以是自然现象，如例（16）中的“雨”、例（18）中的“天地”、例（22）中的“雷”；可以是偏正结构的名词短语，如例（11）中的“蛛之网”、例（19）中的“安禄山贼党史思明”、例（20）中的“章二郎妻子”；可以是并列结构的名词短语，如例（21）中的“刘参将、冯指挥”。施事者生命度的降低带来了谓语动词生命度的降低，反映出的是“遭”字被动句的成熟。

2. 从“遭”字被动句谓语动词前后的成分来看，动词后补语、宾语和动词前状语的出现，会使动词的中心谓语性质突出，“遭”不再是句子的主要动词，介词的性质更为明显。“遭”字被动句谓语动词后出现补语的情况，早在东晋《搜神记》中已有用例（见例7）。唐以来，补语的类型多样化了，如：

（24）平复，遭其指使如故。(《朝野佥载》)（程度补语）

（25）遭秦人焚灭之后，至河间献王始得邦国礼五十八篇献之，惜乎不行。(《朱子语类》卷八十四)（结果补语）

（26）我在雪峰，遭他一踢，直至如今眼不开，不知是何境界？（《五灯会元》卷七）（数量补语）

（27）今遭此妖术摄去，若菩萨不救拔还我，当时何不不要见赐，也到罢了，望菩萨有灵有感。(《初刻拍案惊奇》卷二十四)（趋向补语）

（28）自那龙未生之前，南斗星死簿上已注定该遭杀于人曹之手，我等早已知之。(《西游记》第十一回)（处所补语）

（29）已经遭扰了几日，又拿着走，越发心里不安起来。(《红楼梦》第四十二回)（时间补语）

近代汉语“遭”字被动句动词后的补语类型有程度补语、结果补语、趋向补语、处所补语、时间/数量补语，未见“得/的”字补语。虽然类型多样，但是出现频率并不高。

“遭”字被动句动词后可带宾语，宾语的类型有隶属性宾语、复指性宾语和并列性宾语。就笔者的考察，未见复指性宾语。

（30）遍野飞禽兼走兽，莫遭罗网丧微躯。(《敦煌变文集新

书》卷二)(隶属性宾语)

(31)他如今迭配遭囚锁缠着身，你枉了相闻。(《元刊杂剧三十种·相国寺公孙汗衫记》)(隶属性宾语)

(32)遭风打翻了船，失陷了花石纲，不能回京赴任。(《水浒传》第十二回)(并列性宾语)

(33)因贩水银货卖，黄河里遭风翻了船，回乡不得。(《水浒传》第三十五回)(并列性宾语)

(34)有来者，在途遭兵夺其贡物。(《醒世恒言》第二十四卷)(并列性宾语)

(35)后遭安禄山贼党史思明攻陷东都，杀戮僧众，将钟磬毁为兵器，花果伐为樵苏。(《醒世恒言》第二十五卷)(并列性宾语)

(36)无子娶妾，遭光棍串同王氏，诓去银七十两。(《型世言》第二十六回)(隶属性宾语)

例(30)、(31)、(36)是隶属性宾语，宾语或是主语所领有，或是主语的一部分；例(32)、(33)、(34)、(35)是并列性宾语，宾语与主语是并列关系。

“遭”字被动句动词前有状语修饰，大约宋代初见，如：

(37)若是见州郡所行事有不可人意，或百姓遭酷虐，自家宁不恻然动心？(《朱子语类》卷九十四)

(38)时县官及胥吏大为不可，遭众人乱殴，逐出界。(《太平广记》卷五十五)

(39)妾若不回，必遭重责。(《喻世明言》第三十四卷)

(40)久闻狄大嫂甚是贤德，孝顺翁姑，爱敬丈夫，和睦乡里，怎么得遭这们显报？只怕还为别人。(《醒世姻缘传》第六十四回)

(41)呆霸王调情遭苦打，冷郎君惧祸走他乡。(《红楼梦》第四十七回)

状语的成分比较简单，基本上为单音词，如例（37）的“酷”、例（38）的“乱”、例（39）的“重”、例（41）的“苦”，而且修饰动词的状语比较少见。

“遭”字被动句的谓语动词多为光杆动词，如：

（42）慈亲容貌岂堪任，长夜遭他刀剑侵。（《敦煌变文集新书》卷四）

（43）庵孤硬难入，屡遭呵。（《五灯会元》卷二十）

（44）自休官，从遭贬，早递流了水地三千。（《元刊杂剧三十种·李太白贬夜郎》）

（45）后来张士诚大军临福州，陈平章遭掳，一应官吏多被诛戮。（《二刻拍案惊奇》卷二十四）

例（42）—（45）中谓语为单音节词“侵”“呵”“贬”“掳”。还有两个单音节动词连用的，如：

（46）小姐，你今番到人家去，不比在老爷身边，只管啼哭，必遭打骂。（《醒世恒言》第一卷）

（47）若再迟延，必遭呵斥。（《醒世恒言》第十四卷）

（48）逞英雄遭人捆打。（《醒世姻缘传》第五十三回）

例（46）—（48）谓语动词为两个单音节动词连用，如“打骂”“呵斥”“捆打”。还有谓语是连动结构的，如：

（49）小的儿子朱恺二十日带银五十两，前往苏州，不料遭仇人裘龙杀列在学宫，劫去财物。（《型世言》第二十三回）

（50）纵再偶生于薄祚寒门，断不能为走卒健仆，甘遭庸人驱制驾驭，必为奇优名倡。（《红楼梦》第二回）

例（49）“杀列在学宫”和“劫去财物”作连动谓语，例（50）“驱制”和“驾驭”作连动谓语。

3.“遭”字被动句的否定形式，否定词一般在“遭”字前，而不是动词前，如：

（51）若肯坚心来此，穿我的袈裟，免堕轮回；持我的锡

杖，不遭毒害。（《西游记》第八回）

（52）他师徒们立在这无火处，不遭雨湿。（《西游记》第六十一回）

4.“遭N所V”和“遭N之所V”式的出现，反映了“遭”字被动句在唐宋时期的特点，“遭”的介词性质明显。如：

（53）赵延禧云，遭恶蛇虺所螫处，贴之艾炷，当上炙之立差，不然即死。（《朝野佥载》）

（54）滞有法之所牵，遭无为之所束，则须泯其能所。（《祖堂集》卷十二）

（55）又楚国灵王宠嫔嫱之色，起章华之台，苦虐黎庶，遭平王所追，遂死于野人申亥之家。（《新刊大宋宣和遗事·元集》）

我们知道，表被动的有标记被动句中，“为”字句最早与“所”字结构连用，之后“被”字句也有“所”字结构，“所V”是动词性结构，其后可以带宾语或者补语，“所”和V之间可以插入状语。

5.“遭”与“被”同义对举，其介词性质和被动意义明显。如：

（56）几多珠玉被风陷，无限经商遭水吹。（《敦煌变文集新书》卷二）

（57）时时爱被翁婆怪，往往频遭伯叔嗔。（《敦煌变文集新书》卷二）

（58）婵娟负德终遭辱，谲诈行凶独被歼。（《水浒传》第三十二回）

（59）龙游浅水遭虾戏，虎落平原被犬欺。（《西游记》第二十八回）

（60）九曜恶星遭我贬，五方凶宿被吾伤。（《西游记》第五十二回）

（61）月被云遮重露彩，花遭霜打又逢春。（《警世通言》第

二十四卷）

6.“遭”字句衍生出了表原因的语法意义，用例罕见，如：

（62）三年之后，遭倭寇作乱，掳他到倭国去了。(《喻世明言》第十八卷）

纵观“遭”字被动句在近代汉语时期的历时发展，我们发现“遭”字被动句的发展是比较缓慢的，尤其跟“被”字句相比，“遭”作为被动标记在文献中的出现频率远远低于“被”，且“遭”字被动句的结构相对比较简单。那么，是什么原因造成“遭”字被动句的发展演变如此窘迫？我们认为，原因有二：

其一，“遭”字本身的语义滞留性很强。近代汉语中“遭”字主要有以下几个常用义：动词“遭受”义、动词“遇到”义、动量词义、被动义。其中，“遭”的被动义远不如“被”常见。“遭”表被动主要是“遭+V”式和“遭+N+V”式，V一般为光杆动词，但是“遭+V”和“遭+N+V”有时仍然可以理解为“遭到或受到（某人的）某一动作行为”。这种情况下，“遭”的词汇意义就会比较强，介词的性质就会比较弱。虽然在近代汉语文献中也有虚化程度比较高的、词汇意义滞留比较弱的、被动标记比较明显的“遭”字句，比如“遭”后的动词带宾语或补语，或者动词前有状语，又如出现“遭N所V”式和“遭N之所V”式，但是这些情况在文献中的出现频率很低，无法与“被”字句相提并论。

其二，“被”字句的类化、竞争，导致“遭”字句和“被”字句在功能上形式互补和分工。“被”字句的产生和发展早于“遭”字句，两者的演变轨迹是相似的，包括动词前后成分的复杂化、“(之)所”结构的产生等。从语用上看，“被”字句大多表示不幸或者不愉快的消极意义，“遭”字句也是如此。“被”字句发展中的复杂化和精细化程度远远高于“遭”字句，“被”字句在发展过程中势必对有着同样发展演变途径的“遭”字句起到类化推动的作用。同时，“被”字句和“遭”字句也存在竞争，根据语言的经济原则，在一种语言中，并存的两种或两种以上相同功能的表达方式之间必然要产生竞争，从而最终导致分化。毫无意外的，精细化程度高的“被”字句战胜了“遭”字句，直至现代汉语仍然用于表示被动。于是，“被”和“遭”在历史发展中，各自形成了分工。“被”的“遭受”“蒙受”义在语言中趋于消失，“遭”的动词义滞留性强，保留了下来；“被”的词汇意义虚化程度高，“被”字被动句逐渐成为主流被动句，取代了“遭”字被动句，“遭”回归其初始的动词用法，并兼并了“被”的动词用法。最终，“被”字句和“遭”字句由类化、共存、竞争完成了功能上的互补和分工。

三、“遭”字被动句在现代汉语中的使用情况

田春来（2010）对“遭”在现代汉语共同语中的使用情况进行了考察，根据不同的搭配，将“遭”字句的结构分成了以下的七种情况：

1. 遭 V 式。V 多为双音节的名动词，一般都能用“被”替换，如：

遭枪杀 / 遭殴打 / 遭取缔 / 遭质疑 / 遭批评 / 遭打劫 / 遭曝光 / 遭反对 / 遭抢购 / 遭拒绝

2. 遭 NV 式。是遭 V 的变式。NV 可以理解为定中结构，也可以理解为主谓结构，一般都能用“被”替换，如：

遭黑客攻击 / 遭妻子嘲笑 / 遭黑帮勒索 / 遭奸商蒙骗 / 遭媒体曝光 / 遭股东质疑

3. 遭了（N 的）V 式。“遭”加体标记“了”，接谓词性宾语，如：

遭了暗算 / 遭了冒犯 / 遭了打 / 遭了侮辱 / 遭了抢劫 / 遭了拒绝 / 遭了欺负 / 遭了压迫 / 遭了日本兵迫害 / 遭了寒流袭击 / 遭了

强盗抢 / 遭了派出所人员的光顾 / 遭了土匪的抢劫绑票 / 遭了歹人的强奸

4. 遭（N）VN 式。动词后带宾语，如：

遭泼硫酸 / 遭人袭击头部 / 遭爷爷铁链锁脚

5. 遭 AV 式。动词前有状语，如：

遭洋汉强吻 / 遭黄浩然狂掴 / 遭残忍枪杀

6. 遭了 N 式。如：

遭了灾 / 遭了不幸 / 遭了官司 / 遭了毒手 / 遭了殃 / 遭了末运 / 遭了难 / 遭了雹子

7. 遭 N 式。名词作“遭”字的宾语，如：

遭信任危机 / 遭多起炸弹袭击 / 遭千万台币罚款 / 遭三次车祸

上述七类情况，1、2、4、5 类“遭”具有被动意义，可以用“被”替换。在近代汉语时期，“遭”字句也确实存在这四类情况，尤其第 4 类动词后带有宾语，第 5 类动词前带有状语，突出了动词的中心谓语性质，“遭”的介词性质就清晰了。3、6、7 类“遭”后或带体标记“了”或直接紧跟名词宾语，其动词义确定无疑。现代汉语共同语中，“遭”一直以来都是作为动词使用的，1、2、4、5 类的“遭”也只是具有介词性质的动词用法，但笔者更倾向于将其视为具有被动意义的介词。这一方面是基于近代汉语“遭”字被动句的沿袭和传承，另一方面是基于“被”字句的类化作用。

现代汉语方言中保留了“遭”字的被动用法。宁夏固原话里，“遭”是唯一的被动表示法，例如[①]：

（63）两个队遭雨打了。/ 两个队遭打了。

（64）他遭老师批评了一顿。/ 他遭批评了一顿。

① 转引自黄伯荣《汉语方言语法类编》，青岛出版社 1996 年，第 666 页。

四川成都方言，例如①：

（65）我遭他骂了一顿。

（66）贼娃子遭整安逸了。

湖南湘潭话，例如②：

（67）遭打了。

（68）遭他骂了。/遭人抢了。/遭天谴。

“遭”字句在汉语史上确实经历了词汇意义逐渐虚化的过程，有过作为被动标记的用法，现代汉语方言就是为其正名的活化石。“遭”一直以来虚实兼备，当其表达被动的语法意义时，动词义就弱；当其带上名词性宾语时，动词义就强。其语法性质决定了它的虚化程度没有“被”那么彻底，这也抑制了“遭”字被动句的进一步发展，一些学者更倾向于将“遭”视为动词而不视为被动标记。事实证明，在近代汉语史上，很少有哪一个被动标记像“被”那样彻底摆脱了原有的动词性，虚化得那么彻底。

第四节　“吃”字被动句

一、“吃”字被动句历时考察③

“吃”字被动句大约在晚唐五代萌芽，但还不能看成是已经成熟的被动句式。真正意义上的“吃”字被动句大约是在宋代产生的，元明时期得到发展，尤其是在元代话本和明代的“三言二拍”、《水浒传》、《金瓶梅》等作品中出现的频率很高。到了清

① 转引自崔荣昌《成都话音档》，上海教育出版社 1997 年，第 107 页。

② 转引自鞠彩萍《“遭”字句——兼论被动标记词的界定与优胜劣汰》，《贵州大学学报》2007 年第 1 期，第 119 页。

③ 本书以“吃”字作为“喫”“吃”这两种写法的代表，但在举例时，仍按文献的原字引用。

代，“吃”字被动句销声匿迹，在白话小说中未见一例。到现代汉语里，“吃”字被动句就更为罕见了。[①]

（一）“吃”字被动句的产生

魏晋南北朝时期，“喫”作为动词明确地表示食义，在唐宋时期的文献资料中使用比较普遍。“吃”在《说文》中解释为“言蹇难”，即口吃之义，大约在唐代出现了动词食义[②]，并开始逐渐与“喫”混用，最终取代了“喫”。如：

（1）但使残年饱喫饭，只愿无事长相见。（杜甫《病后过王倚饮赠歌》）

（2）人情实亦难通，水畔蹲身，即坐吃饭。（《敦煌变文集新书》卷五）

（3）子胥得食喫足，心自思惟……（《敦煌变文集新书》卷五）

（4）师曰：“喫饭也未？”对曰：“喫饭了也。”（《祖堂集》卷四）

（5）九日，斋前法相请益戒明法师及从僧等相寻登来，共于食堂吃斋。（《入唐求法巡礼行记》卷二）

唐五代文献中，“吃”从食义又引申出了遭受义，如：

（6）义存喫铁棒有分。（《筠州洞山悟本禅师语录》）

（7）陵母遂乃喫苦，不禁扑却，枪枷如倒。（《敦煌变文集新书》卷三）

（8）汝且为复怨恨阿谁，解事速说情由，不说眼看喫杖。

---

① 现代汉语方言有记载的被动标记“吃”极为少见。仅丁加勇的《隆回湘语表被动的“吃”字句式及其配价研究》一文涉及被动关系词“吃”，但文中特别指出，隆回湘语表示被动关系的词［$tʂ‘ʅ^{55}$］是根据伍云姬的记法写作“吃”，［$tʂ‘ʅ^{55}$］的本字和语源并不确定。

② “吃”由口吃义发展为动词食义，需另撰文详细考察。

（《敦煌变文集新书》卷六）

（9）者沙弥好喫二十棒。（《祖堂集》卷十）

唐五代是“吃”的遭受义的萌芽期，这一时期“吃”的遭受义刚出现不久，还未形成一定规模。上述文例，动词“吃”后的宾语可以是“棒”“杖”等具体的不可吃之物，也可以是“苦”这类抽象之物，与先前的“吃饭”“吃茶”迥然不同。也正因为“吃”后的宾语由所食之物向所承受之物转变，“吃”才引申出遭受义。宋元开始，“吃”后的宾语略微广泛，除了上述的“棒”“杖”“苦”外，还出现了“喫跌”“喫官司”“吃暴”“喫扑腾”“吃交”“吃嗔责”“吃骂”“吃惊”“吃气”“吃亏”等，如：

（10）那一日喫了一跌，额头上跌破了，娘子见了时聒噪难听。（《朴通事谚解》）

（11）却说王遵、马翰正在各府缉获公事，闻得妻小喫了官司，急忙回来见滕大尹。（《宋四公大闹禁魂张》）

（12）那厮吃了一暴，只得怀里取出一个纸裹儿，口里兀自道……（《简帖和尚》）

（13）人跟前不恁的喫场扑腾。（《关汉卿戏曲集·杜蕊娘智赏金线池》）

（14）是交我软地上吃交我也不共你争，煞是多劳重降尊临卑。（《元刊杂剧三十种·诈妮子调风月》）

（15）问不问有钱的自在，是不是无钱的吃嗔责。（《元刊杂剧三十种·看钱奴买冤家债主》）

（16）吃了半生骂，受了一生指。（《元刊杂剧三十种·散家财天赐老生儿》）

（17）平生莫做亏心事，半夜敲门不吃惊。（《全元曲·玎玎珰珰盆儿鬼》）

（18）自从昨夜花园中吃了这一场气，投着旧证候，眼见得

休了也。(《全元曲·西厢记》)

(19)依我说三百财礼，也不算吃亏。(《桃花扇》第二十二出)

“吃”后的宾语不乏名量或动量短语，名量短语如例(18)，动量短语如例(10)、(12)、(13)、(16)。还有一些例子，从中也可以看出“吃”的遭受义，如：

(20)非独以下人，虽平日极知当孝其亲者，到父母以此施于己，此心亦喫不过，定是动了。(《朱子语类》卷五十八)

(21)贾奕小词讥讽官里，是天子喫受不过，赐死市曹。(《大宋宣和遗事·亨集》)

自唐代始，“吃”的遭受义已经出现，并且逐渐发展起来，成为“吃”的常见义，这说明“吃”由动词食义引申出动词遭受义，“吃”语法化为被动标记的语义基础已经成熟，虚化的语义条件已经具备。

晚唐时，遭受义的“吃”可以与动词组合，即“吃+V”式出现了，但是这种形式比较少见，唐代仅出现一例：

(22)火急离我门前，少时终须喫掴。(《敦煌变文集新书》卷七)

唐代以后，这种形式依然存在，不过并不多见，如：

(23)士因卖漉篱，下桥喫扑，灵照见，亦去爷边倒。(《五灯会元》卷三)

(24)王大姐浴房内喫打。(《拨不断·王大姐浴房内喫打》)

(25)杀死它，喫控持。(《全元曲·小孙屠》)

(26)这雷横已是衔愤在心，又见母亲吃打，一时怒从心发……(《水浒传》第五十回)

例(22)—(26)中，“吃”的词性比较模糊，“吃”既可以理解为动词遭受义，也可以理解为被动介词，从语义上不好判断“吃”的虚实。这一方面充分证明了在“吃+V”这种句式的参与下，“吃”字的语义已经开始虚化，动词向介词的转化已经开始萌动；另一方面也说明了“吃”并不是一个虚化程度比较高的被动标记，这在客观上也造成了“吃”的词性不易判断。笔者更倾向于将上述例句中的“吃”看作由动词向被动标记转化。原因是，现代汉语仍然使用“吃”的遭受义，这样可能会影响我们对近代汉语时期被动标记“吃”的判断标准，根据与“吃”有着相同来源的“被”字句的发展来看，“吃 +V”中的“吃”应该视为被动标记。

晚唐时，还出现了“吃 +N+V”的句式，这种形式的“吃”字句的出现使“吃”在语义上的进一步虚化成为可能。如：

（27）我欲笞汝一顿，恐天下人称你云：撩得李日知嗔，喫李日知杖。(《朝野佥载》)

（28）黄羊野马捻枪拨，鹿鹿从头喫箭川（穿）。(《敦煌变文集新书》卷五）

这两例中“喫”的语义不易判断。例（27）中的“杖”如果作为名词，那么“喫李日知杖”就成为“吃 +N”述宾结构了，从“撩得李日知嗔”的“嗔”来判断，笔者倾向于将“喫李日知杖”中的“杖”和“嗔”都理解为动词，“喫李日知杖”为“吃 +N+V”句式。江蓝生（1989）将这两例中的“吃”均看作是被动介词，引出述语动词的施事者。笔者认为晚唐时期的“吃 +N+V”这种形式正处于萌芽与过渡的阶段，上面的两例反映出处于初期的被动介词的特点。

晚唐以后，“吃 +N+V”结构逐渐增多了。如：

（29）花儿偏向蜂儿有。莺共燕，喫他拖逗。(柳永《红窗回》)

（30）蔡下只是扶他以证其邪说，故喫人议论。(《朱子语类》卷八十七）

（31）愚意以为可且为营一稍在人下职事，喫人打骂差遣，

乃所以成就之。(《鹤林玉露·甲篇》卷二)

(32)原来我的丈夫也吃这厮杀了，又连累我家二姐与那个后生无辜受杀。(《错斩崔宁》)

(33)我是张媒婆，几年在府前住，今日这媒吃你做?(《全元曲·蔡伯喈琵琶记》

(34)一年吃蛇咬，三年怕草索。(《初刻拍案惊奇》第一卷)

尤其例(32)的“了”、例(33)的疑问形式，能够表达或是表达了实现义，促使“吃”向被动标记转变。

从“吃”字被动句的产生过程来看，两个方面的条件不可或缺：一是语义基础，一是句式基础。动词“吃”由食义引申出遭受义，使得“吃”在语义上具备了虚化为介词的条件；句式“吃+V”和“吃+N+V”的出现，使得句子得以重新分析，“吃”字被动句的产生成为可能。语义的虚化与句式结构的重新分析同时作用，才能最终促成“吃”字被动句的产生。宋元开始，“吃”的词义更加虚化，句式结构已经不限于“吃+N+V”这种简单的形式，动词V前后呈现出复杂化的趋势，如动词后出现补语、动词前出现状语等，如：

(35)我因为你，吃郡王打死了，埋在后花园。(《碾玉观音》)

(36)你师父既是神仙，不吃凡人一下打死，丢在洞里去了。(《全元曲·马丹阳度脱刘行首》)

“吃”后动词紧跟结果补语、动词前有状语修饰的情况，在元明时期是很常见的。到了清代，“吃”字被动句消失，不复存在了。

(二)“吃”字被动句的发展

晚唐五代，“吃”字句还不能看作是纯粹的被动句，“吃”字是动词还是被动标记不好认定；宋元时期，“吃”基本上完成了动词向介词的过渡，“吃”字被动句已经产生；明代“吃”字句发展程度比较高，可能是受到与“吃”有着相同来源的“被”字句类化作用的结果。[①]“吃”字被动句在产生和发展过程中正赶上“被”字句成熟之时，受到“被”字句复杂化和精密化的影响，在产生后不久，便呈现出复杂化和精密化的情况。

1. 从“吃”字被动句带关系语（施事）的情况来看，关系语（施事）的出现很平常。如：

（37）你几乎教我喫这大汉坏了性命，你且喫取我几刀。（《万秀娘仇报山亭儿》）

（38）我理会得了，这婆娘不认得江湖上相识，莫是喫那门前客长摆番了。（《宋四公大闹禁魂张》）

（39）一生好汉名头，到今日弄坏，真是张天师吃鬼迷了。（《初刻拍案惊奇》第三卷）

（40）林冲今番直吃我们对付了！高衙内这病必然好了！（《水浒传》第十回）

有的“吃”字被动句不带关系语（施事），这类情况较带关系语（施事）的用例远远要少。如：

（41）那捉笊篱的哥哥喫打了，又不敢和他争，在门前指着了骂。（《宋四公大闹禁魂张》）

（42）你喫摆番了，被我拿得包儿，到这里等你。（《宋四公大闹禁魂张》）

（43）若无免帖，定然喫打三下。（《老乞大》）

宋代话本[②]、《全元曲》、《水浒传》、《三遂平妖传》、《西游记》、《喻世明言》、《警世通言》、《醒世恒言》、《金瓶梅》中“吃”字被动句带关系语（施事）的占“吃”字被动句总数的比

---

① “被”字句表示被动经历了词义演变和语法化的过程。“被”由覆盖义引申出遭受义，并在“被+V”和“被+N+V”这两种句式的影响下，逐渐由动词发展为被动标记。“被”字句在先秦时期已经产生，唐代发展成熟。

② 宋代话本包括《错斩崔宁》《碾玉观音》《宋四公大闹禁魂张》《快嘴李翠莲记》《简帖和尚》《万秀娘仇报山亭儿》，下同。

例分别为79%、82%、84%、80%、100%、71%、80%、75%、100%，可见宋以后“吃”字被动句以带关系语（施事）为常。[①]

2. 从谓语来看，“吃”字被动句的动词后经常出现补语。补语在被动句中历史悠久，早在先秦就已出现处所补语，汉晋又有所谓被动式与使成式的结合（即动词带结果补语的特殊形式）。[②]“吃”字被动句中补语出现的情况还是比较多的，类型也比较丰富，有结果补语、趋向补语、处所补语、时间 / 数量补语、程度补语、“得 / 的”字补语。

A. 结果补语，如：

（44）洒家从前山去时，一定吃那厮们撞见，不如就此间乱草处滚将下去。(《水浒传》第五回）

（45）据着武松，大虫也吃他打倒了，他必然好气力。(《水浒传》第二十三回）

（46）那妇人方才从缸里爬得出来，头脸都吃磕破了，下半截淋淋漓漓都拖着酒浆。(《水浒传》第三十回）

（47）我也唬昏了，又吃他打怕了，那里曾查他人马数目！(《西游记》第七十回）

（48）石丢儿说着：“小牛吃打坏了，我去做。”(《初刻拍案惊奇》第三十一卷）

B. 趋向补语，如：

（49）这贼汉也吃我降伏那性下来，每日入城饮酒，今日又去也。(《全元曲 · 西游记》)

（50）这厮有十二从人，我只一个，便活捉了他，也吃众人夺去。(《三国演义》第十五回）

（51）你的女儿，都是吃假名托姓的骗将去了。(《水浒传》

① “吃”字被动句剔除了语义上两可的“吃”。

② 见《著名语言学家自选集——唐钰明卷》，安徽教育出版社2002年，第296页。

第七十三回）

（52）奴忍气吞声，丢了几两银子，吃奴即时撵出去了。（《金瓶梅》第十九回）

C. 处所补语，如：

（53）那女儿吃郡王捉进后花园里去。（《碾玉观音》）

（54）武松右手却吃钉住在行枷上，左手却散着。（《水浒传》第二十九回）

（55）你嫂子吃西门庆抬到家，待捣吊底子儿，自还问他实也是虚！（《金瓶梅》第九回）

（56）刚才吃我都打发到院里去了。（《金瓶梅》第十三回）

D. 时间 / 数量补语，如：

（57）周氏不敢言语，吃高氏骂了三四日。（《警世通言》第三十三卷）

（58）只说武大郎自从武松说了去，整整的吃那婆娘骂了三四日。（《水浒传》第二十三回）

（59）落后正月里，他爹要把淫妇安托在我屋里过一夜儿，吃我和春梅折了两句，再几时容他傍个影儿！（《金瓶梅》第二十五回）

（60）这贩枣子的客人劝道：“你这个鸟汉子！他也说得差了，你也忒认真，连累我们也吃你说了几声……”（《水浒传》第十六回）

（61）沈阆吃打了一顿，只饶得不送官，气得整整病了两个月。（《型世言》第十五回）

例（57）、（58）为时间补语，例（59）—（61）为数量补语。

E. “得 / 的”字补语，如：

（62）郭排军吃她相问的无言可答，只道得一声“得罪”。（《碾玉观音》）

（63）若不分开呵，久已后吃这厮凋零的无了。（《全元

曲·崔府君断冤家债主》)

（64）那大虫吃武松奈何得没了些气力。(《水浒传》第二十三回)

（65）周氏吃骂得没奈何，只得去房里取了麻索，递与高氏。(《警世通言》第三十三卷)

（66）西门庆吃三人你一言我一句，说的把马径往东街勾栏来了。(《金瓶梅》第二十回)

"吃"字被动句动词后补语的出现，使得"吃"字被动标记的性质更为显明。根据笔者的考察，宋元话本、《全元曲》、《水浒传》、《三遂平妖传》、《西游记》、《喻世明言》、《警世通言》、《醒世恒言》、《金瓶梅》中"吃"字被动句动词带补语的占"吃"字被动句总数的比例分别为64%、53%、33%、20%、100%、57%、60%、50%、48%，可见"吃"字被动句中动词带补语的情况是比较常见的，也说明了"吃"字被动句的成熟。

3."吃"字被动句动词后可以出现宾语。王力曾经认为被动式动词是不带宾语的，随着研究的不断深化，他改变了这种看法。唐钰明（1988）也提到并说明"被"字句动词后带宾语的问题。"吃"字被动句动词带宾语，在其产生之后便已有用例。根据宾语的不同类型，分别说明如次。

A.隶属性宾语。这种宾语或是主语所领有，或是主语的一部分。如：

（67）赵正手高似我，这番又喫他觅了包儿，越不好看，不如安排走休。(《宋四公大闹禁魂张》)

（68）他左右昼夜算计的只是俺娘儿两个，到明日终久吃他算计了一个去，才是了当。(《金瓶梅》第五十一回)

还有一些"动+宾"形式的"吃"字句，宾语和受事主语虽然没有明显的领有关系，但是直接或间接与受事主语有关联，好像也有部分的领有关系，如：

（69）把个见见成成做熟了饭的亲事，吃人掇了锅儿去了。（《金瓶梅》第十八回）

（70）他爹见了我，讪讪的，吃我骂了两句没廉耻。（《金瓶梅》第二十五回）

（71）孙雪娥吃众人赢了七八钟酒，不敢久坐，就去了。（《金瓶梅》第五十八回）

B. 复指性宾语。这种宾语是主语的复指，一般有代词性复指宾语和名词性复指宾语。根据笔者的考察，这类复指性宾语的用例不多。唐钰明（1988）说道：“代词性复指宾语首先见于汉代的‘为’字句，然后逐步进入‘被’字句，至于名词性复指宾语，则完全是‘被’字句‘特有的现象’。”笔者在考察“吃”字句的过程中，发现名词性复指宾语也进入了“吃”字被动句，但是用例极少，这也许是受到当时处于强势的、与“吃”有着相同来源和发展轨迹的“被”字句的类化作用，也可能是“遭受”类来源的被动句特有的现象。

代词性复指宾语，如：

（72）我吃这妇人气杀我也。（《全元曲·邯郸道省悟黄粱梦》）

（73）他自吃人在他跟前那等花丽狐哨，乔龙画虎的，两面刀哄他，就是千好万好。（《金瓶梅》第二十回）

名词性复指宾语，如：

（74）柴大官人因去高唐州看亲叔叔柴皇城病症，却被本州高知府妻舅殷天锡，要夺屋宇花园，殴骂柴进，吃我打死了殷天锡那厮。（《水浒传》第五十二回）

需要特别指出的是，在《金瓶梅》中有这样的一例：

（75）把孩子丢在这里，吃猫唬了他了。（《金瓶梅》第五十二回）

“他”复指前句的“孩子”，这种复指宾语的类型，更加符合表达的需要，不会使人感觉重复，也不会使人感觉指代不清。

C. 并列性宾语。这种宾语与主语是并列关系，最早用例见于元代，但到《水浒传》中才出现较多用例，如：

（76）师兄祸事，吃那小孩儿拿将师父去了。（《全元曲·西游记》）

（77）吃俺一把火烧了那菜园里廨宇。（《水浒传》第十六回）

（78）原来倒吃他两个顶住了门。（《水浒传》第二十六回）

（79）空自去“打草惊蛇”，倒吃他做了手脚，却是不好。（《水浒传》第二十九回）

（80）这宋江、卢俊义皆是我等仇人，今日倒吃他做了有功之臣，受朝廷这等恩赐，却教他上马管军，下马管民。（《水浒传》第一百回）

虽然“吃”字被动句从宋代到明代用例逐渐增加，但是“吃”字被动句动词后带宾语的情况并不是特别普遍，笔者考察的宋元话本、《全元曲》、《水浒传》、《三遂平妖传》、《西游记》、《喻世明言》、《警世通言》、《醒世恒言》、《金瓶梅》中只有《全元曲》《水浒传》《金瓶梅》中动词带有宾语的情况多些，这也是因为基数大的原因。这三部作品中，动词带有宾语的分别占“吃”字被动句总数的 32%、14%、15%。

4. 从“吃”字被动句动词前的状语来看[①]，充当状语的可以是词，也可以是短语，还可以是句子，如：

（81）今日天可怜见，吃我千方百计去说化他，只限我一个时辰，去花园中赏玩一番。（《全元曲·蔡伯喈琵琶记》）

（82）我是胡元帅，早吃他用计捉去，幸得走脱，你们休投矢石。（《英烈传》第二十七回）

---

① “吃……把 / 将 +VP”中的“把 / 将……”也属于状语的成分，本书于下另作分类。

（83）我今日吃这婆子言来语去，央了几杯酒，打熬不得，夜深只得睡了罢。(《水浒传》第二十回）

（84）不瞒干娘说：我不知怎地吃他那日叉帘子时，见了这一面，却似收了我三魂七魄的一般。(《水浒传》第二十三回）

（85）他自吃人在他跟前那等花丽狐哨，乔龙画虎的，两面刀哄他，就是千好万好。(《金瓶梅》第二十回）

（86）一面把玳安叫到跟前，吃月娘尽力骂了几句道……(《金瓶梅》第四十六回）

例（84)、(85）“吃”字被动句动词前的状语“那日叉帘子时”和“在他跟前那等花丽狐哨，乔龙画虎的，两面刀”较为复杂。状语成分的复杂化，使得表达效果更为生动和细腻，语义更为丰富和精密。

5.“吃”字被动句的谓语可以是连动结构或复谓结构。根据笔者的考察，这种结构形式大多出现在《水浒传》中，如：

（87）我回去时须吃他耻笑不是好汉。(《水浒传》第二十三回）

（88）我倒不曾见日头在半天里，便把着丧门关了，也须吃别人道我家怎地禁鬼。(《水浒传》第二十四回）

（89）阮小二心慌，怕吃他拿去受辱，扯出腰刀，自刎而亡。(《水浒传》第九十六回）

（90）石宝看见两边全无去路，恐吃捉了受辱，便用劈风刀自刎而死。(《水浒传》第九十八回）

例（87）—（90）中，连动结构的有例（89)、(90)，复谓结构的有例（87)、(88)。

6.从明代始，在《水浒传》和《金瓶梅》中出现了“吃”字句与处置式“把/将”结合的句型。如：

（91）你若有些疏失，吃他把大名府军官都看得轻了。(《水浒传》第十二回）

（92）吃金莲向前，把马鞭子夺了，掠在床顶上。(《金瓶梅》第二十六回）

（93）我只一双红睡鞋，倒吃小奴才将一只弄油了，那里再讨第二双来？（《金瓶梅》第二十八回）

（94）我因寻了你一回寻不着，就同王三官到老孙家会了，往许不与先生那里，借三百两银子去，吃孙寡嘴老油嘴把借契写差了。(《金瓶梅》第四十二回）

（95）当下把桂姐说的哭起来了。被西门庆向伯爵头上打了一扇子，笑骂道："你这搊断肠子的狗才！生生儿吃你把人就殴杀了。"(《金瓶梅》第五十二回）

"吃"字句和"将"字式结合的例子比较少，与"把"字式结合的例子相对较多。这种"吃＋把/将"的句式是在"吃"字句动词带宾语的基础上发展起来的，"把/将"的作用是把动词后的宾语前置。因此，"把/将"所带的宾语与主语的关系也有隶属性和复指性两种。例（91)、(92)、(93)、(94）的宾语是隶属性的，例（95）的宾语是复指性的。

通过上述对"吃"字被动句的描述，我们可以清楚地看到，"吃"字被动句一经产生便得到迅速的发展，动词前后成分的复杂化（带状语、补语)、谓语的复杂化（连动结构或复谓结构)、"吃"字句与处置式的结合等，使"吃"字被动句在元明时期得到极大的发展。

在"吃"字句中，还有一种施受关系比较模糊的被动句。在这种被动句中，"吃"似乎是多余的，去掉它后句子的意思并未发生改变，如：

（96）是吃我盘到你房门前，揭起学书纸，把小锯儿锯将两条窗栅下来。(《宋四公大闹禁魂张》)

（97）宋四公却待要睡，又怕吃赵正来后如何，且只把一包细软安放头边，就床上掩卧。(同上）

（98）吃我把话来侵他底子，那猪狗便打我一顿栗暴，直叉我出来，将我梨儿都倾在街上。（《水浒传》第二十五回）

（99）那婆子便来打我，吃我先把篮儿撇出街上，一头顶住那老狗在壁上。（《水浒传》第二十五回）

上述例句中，“吃”字后均为主谓结构，去掉“吃”并不会改变句子的意思，但是如果真的省去“吃”，那么便会抹杀句中所要强调的内容，句中的重心就会改变。例（96）—（99）中所要强调的是受事者“你”“宋四公”“那猪狗”“那婆子”。蒋绍愚（1994/2003）谈到“被”字句这一类型的时候也说过，这种用法是和汉语的表达特点有关的：汉语在一个句群中，总有一个叙述的中心或重点。用不用“被”字，常常与这中心或重点有关。

（三）“吃”字被动句的分化

从句式意义来说，近代汉语“吃”字被动句在宋代开始出现了分化，这主要表现在“吃”字被动句与致使义相关和与原因义相关两个方面。

1. 兼与致使义相关的“吃”字句，如：

（100）且喜姐姐，那棍子则是滴溜溜在我身上，吃我直说过了。（《全元曲·西厢记》）

（101）且休要打草惊蛇，吃他走了！（《醒世恒言》第十三卷）

（102）张万户看罢，顿足道：“我被这贼用计瞒过，吃他逃了。（《醒世恒言》第十九卷）

（103）说朱仝拿这空枷撺在草里，出来对众小牢子说道：“吃雷横走了，是怎地好！”（《水浒传》第五十回）

这类“吃”字句是由被动句分化进而兼有表致使义的，只是零星地出现在元明文献中，且其谓语动词均为“说”“走”“逃”等不及物动词，这就意味着谓语所发出的动作没有受事者，这种结构关系导致“吃”字被动句在某种程度上分化出致使的语义。在这类

“吃”字句中，“吃”所引介的N依然可以看作是施事者，但由于不及物动词的性质，所以被动意义只是意念上的。致使义的“吃”字句大概反映了元明时期的语言事实，即“吃”字句在产生后不久，就已经带有“被”字句在中后期发展的特点。需要说明的是，致使义的“吃”字句还是被动句。因为“吃”字句前有条件小句，“吃”字句处于结果小句的位置，故而表现出了某种致使义。①

2. 兼与原因义相关的“吃”字句，如：

（104）那妇人道：“一言难尽！自从嫁得你哥哥，吃他忒善了，被人欺负；清河县里住不得，搬来这里。”（《水浒传》第二十四回）

（105）说海黎这贼秃单为这妇人，结拜潘公做干爷，只吃杨雄阻滞碍眼，因此不能彀上手。（《水浒传》第四十四回）

（106）看见儿子吃他扒在那里，便哭起来。（《水浒传》第五十回）

（107）只吃我说道：“罗真人的亲随值日神将……”（《水浒传》第五十二回）

（108）吃我不肯，他便将手把我胸前抓得粉碎，那里肯放。（《喻世明言》第三十八卷）

（109）你看了还与我，他昨日为剪这头发，好不烦难，吃我变了脸恼了，他才容我剪下这一柳子来。（《金瓶梅》第十二回）

从上述例句中可以看出，“吃N”后的成分多种多样，可以是动宾短语，如例（107），动补短语，如（106），连动结构，如（105）、（109），形容词性短语，如（104）。周崇谦（2003）认为这是被动关系词具有连词化的倾向。谓语“吃N”中的“N”是其自身的行为或状态，加之“吃”字句经常处于原因分句的位

① 见蒋绍愚、曹广顺主编的《近代汉语语法史研究综述》，商务印书馆2005年，第390页。

置，“吃”字句后紧接着结果小句作为后句，所以“吃”也就具有了表示原因的语法意义。

（四）“吃”字被动句的消亡

清代，“吃”字被动句基本已经消亡了。[①]究其原因，大致有以下两种可能性：

其一，近代汉语“吃”字被动句从产生之初就具有方言色彩，在山东方言、江淮方言和吴方言背景的文献中多有出现。“吃”字被动句虽然与此期的主流被动句——“被”字句在来源和演变轨迹等诸多方面有着相同之处，但远没有“被”字句的出现频率高。不论是北方的元曲还是南方的拟话本，“被”字句均处于绝对的主导地位。从宋到明，即使是在具有南方方言色彩的“三言二拍”、《水浒传》、《金瓶梅》、《型世言》中，“被”的出现频率与“吃”相比，优势仍然显明。可见，同样是遭受义来源的被动标记，人们选择使用的倾向性非常明确，这也是造成“吃”字被动句在发展上没有“被”字句成熟的原因，从而最终促使了“吃”字被动句的消亡。

其二，近代汉语“吃”字被动句从产生、发展到消亡的时间，相对于“被”字句来说是很短的。虽然在元明时期“吃”字被动句得以发展，但消亡的速度也很快，这与“吃”自身的语法属性有关。“吃”最常见的用法是动词食义，“吃”的食义在汉语史上的使用频率非常高，此义位自然会排斥其他非常用的义位，这是符合词汇发展规律的。“吃”的动词食义是“吃”的最初义，在现代汉语中也是常用义，稳固性高，不易发生变化。而“吃”的被动义产生时间较晚，其稳固性远低于动词食义，因而在词义

---

① 笔者考察的清代文献有《醒世姻缘传》《儒林外史》《红楼梦》《儿女英雄传》《二十年目睹之怪现状》《九尾龟》，未见到“吃”字句表示被动的用例。

的发展演变中容易消亡。

现代汉语共同语中，“吃”字被动句完全消失了。但在湖南隆回方言中还保留着“吃”作为被动介词的用例①：

我吃佢骂得该死子。译：我被他骂得要死。

箇根凳子吃我坐断哩。译：这张凳子被我坐断了。

虽然只有以上一个方言点使用“吃”字句表示被动，但从中也可看到些许问题：一是被动标记“吃”的虚化程度不高，语言实践在选择上的倾向性小；二是“吃”字被动句在现代汉语方言中的使用是近代汉语的遗留，其发展规律为遭受义来源的被动标记提供了发展演变的佐证。

二、“吃”字被动句的来源

关于“吃”字被动句的来源，冯春田（2000）认为有一个问题有待研究：“‘吃’字被动句中的‘吃’也是由动词而转化为被动介词的，那么‘吃’字是看作‘被’字句中‘被’的替代者呢，还是仍像‘被’字那样重新又有一个‘虚化’或者结构的‘重新分析’过程？”笔者认为，虽然“吃”字被动句和“被”字被动句的发展演变过程很相似，但是“被”字句在近代汉语乃至现代汉语中都有着坚实的基础，不是“吃”字被动句所能替代的，应该说是受到“被”字被动句的影响而发生了平行虚化。事实证明，“吃”字被动句在清代就已经消亡了，在清代的白话小说《醒世姻缘传》《红楼梦》《儒林外史》《官场现形记》中，都不见“吃”字被动句的踪迹。可见，虽然“吃”字被动句和“被”字被动句在近代汉语时期曾有过并存发展的阶段，但是“被”字被动句的主流地位不容置疑。所以，笔者倾向于“吃”字被动句的来源与“被”字被动句的

① 转引卢晓群《湘语语法研究》，中央民族大学出版社2007年，第319页。

来源相似[①]，是沿着与“被”相同的轨迹虚化而来的。

“吃”字被动句的产生是语义与句式共同作用的结果。从语义上说，“吃”本义为“口吃”，大约在晚唐与“喫”通用，具有食义。当“吃”后的搭配从广义的食物变为不可食的“棒”“杖”以及与之相关的动作“打”“骂”时，“吃”的语义便发生了转变，遭受义就此产生。认知语言学将这种认知规律或思维方式称之为“隐喻”，即两个不同认知域之间的具有相似性的要素之间的映射。人体对食物（也是一种能量）的吸收和人体对外力的消耗具有某种程度的相似性，这才使得“力是食物”的隐喻得以形成，从而也使得“棍”“棒”“亏”这类不可吃之物也能与“吃”搭配，在语言表达上实现一种显性形式。[②]“吃”的遭受义的产生，促使了具体的食义向抽象的遭受义转变，为“吃”的虚化提供了语义基础。从唐代开始，“吃”的遭受义成为常见义，这说明“吃”语法化为被动标记的语义基础已经成熟，虚化的语义条件已经具备。

“吃”字被动句的产生还必须具备句式基础。晚唐应该说是“吃”字被动句的转化时期。从晚唐开始，“吃+V”和“吃+N+V”这两种结构就已经出现了，如例（22）“喫掴”、例（27）“喫李日知杖”、例（28）“喫箭川（穿）”。这三个例子中“喫”的意思比较模糊，既可以理解为“吃+（N）+V”，也可以理解为“[吃+（N）]+V”，“吃”字的语义有些两可。从上下文的语境来判断，我们认为“吃”在“吃+V”和“吃+N+V”这两种结构中动词性并不是很强，句中的重点主要是在“掴”“杖”“川（穿）”上。根据语法化的原则，“语言中的某成分所表的意义（这

① 关于“被”字被动句的来源，有多种说法。笔者比较倾向于王力先生所持的“动词虚化说”和蒋绍愚先生的“重新分析说”。

② 韩金广《“V吃+N”结构的认知语义分析》，《语言教学与研究》2014年第2期，第63—64页。

里指的是行为）如果不甚显著的话（因句中另一行为表示的意义更为显著），那它所表示的意义就容易在人们的印象中逐渐消失掉……”。[①]“吃”的动词性开始减弱，逐渐充当次要动词，其语义也会逐渐地抽象化、虚化，“吃”由词汇单位变成语法单位，由动词虚化为介词。理论上是如此，但在实际操作中“吃”的实虚确实不好把握。如何判定呢？笔者认为，判定“吃”字句表示被动有下述的几个指标：

1.“吃”字句动词带宾语或有状语、补语的修饰。

2. 如果“吃”字句的动词是光杆动词，一定要有助词“了”“来”“过”，表示已然或曾然（过去）。

根据上述两个指标，在宋代，尤其是宋代话本中，“吃”字被动句便产生了。但这样的判定标准，无疑又推迟了“吃”字被动句产生的时间。所以，综合多方面的考虑，我们确定“吃”字被动句的产生时间至迟不会晚于宋代。

造成“吃”字被动句产生时间不确定性的原因是其语义虚化程度不高。如：

（110）你几乎教我喫这大汉坏了性命，你且喫取我几刀。（《万秀娘仇报山亭儿》）

两个“喫”字，第一个为被动义，第二个为动词遭受义，“喫”的这两个语义同现，是其语义的历时发展在共时层面的展现，也是其语义虚化程度不高的体现。再如：

（111）吃禁持。却念九霄风味。（葛长庚《菊花新·宝鸭温香》）

（112）不要慌！若到官直说，不要赖了吃打。（《初刻拍案惊奇》第三十一卷）

（113）量酒厮㳿道：“归去吃骂，主人定是不肯。”（《喻世明言》第十五卷）

---

① 刘坚等《论诱发汉语词汇语法化的若干因素》，《中国语文》1995年第3期，第163页。

“吃+V”结构中，“吃”字词性的不易判断，造成对“吃”字语义理解的模糊。我们知道，“吃”最常见的用法为动词食义，动词食义在汉语史上的使用频率非常高，此外动词遭受义也是其常见义，被动义相较于这两个语义而言，稳固性不高，这可能也是造成现代汉语中“吃”被动语义消失的原因。

三、“吃”字被动句与“被”字被动句的比较

通过上文对“吃”字被动句的描述，对比“被”字被动句的发展轨迹，可以发现“吃”字被动句与“被”字被动句产生和发展的路线极其相似。首先，被动标记“被”是在遭受义和“被+V”“被+N+V”句式的作用下于先秦时期产生的；“吃”字被动句也是在遭受义和“吃+V”“吃+N+V”句式的共同作用下产生的。其次，“被”字被动句在唐代逐渐复杂化和精密化，在近代汉语中后期出现了超出被动式常规的发展，产生了与致使义和原因义相关的“被”字句；“吃”字被动句也经历了句式复杂化的过程，在元明时期也出现了与致使义和原因义相关的“吃”字句。“吃”字句各种不同类型句式之间的关系与“被”字句的情况基本上是对应的、平行的。

所不同的是，“吃”字被动句的产生时间远远晚于“被”字被动句的产生时间，“吃”字被动句的发展过程没有“被”字被动句那么长久，从产生到发展再到消亡大约只有700年的时间（从晚唐到明代），“吃”字被动句如此迅猛的产生与发展必定受到“被”字被动句类化作用的推动。清代“吃”字被动句消失了，而“被”字被动句在现代汉语共同语中依然存在，这说明虽然“吃”字被动句在发展上与“被”字被动句平行，但是“吃”字被动句始终没有动摇“被”字被动句的主流地位。这一方面是由于“被”字被动句自身的强大和稳固；另一方面是由于近代汉语时期各类被动句式的大量涌现，使得“吃”字

被动句受到了排挤，最终在新的被动句式的影响下退出了近代汉语的舞台。

笔者考察的近代汉语文献中，元曲、元杂剧、《老乞大谚解》、《朴通事谚解》等作品系北方白话资料，“吃”字句表示被动的情况是比较少的，其用例分别为38、1、2、0例；宋代话本、“三言二拍”、《西游记》、《三遂平妖传》、《水浒传》、《型世言》等作品系南方白话资料，“吃”字句表示被动的情况比较多见，用例分别为14、29、1、5、57、13例；而《金瓶梅》虽系北方白话，由于地接苏北，受江淮方言和吴语的影响较大，“吃”字被动句也比较多见，用例为48例。大体可以说，被动标记“吃”主要通行于山东、江苏、浙江等地。与被动标记“吃”来源相同的“被”，在近代汉语时期逐渐复杂化和精密化，据袁宾（1989）考察，其演变发展在不同的地域速度是不同的，具有不平衡性。那么，此期“吃”字被动句和“被”字被动句的发展情况又是怎样的呢？笔者试图对上述近代汉语文献资料中“吃”字被动句和“被”字被动句的使用情况作一考察，见下表：

表一：

文　献	“吃”字被动句	“被”字被动句①
《朱子语类》	0	457
宋代话本②	14	35
《老乞大谚解》	2	1
《朴通事谚解》	0	2

① 表一中的《朱子语类》《初刻拍案惊奇》《西游记》《水浒传》有关“被”字被动句的数据均来自唐钰明《唐至清的“被”字句》一文，见《著名中年语言学家自选集——唐钰明卷》，第302—303页。

② 宋代话本包括《错斩崔宁》《碾玉观音》《宋四公大闹禁魂张》《快嘴李翠莲记》《简帖和尚》《万秀娘仇报山亭儿》，下同。

续表

文　献	“吃”字被动句	“被”字被动句
元代话本[①]	0	84
《元刊杂剧三十种》	1	40
《水浒传》	57	391
《三遂平妖传》	5	151
《西游记》	1	489
《喻世明言》	14	248
《警世通言》	10	311
《醒世恒言》	4	399
《初刻拍案惊奇》	6	199
《二刻拍案惊奇》	1	252
《金瓶梅》	48	252
《型世言》	13	236

从表一中可以明显地看出，不论是北方的元曲还是南方的拟话本，“被”字被动句在这些文献中都是处于绝对的主导地位。这说明从宋代到明代，“被”字被动句在南北地区都通行，而且有着很大的优势，即使是在具有南方方言色彩的“三言二拍”、《水浒传》、《金瓶梅》、《型世言》中，“被”的出现频率仍然为97.6%、87.3%、84%、94.8%，与“吃”的出现频率2.4%、12.7%、16%、5.2%相比，优势明显。笔者只有在冯梦龙编的《桂枝儿》《山歌》《夹竹桃》三种民歌集中发现了较之上述文

① 元代话本包括《闹樊楼多情周胜仙》《勘皮靴单证二郎神》《蒋兴哥重会珍珠衫》《陈御史巧勘金钗钿》《沈小霞相会出师表》《金玉奴棒打薄情郎》《王安石三难苏学士》《苏知县罗衫再合》《玉堂春落难逢夫》《白娘子永镇雷峰塔》《杜十娘怒沉百宝箱》，下同。

献的不同情况。其中《桂枝儿》中用于表示被动的句式全部是“被”字被动句，所有的“吃”字均出现在“吃醉”“吃累”“吃亏”“吃苦”“吃尽熬煎”这些词或短语中;《山歌》与《桂枝儿》恰恰相反,《山歌》中只有3例用“被”字表示被动，其余全部用“吃”字表示被动，“吃”字被动句占有绝对优势;《夹竹桃》中被动句式出现的频率不是很高，“吃”字句和“被”字句基本上各占一半，其中“吃”字被动句有5例，“被”字被动句有3例。笔者认为冯梦龙所编的这三部民歌集，被动句式之所以有着比较大的差异，是因为吴地民歌自身所具有的语言特点使然。根据笔者的考察，冯梦龙的这三部民歌集明显呈现出两种特点：一种是具有官话特点，一种是具有吴地方言特点，即《桂枝儿》中被动句的使用具有官话特点,《山歌》中被动句的使用具有吴地方言特点,《夹竹桃》中被动句的使用则是官话与吴地方言的夹杂。

具有官话特点的“被”字被动句，如：

(114) 魂灵儿被他引。(《桂枝儿 · 想部》)

(115) 被人看见。(《山歌 · 私情杂体 · 后庭心之一》)

(116) 进他门去，被他紧缠。(《夹竹桃 · 疑是蟾宫》)

具有吴地方言特点的“吃”字被动句，如：

(117) 新做海青白绵绸，吃个喜虫哥咬碎子个两肩头。(《桂枝儿 · 私情四句 · 补肩头》)

(118) 情哥郎好像双陆能，吃渠把住子门儿教我那亨奔？(《山歌 · 咏物四句 · 双陆》)

(119) 花花阿姐爱风光，吃郎君推倒后船舱。(《夹竹桃 · 数声渔笛》)

清代、民国时期，“被”字句依然活跃在被动句的舞台上，而“吃”字被动句却基本上消失了，即使是在具有吴方言色彩的《孽海花》《海上花列传》《海上繁华梦》中也再没出现用“吃”字句表示被动的用例，而逐渐兴起了表示被动的“拨”字句。

第五节　“着（著）”字被动句

一、“着（著）”字被动句的来源

在近代汉语语法发展史上，由遭受义发展来的被动标记除了“被”“蒙”“吃”等之外，还有“着（著）”。相对于同来源的其他被动句而言，“着（著）”字被动句的来源比较复杂。目前学术界存在两种观点：一种认为被动标记“着（著）”来源于“着（著）”的动词遭受义，如马贝加（2002）、向熹（1993）、吴福祥（1996）；一种从句式角度考虑，认为“着（著）”字被动句是由使役句转化而来的，如冯春田（2000）。笔者认为，这两种观点都具有一定的合理性，并且现代汉语方言的事实均可以为其提供佐证。

笔者认为，“着（著）”字被动句的产生与“着（著）”的词义和“着（著）”句式均有很大的关系。被动标记“着（著）”应该有两个不同的来源：一是来源于遭受义的动词“着（著）”。从语义上说，遭受义的动词“着（著）”含有受动性，有可能发展为引进施事表示被动的介词。刘坚、江蓝生认为，“大凡有‘遭受’义的动词都有虚化为被动关系词的可能”。[①] 加之连动句式“着（著）+N+V”结构的出现，为“着（著）”字被动句的产生提供了可能。二是来源于使役义的“着（著）”。从语义上说，“着（著）”引申出“使”“教”之义，为“着（著）”字被动句的产生奠定了语义基础。从句式上说，唐宋以后，“着（著）”字使役句大量出现，这种句式的结构与被动句的结构相同，且“着（著）”在句中的词汇意

① 见刘坚、江蓝生《近代汉语虚词研究》，语文出版社 1992 年，第 216 页。

义比较薄弱，尤其当主语缺省时很难判定“着（著）”的词义，更加促成了“着（著）”字被动句的产生。

（一）源于遭受义的“着（著）”字被动句

“着（著）”最先是作为附着义动词出现的，早在《国语》中就已有用例。《国语·晋语四》：“今戾久矣，戾久将底。底著滞淫，谁能与兴。”韦昭注：“著，附也。”从附着义又引申出穿着义和遭受义。在这两个语义中，“着（著）”发出动作的作用力方向刚好是相反的。如：

（1）吕氏子灵弃其妻，著道士衣冠，谢母曰：“当学仙王屋山。”（韩愈《河南少尹李公墓志铭》）

（2）如何急滩水，更著打头风。（杨万里《北风》）

例（1）“著”为穿着义，“著”的动作施为者即“吕氏子灵”，其动力的方向是从施事者“吕氏子灵”指向受事者“道士衣冠”，“著”是一种主动的行为；例（2）“著”为遭受义，“风”是动作的施为者，其动力的方向是从施事者“风”指向受事者“滩水”，“著”是一种受动的行为。被动介词“着（著）”正是来源于遭受义的动词“着（著）”，动词“着（著）”具有受动性，它与后面的名词组合，常用来表示处于不利的境地。如：

（3）汝为病耶？为著风耶？（《百喻经·人效王眼睭喻》）

（4）武帝著邪道，不识正法。（《坛经》）

（5）浑身著箭瘢犹在，万槊千刀总过来。（王建《赠索暹将军》）

（6）某甲三日前著贼。（《五灯会元·药山惟俨禅师》）

“着（著）”字句表示被动大约始于唐代[①]，但是此时作为被动

---

① 田春来发现了《大庄严论经》中1例“著”字表被动的用例，“譬如任婆叶，蜜著虫所唼，为贪之所惑，至死而不舍”。其中“蜜著虫所唼”与“为贪之所惑”对应，“著”的被动义显明，但同时期并未发现其他用例，所以我们将其视为“著”字表被动的萌芽阶段的较早用例。

标记的“着（著）”的使用非常少见。[①] 如：

（7）一朝著病缠，三年卧床席。亦有真佛性，翻作无明贼。（寒山诗《又见出家儿》）

（8）郗公不易胜，莫著外家欺。（王维《戏题示萧氏甥》）

虽然上述两个例句中的“著”字可以有两种理解，如例（7）可以理解为“被疾病纠缠”，也可以理解为“受到疾病的纠缠”，例（8）可以理解为“不被他人欺负”，也可以理解为“不要受到他人的欺负”，但是笔者认为“著”在这两例中更接近介词的用法。原因是，例（7）“著”字后动词“缠”的动作性比较强，在句中的地位比较显著。此时的“着（著）”在“着（著）+N+V”句式结构中的中心动词的地位已经逐渐减弱，作为辅助性动作出现，在句子语义表达中处于辅助词的地位，从而促成“着（著）”字词义虚化，发生重新分析。例（8）“著”字后的动词“欺”虽然不是动作性较强的动词，但是在“着（著）+N+V”句式结构的影响下，“著”字经常在句中充当次要动词，其句法位置被固定下来后，就会进一步抽象化、虚化，语法功能就会逐渐改变。[②] 所以，虽然“欺”的动作性不显著，但是受到类推作用的影响，这种情况还是很有可能发生的。

宋代，被动标记“着（著）”也不多见，仅有下面的几例。[③] 如：

（9）师曰：“一度著蛇咬，怕见断井索。”（《五灯会元》卷

① 笔者考察的唐代佛经有《禅源诠序》《地藏本愿》《佛说譬喻》《华严经唐》《楞伽师资》《疗痔病经》《首楞严经》《心经法成》《心经法月》《心经共利》《心经玄奘》《心经智慧》；语录有《小止观》《马祖语录》《神会语录》《六祖坛经》《传心法要》《洞山语录》《临济语录》。

② 祝敏彻《论初期处置式》中说道：“在语言中的某一成分所表示的意义（这里指的是行为）如果不甚显著的话（因句中另一行为表示的意义更为显著），那它所表示的意义就容易在人们的印象中逐渐消失掉……”见祝敏彻《论初期处置式》，《语言学论丛（第一辑）》，商务印书馆 1957 年，第 17 页。

③ 笔者考察的南宋佛语录有《古尊宿语录》《无门关》《五灯会元》。

五十）

（10）待你著一顿热病打时，方思量我在。（《五灯会元》卷十九）

例（9）、（10）中“著”字句的结构形式与例（7）一样，“著”由动词向介词的演变也相似。唐宋时期出现的这四例“著”字被动句，“著”虽然可以看作是介词，但是好像还保存有动词的受动意义，所以笔者认为此时“著”由动词向介词的虚化过程还未全部完成，虚化程度还不是很高，处于“著（V）+ N+V”到“著（P）+N+V”的过渡阶段①，还不能看作是成熟的被动句。这种被动形式在唐宋以后还继续出现和使用，甚至在现代汉语方言中依然保留着。当“着（著）”完全失去它的受动义而作为介词表示被动时，真正的“着（著）”字被动句便形成了。

（二）源于使役义的“着（著）”字被动句

关于使役义“着（著）”字句的来源问题，学者们持有不同的观点。冯春田（2000）认为“着（著）”的使役义是由附着义发展为“使……附着”“施加”义，“着（著）”包含有“使”“用”的意思。屈哨兵（2004）认为，“着（著）”字使役义的衍推路线应该是“放置—安顿、安置—使役”。张美兰（2006）认为唐宋以后出现在“NP1+着+NP2+V”或“NP1+着+V”结构中的“着”，如用于言语行为，“着”有“交代”“命令”的语义特征，从而引申出使让义；如用于一般动作行为，“着”则有“指使”“指令”的语义特征，从而引申出使让义。各学者对于使役义的“着（著）”的语义来源有不同的认识，但均认同“着（著）”

① 刘坚等学者曾说过，动词衍生出介词的过程，就是不断虚化、由词汇单位变成语法单位的过程。动词虚化为介词往往是由动词句法位置的改变引发的。如果某个动词不用于“主—谓—宾”格式，或不是句子中唯一的动词——出现了连动式，那么这个动词就有可能虚化。见刘坚、曹广顺、吴福祥《论诱发汉语词汇语法化的若干因素》，《中国语文》1995年第3期，第161页。

字使役句在近代汉语史上的存在。笔者认为，“着（著）”的使役义的出现与句式的发展有很大的关系，从某种意义上说，句式结构的作用推动了“着（著）”字使役义的产生。“着（著）”字被动句的另一个来源应该是“着（著）”字使役义的出现以及“NP1+着（著）+NP2+V”句式结构的繁盛。从语义上来说，“着（著）”的附着义又可以引申出放置义、使役义。①如：

（11）取蘘荷叶著病人卧席下。(《齐民要术·种蘘荷》引《葛洪方》)

（12）大瓮中多着冷水以浸米。(《齐民要术·作米粉法》)

（13）煠讫，冷水中濯之，盐、醋中。熬胡麻油，着香而且脆。多作者，亦得至春不败。(《齐民要术·作菹、藏生菜法》)

上述三个例句中，例（11）的放置义是比较明晰的，例（12）既可以理解为放置义，也可以理解为“使”“用”义，例（13）则可以完全理解为使令义。虽然这三例同时出现在一部书中，但是或多或少还是可以反映“着（著）”的语义演变的。笔者认为，表示使役义的“着（著）”应该是从“附着—放置—使役”这个路线衍推而来的。②更为重要的是，在语义衍推的过程中有“NP1+着（著）+NP2+V”句式结构的参与，并且这种句式在唐宋及唐宋以后得到大规模的发展，从而也推动了“着

① 笔者比较赞同屈哨兵在“着（著）”字使役句的衍推路径上的观点，他指出“安顿”“安置”义向使役义发展的一个不可缺少的条件就是“着（著）+名”后续以连动性的成分，但他并没有给出例句以论证其观点，略有可惜。冯春田认为“著”是由附着义发展出“使……附着”“附加”的意义，这类“著”包含有“使”“用”的意思，在笔者看来，附加义从某种角度上看也有“处置”“安置”之义。张美兰的观点，笔者也是赞同的，她肯定了句式结构在使役义产生中的重要性。

② 田春来（2012）谈到“着（著）”表被动的来源时，也注意到了“着（著）”含有使动（处置）的意味，并指出虽然“着（著）”在语义上含有使动的意味，但在句法上却还不是使役句。可见，“着（著）”的语义还是有从表处置发展为表使役的可能性的。

（著）”字使役句的发展。唐宋时期“着（著）”字使役义的出现比较频繁，如：[①]

（14）故人赠我我不违，著令山水含清晖。（李白《酬殷明佐见赠五云裘歌》）

（15）长令奴仆知饥渴，须著贤良待性情。（韩愈《贺张十八秘书得裴司空马》）

（16）可是武陵溪，春芳著路迷。（司空图《春山》）

（17）不教幽树妨闲地，别著高窗向远山。（李建勋《道林寺》）

（18）别离滋味浓于酒，著人瘦。（张耒《秋蕊香》）

（19）慎言与排比一只船，着人发送讫。（《入唐求法巡礼行记》卷四）

（20）人君出命不甚会说话，所以着人代他说话。（《朱子语类》卷三十八）

唐宋元后，这种情况尤为普遍。如：

（21）那般着，咱们留谁看房子？你三个里头，着这老的看着。（《老乞大谚解》）

（22）上头铺两三个褯子，着孩儿卧着。（《朴通事谚解》）

（23）府尹见他情词可悯，即着人去捉那静山大王到来。（《错斩崔宁》）

（24）巴掌拳头一齐上，着你旱地乌龟没处躲！（《快嘴李翠莲记》）

（25）着随侍官拿出午门，送法司勘问正法。（《封神演义》

① 冯春田《近代汉语语法研究》一书中将王建《和蒋学士新授章服》中的“看宣赐处惊回眼，著谢恩时便称身”一句归入“着（著）”字使役句，笔者认为是不恰当的。联系《和蒋学士新授章服》全诗来看，“着（著）”不应理解为“使”“让”之义，而且王籍《送侯判官赴广州从军》一诗也提供了佐证，“辟书远到开呈客，公服新成著谢恩”中的“著谢恩”与王建诗“著谢恩”是相同的，都应解释为“穿着”之义。

第二回）

（26）朝廷着高崇文去剿捕，把活活的拿了。(《皇明诏令》)[①]

（27）是刚才两个老婆子得去的银绸，小人着人问他要回来了。(《醒世姻缘传》第九十七回)

以上唐至清的“着（著）”字使役句并不是所有的都可以演变为被动句，如例（18）。只有出现“NP_1+着（著）+NP_2+V”这种形式，且V为及物动词的使役句才有演变的条件。例（14）—（17）中，“着（著）”的使令义还是比较突出的，尤其是例（14）“著令”含有“下令”“命令”之义，其强制色彩比较浓。例（15）中使役动词“令”与“著”对举，例（17）中使役动词“教”与“著”对应，“著”的使役义比较清晰。唐宋以后，“着（著）”字使役句中的“着（著）”较前时有了一些变化，其意义特点不突出，所表示的动作行为特征也不显明，在词义上更加虚化。“着（著）”字使役句的句式结构是“NP_1+着（著）+NP_2+V”，与其被动形式的句式结构是相同的。使役句的语法意义是表示甲使得乙发出某一动作，对于这个动作来说，乙就是施事。对应“着（著）”字被动句而言，“着（著）”的作用就是在被动句中引出施事（蒋绍愚 1994/2003），所以“着（著）”字使役句与被动句无论是句子结构，还是施事（NP_2）和施事发出的动作（V）都是很相似的，当“着（著）”字句主语空缺时，如例（25），很难判断是主动还是被动。

前辈学者太田辰夫（1987/2003）、蒋绍愚（1994/2003）、江蓝生（2002）等都对使役和被动的关系做过研究，他们认为使役也用于被动，是因为有意义上难以区分的场合。使役和被动的区分不在于客观事物本身，而是基于主观判断（太田辰夫 1987/2003）。这些学者的研究充分说明了在汉语中动词的主动和被动没有形态的

① 转引自冯春田《近代汉语语法研究》，山东教育出版社2000年，第610页。

区别，也反映了古汉语“施受同词”的现象，体现了汉语语法的意合性。

唐宋时期，“着（著）”字被动句的出现还比较少。唐宋以后，“着（著）”字被动句的出现相比之前有了增多，而且“着（著）”字的受动义已经基本消失，“着（著）”演变成为真正的介词。如：

（28）二马才交，颜聚便着李信一刀斩了。（《秦并六国平话》卷中）

（29）俺孩儿着娘引着，他说道他爷死了。（《元刊杂剧三十种·岳孔目借铁拐李还魂》）

（30）武松焦躁道：“小管营，你可知着他打了！原来不是男子汉做事！”（《水浒传》第二十八回）

（31）因妹夫错行了风雨，刻减了雨数，被天曹降旨，着人曹官魏征丞相，梦里斩了。（《西游记》第四十三回）

（32）头年里还看见日头是红的，今年连日头也看不见了，行动都着人领着。（《醒世姻缘传》第四十九回）

上述例句中，“着（著）”后的动词为及物动词，并且动词后有“了”“着”，表示情况的实现或持续，这些特点与现代汉语“被”字句的特点是相同的。[①]所以笔者认为，此时的“着（著）”应该是介词无疑，而且它的进一步发展可能是由于同期“着（著）”字使役句的繁盛[②]，为“着（著）”字被动句的成熟提供

① 北京大学中文系语言班《现代汉语虚词例释》：“‘被’字句中的主要动词不能是简单的，动词前后大都有一些附加成分。”见《现代汉语虚词例释》，商务印书馆1982年，第72页。

② 笔者对元明清的一些文献进行了考察，“着（著）”字使役句异常发达，统计如下：《元刊杂剧三十种》128例，《老乞大谚解》15例，《朴事通谚解》18例，《三国演义》5例，《三遂平妖传》17例，《训世评话》5例，《金瓶梅》19例，《醒世姻缘传》91例，《桃花扇》6例，《红楼梦》45例。虽然“着（著）”字使役句的出现不一定会促使被动句的产生，但是它必定对被动句的产生有一定的影响。

了可能。

综上所述，笔者认为“着（著）”字被动句的来源有二：一由遭受义发展而来，一由使役义发展而来。在文献中，哪些“着（著）”字被动句来源于遭受义，哪些来源于使役义，其实是很难严格地区分开的，因为最终“着（著）”字被动句是合流在一起的，但至少我们可以确定：

1.“着（著）+V”结构（即施事不出现）的被动句是排除在使役义来源的“着（著）”字被动句之外的。因为由使役句演化而来的“着（著）”字被动句，一般来说，施事都必须要出现，而遭受义来源的“着（著）”字被动句，施事可以不出现。

2.“着（著）”字使役句自唐初产生，那么使役义来源的“着（著）”字被动句应该不会在唐代前产生。

3.“着（著）+N+V”结构中，如果“着（著）”既可以理解为“使”“让”义，又可以理解为“被”义，那么“着（著）”可能存在演变关系。

二、“着（著）”字被动句历时考察

唐宋之后，“着（著）”字被动句比以前增多了，而且有了发展。

从“着（著）”字后施事的出现情况来看，“着（著）”字后施事的出现更为常见。如：

（33）二马才交，颜聚便着李信一刀斩了。（《秦并六国平话》卷中）

（34）你离路儿著，休在路边净手，明日著人骂。（《老乞大谚解》）

（35）休想我着那别人绊番。（《关汉卿戏曲集·望江亭中秋切鲙旦》）

（36）这番造化了八戒，便宜了沙僧。佛祖处正寿长生，脱

胎换骨之馔，尽着他受用。(《西游记》第九十八回)

(37)头年里还看见日头是红的，今年连日头也看不见了，行动都着人领着。(《醒世姻缘传》第四十九回)

(38)我们有何罪过，著人看守。(《桃花扇》第二十九出)

有的“着(著)”字后不出现施事，这类情况较少。如：

(39)李瓶儿见官哥儿吃了刘婆子药不见动静，夜间又着惊唬，一双眼只是往上吊吊的。(《金瓶梅》第五十八回)

(40)奉旨这东林社党，著严行捕获，审拟具奏。(《桃花扇》第三十出)

(41)……姑念初膺外任，不谙吏治，被属员蒙蔽，着降三级，加恩仍以工部员外上行走，并令即日回京。(《红楼梦》第一〇二回)

根据笔者的考察，“着(著)”字被动句带施事的情况较施事不出现的要常见得多，施事出现与施事不出现的用例相差如此悬殊，可能与“着(著)”字被动句的两个来源有关。如果是从遭受义动词演变而来的，施事可以不出现，但如果是从使役义动词演变而来的，施事一般会出现。来源的不同可能会导致施事出现的不平衡，具体数据请见表二：

表二：

文　献	施事出现	施事不出现
《元刊杂剧三十种》	3	0
卿戏曲	5	0
《老乞大谚解》	1	0
《朴通事谚解》	1	1
《训世评话》	2	0
《水浒传》	1	0
《三遂平妖传》	2	0

续表

文　献	施事出现	施事不出现
《西游记》	7	0
《喻世明言》	3	0
《警世通言》	1	0
《醒世恒言》	1	0
《金瓶梅》	1	2
《型世言》	4	1
《醒世姻缘传》	11	2
《桃花扇》	2	2
《红楼梦》	0	3
总　计	45	11

从“着（著）”字被动句的谓语来看，有以下几种情况：

1. 谓语动词后经常出现补语。在“着（著）”字被动句中，趋向补语出现得较为频繁，此外，还有结果补语、数量补语、“得/的”字补语等类型。如：

（42）俺两个武艺不会，则会吃酒肉，倘或着他拿将去了，杀坏了俺两个怎了？（《关汉卿戏曲集·邓夫人苦痛哭存孝》）

（43）我单为你，着那厮打了一顿。（李文蔚《燕青博鱼》）

（44）你馈我掐一遍儿，我那几日著那小厮掐来，一会儿打顿著挠破了。（《朴通事谚解》）

（45）沈链谤讪大臣，沽名钓誉，着锦衣卫重打一百，发去口外为民。（《沈小霞相会出师表》）

（46）其毛片相同，只是少了鞍辔，着老孙揪将来也。（《西游记》第十五回）

（47）被玄女娘娘将照妖宝镜空中悬起，照破原形，使他变

化不能，就著雷部登时震死，以全白猿神石壁之誓。(《三遂平妖传》第四十回)

(48)……身子酥了一酥，两只手软了一软，连盆带水掉在地下，把寄姐的膝裤、高底鞋、裙子着水弄得精湿……(《醒世姻缘传》第八十回)

(49)蜀秫，棉花，黍，稷，谷，稻之类，著水浸得如浮萍蕴草。(《醒世姻缘传》第九十回)

(50)就著监禁起来，不要惑乱人心。(《桃花扇》第三十二出)

上述例(42)—(50)中，例(42)、(46)、(50)动词后跟趋向补语，例(43)、(45)动词后跟数量补语，例(44)、(47)动词后跟结果补语，例(48)、(49)动词后是以助词"得"为标志的补语。从"着(著)"字被动句动词后补语的出现情况来看，补语的类型都比较简单。

2. 谓语可以是连动结构或复谓结构，如：

(51)将狄希陈的本上批了严旨，姑著降一级，调外任用。(《醒世姻缘传》第八十三回)

(52)我心里也想来，不是著他大舅主张著纳甚么中书，丢这们些银子，弄的手里醮醮的，我有不替你买得么？(《醒世姻缘传》第八十七回)

例(51)"降一级，调外任用"为连动结构，例(52)"主张著纳甚么中书"为复谓结构。

3. 谓语动词后出现宾语。

A. 宾语或者是隶属性宾语，是动词直接涉及的事物；或者是与受事主语有关的事物。如：

(53)泼老天杀的！怎样这般不谨慎，着那猢狲偷了金睛兽，变作你的模样，到此骗我！(《西游记》第六十回)

(54)他如今是变化了的一般，这不是著人换了心去么？(《醒世姻缘传》第四十五回)

（55）贾琏着革去职衔，免罪释放。（《红楼梦》第一〇六回）

B. 宾语是主语的复指，一般有代词性复指宾语和名词性复指宾语，但是在笔者考察的“着（著）”字被动句中，只见到代词性复指宾语。如：

（56）我干著他打了我一顿。（《关汉卿戏曲集·关大王独赴单刀会》）

C. 宾语与主语是并列关系。如：

（57）不是弓兵护从严，险些着他杀了我。（《全元曲·梁山七虎闹铜台》）

（58）著这厮恼了我这一场。（《关汉卿戏曲集·王闰香夜月四春园》）

笔者对元明清的文献考察后，仅发现一例“着（著）”字被动句与处置式结合的用例，处置宾语即为受事本身：

（59）叫你鬼混的著姜爷家把亲都退了，你还说这个？（《醒世姻缘传》第四十六回）

为了清晰地描绘出“着（著）”字被动句的发展程度，笔者作了一个简单的统计：

表三：

文献	补语				谓语	宾语			无宾语	与处置式结合
	结果补语	趋向补语	时间/数量补语	“得/的”字补语	连动结构或复谓结构	并列性宾语	隶属性宾语	复指性宾语（代词/名词）		
《元刊杂剧三十种》	0	0	0	0	2	0	0	0	1	0
《关汉卿戏曲集》	1	0	0/2	0	1	1	0	1/0	1	0

续表

文献	补语				谓语	宾语			无宾语	与处置式结合
	结果补语	趋向补语	时间/数量补语	“得/的”字补语	连动结构或复谓结构	并列性宾语	隶属性宾语	复指性宾语（代词/名词）		
《老乞大谚解》	0	0	0	0	0	0	0	0	1	0
《朴通事谚解》	1	0	0	0	0	0	0	0	1	0
《训世评话》	0	0	0	0	0	0	0	0	2	0
《水浒传》	0	0	0	0	0	0	0	0	1	0
《三遂平妖传》	1	0	0	0	0	0	0	0	1	0
《西游记》	0	2	0	0	1	0	1	0	3	0
《喻世明言》	0	0	0/1	0	0	0	0	0	2	0
《警世通言》	0	0	0	0	0	0	0	0	1	0
《醒世恒言》	0	1	0	0	0	0	0	0	0	0
《金瓶梅》	0	1	0	0	0	1	0	0	1	0
《型世言》	0	0	0	0	0	1	1	0	2	0
《醒世姻缘传》	0	1	0	3	3	1	1	0	4	1
《桃花扇》	1	1	0	0	0	0	0	0	2	0
《红楼梦》	0	0	0/1	0	0	0	2	0	0	0
总　计	4	6	0/4	3	7	4	5	1/0	23	1

表三清晰地描绘出元明清时期“着（著）”字被动句的情况。从表三可以看出，“着（著）”字被动句在近代汉语时期的出现频率并不高，并不是此期的主流被动句。“着（著）”字被动句施事经常出现。“着（著）”字被动句动词后不出现宾语的情况较为常见，直至现代汉语，有标记被动句的动词宾语仍不多见。“着（著）”字被动句的谓语动词都比较简单，如“着他打了”“着人斩了”“着那厮杀了”等。“着（著）”字被动句中动词后带补语的情况相对比较普遍，但补语成分都比较简单，如“重打一百”“震死”“打一场”，“得/的”字补语没有得到进一步的发展。“着（著）”字被动句的谓语并不复杂，除了例（51）、（52）谓语动词相对比较复杂外，其余5例谓语动词均为“受用”“劈杀”“惊唬”等连动形式。“着（著）”字被动句动词前的状语也比较简单，常为单个词语，且用例极少，说明“着（著）”和V之间的关系比较紧密，很难插入状语，即使插入也只是简单的成分。“着（著）”字被动句与处置式结合的例子只发现1例，出现在清初。综上所述，笔者认为“着（著）”字被动句在近代汉语中的发展刚刚起步，它远远不如同期的“叫”类被动句、“被”字被动句、“吃”字被动句发展得成熟和完善。毕竟它们的发展时间和发展过程都不尽相同，这也是“着（著）”字被动句没有在现代汉语共同语中保留下来的一个原因。

根据笔者的考察，清初《醒世姻缘传》中“着（著）”字被动句出现的次数较多，而且发展的程度也较高；到清中叶的《红楼梦》时，“着（著）”字被动句的出现次数又减少了，且句式结构都比较简单；同清初和清中叶相比，晚清时期的《老残游记》《官场现形记》《儿女英雄传》竟未见“着（著）”字被动句的踪影，而且与其伴随的“着（著）”字使役句也很少出现。我们推测，这有可能是当时处于弱势的“着（著）”字被动句受到近代汉语时期新兴的被动句式的冲击而退出了近代汉语的舞台，并且也再未出现在现代汉语共同语中。

值得注意的是，20世纪三四十年代的现代文学作家李劼人，在他的作品中使用了大量的“着（著）”字被动句。李劼人是四川成都人，他的大河三部曲《死水微澜》《暴风雨前》《大波》或多或少都带有四川方言的成分。笔者考察了他的作品《死水微澜》，发现不仅“着（著）”字被动句使用得极为普遍，而且发展得也比较成熟。在这部作品中，“着”的动词用法也有保留，不过出现频率不高。

李劼人的作品《死水微澜》不是纯粹用四川方言写成的，只是其中渗透着方言的成分。全书“着”保留了动词的用法，如“着凉”“着火”“着魔”“着迷”“着灾”“着了一刀”“着了一耳光”。“着”或在复合词里作为语素，或带宾语、补语，或单用[①]，“着”均有“遭受”“挨”“受”和“倒霉”的意思在其中。全书还大量出现了“着（著）”字被动句，举数例如下：

（60）他一声不响，仍旧朝前走去，才几步，一个前扑，几乎整个跌到水里，棉袄着打湿不少。

（61）镇上的街，自然是石板铺的，自然是着鸡公车的独轮碾出很多深槽。

（62）着人诱拐出来之后，自己不好意思回去。

（63）葬在祖坟埂子外的老婆的棺材，也着幺伯叫人破土取出，抛在水沟旁边，说是有碍风水。

（64）蔡大哥到底是男人家，还硬铮，一声不响，着大家把他背剪起走了，又几个将蔡大嫂扯着脚倒拖得出来。

“着（著）”字被动句在李劼人的《死水微澜》中共出现55例，其发展也是比较成熟的，这种现象是“着（著）”字被动句在近代汉语时期从未出现过的情况。这充分地说明了虽然“着（著）”字被动句在现代汉语共同语中已经消失不见了，但是却保

① 例如：“该着的！难道不晓得这几夜东大街多繁？”

留在现代汉语方言中，并且得到了进一步的发展，这是有文献和语言事实可以证明的。

三、“着（著）”字被动句在现代汉语方言中的使用情况

“着（著）”字被动句虽然已经退出了近代汉语和现代汉语共同语的舞台，但是在现代汉语方言中却得到保留。西南官话、冀鲁官话等都保留着“着（著）”字被动句。

（一）西南官话中的“着（著）”字被动句

据李荣先生的《汉语方言分区》《中国语言地图集》图B【6】及文字说明[①]，西南官话分布范围包括四川、云南、贵州三省全部汉语地区，以及毗连的湖北、湖南、广西、陕西、甘肃等省区的一些市县区镇，另有江西的赣州市、信丰县两个方言点。[②]

各学者在对西南官话被动标记进行描写的时候，针对“着”一般都会提到两种情况：一是“着”字在西南官话中有动词的用法，单独使用含有“遇到倒霉的事情”“糟了”的意思，后面带宾语含有“遭受”“挨”“受”的意思，表示处于不利的境地或是遭遇到某种倒霉的事情。

“着（动词）”单用，如：

（65）着了！——着啥子着？哪儿着了？（四川成都）

（66）你着了，你爸爸晓得你逃学了。（云南昆明）

“着＋宾语”，如：

（67）着了冤枉。（四川成都）

---

① 李荣《汉语方言分区》，见《方言》1989年第1期；中国社会科学院编《中国语言地图集》，香港朗文（远东）有限公司1987年。

② 由于笔者考察的资料有限，很难面面俱到，所涉及的西南官话“着（著）”字被动句只考察了其中部分地区。

（68）你着了这一次，以后怕不敢了。（云南昆明）

二是“着”字在西南官话中还有被动标记的用法，和现代汉语共同语中“被”的用法相似，但是表示被动比“被”严格得多，只用于遭受不愉快、不情愿的事。

“着+VP”，如：

（69）买东西怕着敲竹杠。（四川成都）

（70）我的手着划了一个口。（云南昆明）[①]

“着+N+VP”，如：

（71）包包着扒手扒了。（四川成都）

（72）菜着你炒咸得了。（云南昆明）

西南官话的这两个语言事实，为来源于遭受义的近代汉语“着（著）”字被动句提供了有力的证明。同时，西南官话中四川话在书面上常常习惯用“遭”表示被动。“着”是中古入声药韵澄母字，今读阳平，“遭”是平声豪韵精母字，今读阴平。“着”“遭”的声调并不相同，但是因为“遭”和“着”在语义上都有“挨”“受”的意味在其中，所以“遭”成了“着”的训读字，这又为其来源提供了一个佐证。

除了西南官话中的四川话和云南话，湖南的湘潭，湖北的孝感、宜恩、随州，贵州的清镇、赫章、遵义、贵阳，甘肃的龙迭（今舟曲）[②]各方言中都有相似的情况，如：

（73）像个着鬼打哒。（湖南湘潭）

（74）他着别个货走了一百块钱。（湖北孝感）

---

① 西南官话的引例参考了丁崇明、荣晶《昆明方言的“着”字》，黄伯荣《汉语方言语法类编》，李海霞《四川方言的被动式和“着”》，莫超《白龙江流域汉语方言语法研究》，张一舟、张清源、邓英树《成都方言语法研究》，许宝华、宫田一郎《汉语方言大词典》。

② 见许宝华、宫田一郎《汉语方言大词典》，曾毓美《湘潭方言语法研究》，何洪峰《试论汉语被动标记产生的语法动因》。

（75）去寻柴，着人家打了一顿。（湖北随州）

（76）耗子着狗吃了。（贵州清镇）

（77）球着打输了。（贵州赫章）

（78）着他打。（贵州遵义）

（79）耗子着猫猫吃了。（贵州贵阳）

（80）去年收成不好，庄稼招蝗虫打劫了。（甘肃舟曲）①

所以，近代汉语遭受义来源的“着（著）”字被动句虽然在现代汉语共同语中已经消失，但是在西南官话的部分地区仍然使用着。“着（著）”字被动句在现代汉语方言中的存在充分说明了历时层次在共时平面的历史遗留。

少数民族语言也有使用“着”表示被动的情况，据李海霞（1994）所述，地处西南的少数民族语言，均使用“着”作为被动标记，如傣语德宏话的［tso^3］、京语的［$tsɔ^1$］、布依语的［tso^2］、纳西语的［to^1］、瑶语的［ts^8］。李蓝（2006）收集了贵州布依语、贵州木佬语、云南傣语、湖南城步苗族自治县的青衣苗人话中“着（著）”字被动句的例子，如：

（81）块田那着耙过好几道了。译文：那块田被耙过好几次了。（贵州布依语）

（82）小孩子着父亲捶了。译文：小孩子被父亲打了。（贵州木佬语）

（83）木好也有着蚂蚁白吃的时辰。译文：好木头也有被白蚂蚁吃的时候。（云南傣语）

（84）伊着人捶呱。译文：他被人打了。（湖南城步苗族自治县青衣苗人话）

邢公畹（1989）记录的傣雅语中表示被动的［$tʂo^{11}$］、

① “着”是“招”的音变，见莫超《白龙江流域汉语方言语法研究》，中国社会科学出版社，2004年，第119页。

[$tɕo^{11}$] 就是汉语的“着”，并列举了大量用例，如①：

（85）着人那穿鼻龙绳拴孔鼻。译文：被那人穿［了］龙鼻子，［用］绳子拴［了］鼻孔。

（86）着我拿弓打死了。译文：被我拿弓打死了。

（87）他回来到路，着蛮子拿他了。译文：他回来走到路上，被蛮子捉了他［去］。

（88）着你杀儿子我了。译文：我儿子被你杀了！

（89）裤绸着张三偷得去了。译文：绸裤被张三偷［了］去了。

可见，“着（著）”字被动句不仅在现代汉语方言中保留了下来，而且还扩散到西南官话周边的少数民族地区。“着（著）”字被动句作为西南官话主要的被动形式之一，其地位不可小觑。

（二）冀鲁官话中的“着（著）”字被动句

山东方言个别地区像利津、寿光，使用“着”表示被动，其他大部分地区表示被动都用“叫”“让”“给”（钱曾怡 2001），其中利津、寿光两地还用“着”表示使役（杨秋泽 1990，张树铮 1995）②；河北方言只有保定地区的几个方言点，像博野、易县、涞水使用“着”表示被动，“叫”“让”在河北全境和大部分地区通行（李行健 1995）。《汉语方言大词典》在“着”字条下也确实是这样记录的。

根据上文对明清时期“着（著）”字被动句的考察，明末清初的《醒世姻缘传》中“着（著）”字被动句出现的频率比较高，

① 据邢公畹《红河上游傣雅语》所述，“傣雅语是一种傣语方言，它不同于西双版纳傣语，也不同于德宏或其他地区的傣语，傣雅人聚居于云南省新平彝族傣族自治县的沙漠地区，新平县的傣族集中居住在哀牢山下、红河两岸的低谷地区”。

② 杨秋泽《利津方言志》举例“着”字使役句，如“着你干啥就干啥吧”。张树铮《寿光方言志》举例“着”字使役句，如“着学生念黑板上那字儿”。

有13例；其次是《型世言》，有5例；“三言”，有5例；《金瓶梅》，有3例。《醒世姻缘传》反映的应该是山东章丘、淄博、济南一带地区的方言；《金瓶梅》的作者兰陵笑笑生，其人不详，一般认为此书是以山东方言为基础写的，其中也有少量其他地区的方言成分；“三言”语言性质复杂，编者系今苏州人，《型世言》的作者系今杭州人，一般认为“三言”和《型世言》是具有江淮一带方言背景的作品。我们大致可以这样认为，明清时期“着（著）”字被动句常出现在具有山东方言、江淮方言背景的文献中。为何“着（著）”字被动句在发展过程中用例越来越少，并消失在现代汉语共同语中，这有可能是受到明清时期多种类型被动句的影响，也可能是多方面综合作用的结果。其原因复杂，需要进一步研究。以山东方言为基础的《金瓶梅》和《醒世姻缘传》中的“着（著）”字被动句被保留在现代汉语山东方言的个别地区，但是使用的频率不高。究其原因，可能是在这些地区有着同样认知基础的表被动的“叫”“让”的使用抑制了“着”的发展。[①]

冀鲁官话中的被动标记“着”与西南官话中遭受义来源的“着”不同，我们猜测来源于使役义的“着”。钱曾怡（2001）在提及冀鲁官话相关方言片的时候，说“着”可以写成“找”。对于这一点，屈哨兵（2004）给予了论述，“找”因同音兼意义与“着”有着相通之处，在相关片点形成了以“找”代“着”的结果，“找人做事”和“叫人做事”的意思有时相通，与“着人做事”在意念上的界限也并不是那么清楚，才导致了以“找”代“着”局面的出现。笔者认为屈先生的观点还是有一定合理性的，因为在《金瓶梅》和《醒世姻缘传》中确实有“着”同“找”的

① 早在明清时期具有山东方言色彩的《金瓶梅》《醒世姻缘传》中，“叫”字被动句就已经形成规模了，根据考察，其用例分别为7例、212例，这样的数据正好和现代汉语方言事实互相印证，即冀鲁官话中“叫”字句表被动更普遍。

情况出现，如：

（90）房子卖不卖的，你着人来看守。（《金瓶梅》第十六回）

（91）迎春姐叫爹着个人儿接接六娘去。（《金瓶梅》第三十五回）

（92）如今这两个姑子现在，老爷着人验他一验？（《醒世姻缘传》第十回）

（93）一面先着人送了酒饭往监中与珍哥食用……（《醒世姻缘传》第十四回）

上述例句中的“着”可以和“找”替换，但是不可以和“遭”替换，这有可能说明了“着”和“找”在意义上隐约暗合，与西南官话被动标记“着”是完全不同的。所以笔者大胆猜测，近代汉语使役义来源的“着（著）”字被动句极可能被保留在现代汉语冀鲁官话中。

第三章　近代汉语“叫”类被动句

近代汉语时期有一类被动句，其被动标记来源于使役义动词，包括“教/交/叫”字被动句和“让”字被动句。“教”的被动用法在唐代萌芽，元明繁盛，清代衰落，唐宋元时可以写作“交”，明末清初写作“叫”，在近代汉语时期均可以表示使役和被动；“让”的使役用法出现得比较晚，大约在明清时期用例开始增多，至于表示被动则是晚清时期的事了。

第一节　“教/交”字被动句

关于使役句的演变机制和途径，多有学者论述。太田辰夫（1987/2003）、蒋绍愚（1994/2003、2002）、江蓝生（1999）、冯春田（2000）、朴乡兰（2011）、李炎（2012）、郭家翔（2013）等都发表过自己的见解，提出“教”从使役向被动的转变条件，研究颇为深入细致。笔者将从历时和共时的角度再次对“教/交”字被动句进行全面细致的考察，希望可以充实和完善各家的论证和观点。

一、“教”字被动句的产生

“教”，《广韵》：“古肴切，平声”，另外“教”在《广韵》中还有去声“古孝切”一读。平声的“教”有“把知识或技能传授给别人”义，此义在“教”的发展过程中使用很普遍，如：

（1）教其不知，而恤其不足。（《左传·襄公三十一年》）

（2）太伯教吴冠带，孰与随从其俗与之俱倮也。（《论衡·谴告》）

（3）十三教汝织，十四能裁衣。（《玉台新咏·为焦仲卿妻作》）

（4）教于后世，莫知其所以去就。（柳宗元《六逆论》）

“教”的教授义很容易引申出使令的意思，并且在上古时期已有用例：

（5）无教逸欲有邦，兢兢业业，一日二日万几。（《尚书·皋陶谟》）

（6）通吴于晋，教吴叛楚。（《左传·襄公二十六年》）

（7）劝下乱上，教臣杀君，非贤人之行也。（《墨子·非儒下》）

在汉代及以后的时代里，“教”表示使令的用法一直都存在，如：

（8）教羊牧兔，使鱼捕鼠。（《易林》卷二）

（9）伏想执事不知其然，猥受顾赐，教使刊定。（《三国志·魏书·陈思王曹植传》裴松之注引《典略》）

（10）公教人啖一口也，复何疑！（《世说新语·捷悟》）

例（8）、（9）中“教”“使”或对举，或连用，使役语义清晰。

唐代始，“教”的使役语义频现，尤其在唐诗中。使役句的发展也随之成熟，如：

（11）泉云，酱水钱即且置，草鞋钱教什么人还。（《筠州洞山悟本禅师语录》）

（12）大策子上，抄死老汉语，三重五重复子裹，不教人见，道是玄旨，以为保重。（《镇州临济慧照禅师语录》）

（13）徒教柳叶长，漫使梨花开。（岑参《虢州南池候严中丞不至》）

（14）但使龙城飞将在，不教胡马度阴山。（王昌龄《出塞》）

（15）自是乾坤王室正，却教江汉客魂销。（杜甫《承闻河北诸道节度入朝欢喜口号绝句十二首》之三）

（16）皇帝圣旨，又教你三人往西污州听候指挥。（《大宋宣和遗事·利集》）

（17）恁不理会的，新近这里有一个人家，则为教几个客人宿来，那客人去了的后头，事发。（《老乞大谚解》）

（18）教兄弟有家难奔，无处安身。（《全元曲·杨氏女杀狗劝夫》）

（19）虽然不见人头落，暗里教君骨髓枯。（《金瓶梅》第一回）

（20）因此我劝了他这几天，教他且莫急着就走，也等完了事，慢慢的商量一个万全的打算，再走不迟。（《儿女英雄传》第十四回）

由于使役者与被使役者之间的使役强弱程度不同，“教”的使役义又派生出了致使、祈请、容许、听任等意义。如上，例（11）—（20）中，“教”虽然均表示使役的意义，但是使役的程度还是有所区别的。例（11）的“教”为“使”“让”之义；例（12）、（14）、（17）的“教”有“容许”“允许”之义，表示使役者容许被使役者做某动作；例（13）的“教”有“听任”之义，在这一句中主语并不能发出让“柳叶长”、让“梨花开”的动作，只能是“听任”之义；例（16）的“教”有“命令”之义，生命度高的人或团体机构才有可能发出指令，这里指令的发出者是“皇帝”；例（15）、（18）、（19）的“教”有“致使”之义，使某动作或某状态得以实现；例（20）的“教”有“劝说”“祈请”之义，表示使役者请人做某事，让人做某事。据洪波、赵茗

（2005）的研究，“教”是中弱强度的使役动词，是具有转化为被动的条件的。在上述几类用法中，容让型使役句使役性最弱，对使役施事的依赖性也最弱，由它们构成的使役句完全可以没有使役施事成分。[①] 如：

（21）棹遣秃头奴子拨，茶教纤手侍儿煎。（白居易《池上逐凉》之二）

（22）泉遣狙公护，果教𤋮子供。（皮日休《奉和鲁望四明山九题》）

（23）晨昏早遣儿妻起，酒食先教父母尝。（《敦煌变文集》卷七）

（24）宝座令余何处得，莲台教朕那边求。（《敦煌变文集》卷五）

例（21）、（22）蒋绍愚（1994/2003）也曾经提到过，从“教”“遣”对举可知这两个句子中的“教”是使役义，“茶”和“果”应该分别是“煎”和“供”的宾语，句子的结构为“受事+施事（省略）+教+兼语+动词”。例（23）、（24）同上两例情况相似，施事均省略。可见，这种句式中“教”的使役性很弱，对施事的依赖性不强，施事可以不出现。这类“教”字使役句与“教”字被动句的句式结构虽然相同，但是还不能算是被动句，只能说与“教”字被动句更为接近了。冯春田（2000）注意到了这类接近于被动义的“教”字使役句，并且认为这类“教”字使役句在意义上接近于被动句、甚至在句式上也有进一步演变

① 洪波、赵茗研究使役向被动转化的问题时谈到，使役是一个语义范畴，在这个范畴里有若干成员，这些成员的使役强度是不等的，可以分为三个等级，即命令型——高强度使役、致使型——中强度使役、容让型——弱强度使役，其中致使型使役和容让型使役均有“教”“叫”“让”义，只有容让型使役动词才发生了被动介词化，使役动词的被动化与它们的使役强度有直接关系。见洪波、赵茗《汉语给予动词的使役化及使役动词的被动介词化》，沈家煊等主编《语法化与语法研究》（二），商务印书馆2005年，第45页。

为被动句的可能，或者说有与被动句式合流的趋势。[①]但他并没有进一步阐释这类“教”字使役句与被动句的区别，使役义的“教”又是以怎样的方式向被动句演变的，且冯文所列这类“教”字使役句在笔者看来大多与被动句并无太大的差别，从语用角度来看，N 发出的动作行为（VP）对有关的人或事情（S）也是被动或不利的。所以笔者困惑的是，冯文所认为的这类“教”字使役句与他所认为的被动句到底有着怎样的差别。这类“教”字使役句与被动句有时确实不易辨别，如：

（25）翠竹黄花皆佛性，莫教尘境误相侵。（司空曙《寄卫明府常见短靴褐裘，又务持诵是以有末句之赠》）

（26）五月贩鲜鱼，莫教人笑汝。（寒山诗《养子不经师》）

（27）团蕉何事教人见，暂借空床守坐禅。（秦系《奉寄昼公》）

（28）舟触长松岸势回，潺湲一夜绕亭台。若教靖节先生见，不肯更吟归去来。（赵嘏《赠桐乡丞》）

（29）愿为化得红绶带，许教双凤一时衔。（李商隐《饮席代官妓赠两从事》）

（30）回无斜影教僧踏，免有闲枝引鹤栖。（皮日休《题瓦官寺真上人院矮桧》）[②]

例（25）—（30）是使役句还是被动句呢？好像既可以看作是使役句，也可以看作是被动句。蒋绍愚（1994/2003）综合各学者的研究，对使役句转化为被动句归纳了三条：汉语动词表主

① 见冯春田《近代汉语语法研究》，山东教育出版社 2000 年，第 624—625 页。

② 例（26）、（28）、（29）、（30）在蒋绍愚《“给”字句、“教”字句表被动的来源》一文也曾引用，用以阐述“教”字被动句的产生及发展过程，说明“教”字被动句在演变时经过了使役句的发展阶段，主语不出现的情况也确实造成了“教”字语义的模糊性。见吴福祥等主编《语法化与语法研究（一）》，商务印书馆 2003 年，第 214 页。

动和表被动在形式上没有区别;"教"字句的谓语动词是及物的;"教"字前面的不是施事主语，而是受事主语。如果根据这三条标准进行判断，那么主要考察的是上述六个例句中主语是施事还是受事。这六个例句的主语均缺省，判断主语就只能从上下文语义来确定。在唐诗中，受诗歌表达的限制，受事主语常常不出现，这样对受事主语的判断更有难度。汉语被动句的语用意义是，谓语动词所表示的动作行为对受事主语产生了消极的影响，当这种消极影响不是说话人所期望的，说话人自然倾向于使用被动句来表达。所以，区别"教"字使役句和"教"字被动句，还可以以这一点作为参照。尽管如此，"教"字句的这种胶着的无法分清的状态，充分说明了"教"字使役句在向被动句演变的过程中，确实有一个渐进演变的过程和模糊难辨的过渡阶段，这种两可的状态正体现了两者的演变关系。

唐代的"教"字句，大多是处于使役句向被动句转化的过程中，受事主语不出现使得我们只能从上下文义判断主语，当补出的受事主语可能不止一个的时候，就会造成歧义现象。但是如果"教"后面的施事是无生命的事物时，"教"应判断为被动标记。如：

(31)见说上林无此树，只教桃柳占年芳。(白居易《石榴树》)

(32)总得苔遮犹慰意，若教泥污更伤心。(韩偓《惜花》)

这两个例句中的施事"桃柳"和"泥"均为无生命的事物，所以将"教"视为被动标记较为合适。

在"教"字使役句频繁出现且向被动句过渡的唐代，纯粹意义上的"教"字被动句并不普遍，可以确定的只有少数几例。唐以后，"教"字被动句有了一定的发展，数量有所增多:

(33)刚被太阳收拾去，却教明月送将来。(苏轼《花影》)

（34）见藏经梵夹，金字齐整，乃怫然曰："吾孔圣之书，不如胡人之教人所仰重。"（《五灯会元》卷十八）

（35）都好生房子里放着，休教雨雪湿了。（《老乞大谚解》）

（36）狂客被歌酒迷，好花教风雨僝。（朱有燉《黑旋风仗义疏财》）

（37）狄婆子说："我教这孩子们笑杀我了！……"（《醒世姻缘传》第四十五回）

二、"教"字被动句的发展

前面已经提到，"教"字被动句在唐代已经萌芽，在宋代用例稍有增加，在元明时期有了一定的发展，在清代呈现衰落的迹象。下面笔者从"教"字被动句的补语、状语、谓语、宾语等几个方面作详细的分析。

先来看补语。前面已经谈到过，补语在被动式中历史非常久远，早在先秦时期就已经出现了处所补语。"教"字被动句动词后补语的类型更为丰富，有结果补语、趋向补语、数量补语、程度补语、"得/的"字补语等。

1. 结果补语。充当结果补语的词多数是单音词，分别是"见"（6次）、"坏"（5次）、"破"（3次）、"死"（2次）、"杀"（2次）、"住"（1次）、"碎"（1次）、"倒"（1次）、"尽"（1次）、"开"（1次）、"脱"（1次）、"得"（1次）、"折"（1次），如：

（38）我敢摔碎这盒子，玳瑁纳子，教石头砸碎。（《元刊杂剧三十种·诈妮子调风月》）

（39）师父，你既是神仙呵，怎生教大虫打倒你也？（《全元曲·张子房圯桥进履》）

（40）谏不从也，微子便走去西伯，箕子在宫苑尘埃，把那比干腹教刀刃分开。（《全元曲·晋文公火烧介子推》）

（41）象牙放在那里来，怎的教他打折了？（《金瓶梅》第

三十五回）

2. 趋向补语。趋向补语多数是单音词，分别是“去”（7次）、“出”（1次）、“来”（3次），如：

（42）马粪拾在筐子里头。收进来。不要教别人拿去了。(《老乞大谚解》)

（43）教门子打出，临了斩一臂。(《全元曲·张协状元》)

（44）左右是死，索性说了，教他捉去，和主人阴魂做一处！（《水浒传》第六十二回）

（45）九重天诏，休教丹凤衔来；一片野心，已被白云留住。(《喻世明言》第十四卷)

双音词趋向补语只有“下来”（1次）、“出去”（1次）、“将来”（1次），且出现在明代文献中，如：

（46）行者的外公，教老猪驮将来了。(《西游记》第三十八回)

（47）今日手暗不通风，却教人弄下来了。(《金瓶梅》第十四回)

（48）先来问我要，教我骂了玳安出去。(《金瓶梅》第三十五回)

3. 数量补语。笔者考察的文献中数量补语有8例，多为“打×下”“骂×句”之类，如：

（49）人问他要，只相打骨秃出来一般，不知教人骂了多少！（《金瓶梅》第二十一回）

（50）到屋里，教我尽力数骂了几句。(《金瓶梅》第三十五回)

（51）南瓜是新来晚到，不知深浅，干教他打了两下，不该叫人看的所在，都叫他看了个分明，含忍了不敢言语。(《醒世姻缘传》第九十一回)

（52）这个脸上，是前日打围，在铁网山教兔鹘捎一翅膀。

(《红楼梦》第二十六回)

4. 程度补语。程度补语出现得很少，只有2例，如：

(53) 被他弄死身无悔，空教旁人笑断踉！(《醒世姻缘传》第九回)

5.“得/的”字补语，共5例，如：

(54) 跋涉到宸京，教门子打得身上疼。(《全元曲·张协状元》)

(55) 教我分说得口皮都破，被我葫芦提瞒过了。(《喻世明言》第三十八卷)

(56) 这是什么东西？也教你夹得住的。(《醒世姻缘传》第二十一回)

(57) 前日你替他在书房中做得好事，教我看得好不气，如今你抢了我的主顾去，依然要你赔。(《型世言》第二十九回)

(58) 真是神偷一支梅，那一溜儿街房，都让他偷偷的怕怕儿，外带着是谎皮流儿，连他爹都教他冤的大头蚊子似的。(《小额》)①

“得/的”字补语不仅可以带单音词，而且可以带各类词组，其中包括主谓词组。单音词如上例(56)的“住”，词组如例(57)的“好不气”、例(58)的“大头蚊子似的”，主谓词组如例(54)的“身上疼”、例(55)的“口皮都破”。

处所补语虽然早在先秦时期就已经出现，但是根据笔者的考察，这一类型的补语在“教”字被动句中却很少出现。此外，时间补语在“教”字被动句中也不常见。

“教”字被动句动词前有状语修饰的情况，根据笔者的考察，用例不多。状语既有单音词，也有复音词，还有词组。总体

① 笔者所考察的《小额》为《中国近代文学研究》第一辑所收录的《小额》，此书仅节选了部分《小额》。

来看，充当状语的成分都比较简单。

1. 单音词，如：

（59）孝行永标经史上，直教万代广流传。（《敦煌变文集》卷二）

（60）桃腮揾湿胭脂浅，榴裙摺皱香罗软，这相思教人怎遣？（程景初《新水令·春情》）

2. 复音词，如：

（61）甚的好老婆，也不枉了教奴才这般挟制了。（《金瓶梅》第二十五回）

3. 词组，如：

（62）第二日教人眉儿眼儿，只说俺们把拦汉子。（《金瓶梅》第四十四回）

谓语为连动结构或复谓结构。这种情况的句子共有 18 例，其中谓语为连动结构的有 9 例，复谓结构的有 9 例。

1. 连动结构，如：

（63）常言道家有贤妻，（唱）如今有日头却又早关了门户，他不道的教别人说言道语。（《全元曲·包待制智勘后庭花》）

（64）前日，一件物事教我把去卖，吃人交加了，到如今没这钱还他，怪焦躁不得。（《简帖和尚》）

（65）寨中丢下军器鞍马无数，尽教孟达搬运入关。（《三国演义》第七十回）

（66）用十六两银子，又买了个丫头——名唤春香——使唤，早晚教韩道国收用不题。（《金瓶梅》第四十八回）

2. 复谓结构，如：

（67）将一对美满姻缘，万载千秋教人做笑话儿演。（景元启《新水令》）

（68）休教人识得是神人。（《全元曲·小张屠焚儿救母》）

（69）莫胡说，为人为彻，一定等那大王来吃了，才是个

全始全终；不然，又教他降灾贻害，反为不美。(《西游记》第四十八回)

(70) 因贾似道谋代其位，造下谣言，诬之以罪，害他循州安置，却教循州知州刘宗申，逼他服毒而死。(《喻世明言》第二十二卷)

(71) 昨日他送这妇人到门，兑七十两银子去，却教这王生员道小人强占，希图白赖。(《型世言》第二十六回)

上述例句中“教”字被动句谓语成分的复杂化，表明了“教”字被动句式的成熟与功能上的完善发展。

“教”字被动句动词后可以出现宾语。根据宾语的不同类型，分别说明如次。

1. 隶属性宾语。这种宾语或是主语所领有，或是主语的一部分。如：

(72) 兀的是不出嫁的闺女，教人营勾了身躯，可又随着他去。(《全元曲·裴少俊墙头马上》)

(73) 姓龙的，我劝你是好，别教人拍面皮面，才是会为人的。(《醒世姻缘传》第四十八回)

(74) 到了后来，索兴连你的关防盒儿，都教人家汕了爪儿了。(《儿女英雄传》第二十六回)

(75) 那一年我们老爷子，教南门仓的韩三寿给打了个腿折胳膊烂，第二天他父亲就让大兴县给抓了去。(《小额》)

2. 并列性宾语。这种宾语与主语是并列关系。如：

(76) 自从教那妇人丢了他那小的，则抬举着我的孩儿，经今十八年光景也，抬举的孩儿成人长大了也。(《全元曲·刘夫人庆赏五侯宴》)

(77) 大姐，教你痛杀我也！(《全元曲·玉箫女两世姻缘》)

(78) 俺往常好酒好肉，每日不离口，如今教洒家做了和尚，饿得干瘪了。(《水浒传》第四回)

（79）如何教他遮住了这边风水？（《金瓶梅》第四十八回）

（80）未见黄金归橐，却教白刃陨身。（《型世言》第二十二回）

3. 复指性宾语。这种宾语其实是主语的复指，宾语既可以为代词性复指宾语，也可以为名词性复指宾语。例（81）为名词性的复指宾语，例（82）—（87）为代词性复指宾语。

（81）只愁春色在须臾，休教燕子衔春去。（马谦斋《四边静》）

（82）我若拿他去解官请赏时，反教天下好汉们耻笑我不英雄。（《水浒传》第二回）

（83）大步向前，赶上捉笊篱的，打一夺，把他一笊篱钱都倾在钱堆里，却教众当直打他一顿。（《喻世明言》第三十六卷）

（84）我只要显名在这楼上，教后人知我。（《警世通言》第六卷）

（85）我想起来为甚么？养虾蟆得水虫儿病，如今倒教人恼我！（《金瓶梅》第十八回）

（86）我来你家讨冷饭吃，教你恁顿摔我？（《金瓶梅》第五十八回）

（87）我清清白白的一个人，为什么教你们带累坏了我！（《红楼梦》第七十四回）

元代始，出现了“教”字被动句与处置式结合的新类型，即“教……把/将”的句式结构，这种句式是在“教”字被动句带宾语的基础上发展起来的，“把/将”的作用是把动词后的宾语前置。这种句式仅出现5例，《金瓶梅》中就占了3例：

（88）一任教旁人将我来笑哂。（《全元曲·布袋和尚忍字记》）

（89）不争你个赵襄子等闲休，枉教普天下英雄将咱唾骂杀。（《全元曲·忠义士豫让吞炭》）

（90）教贼万杀的小奴才把我的鞋拾了，拿到外头，谁是没瞧见。（《金瓶梅》第二十八回）

（91）踹踹门槛儿，教那牢拉的囚根子把踝子骨歲折了！（《金瓶梅》第三十一回）

（92）常进屋里，为这孩子，来看不打紧，教人把肚子也气破了。（《金瓶梅》第四十四回）

在考察“教”字被动句时，还发现了“教……所”的句式结构，但用例极少，如：

（93）今日早朝，飞报军情来，奏说俺唐元帅为观看北邙山，教魏王李密所获，圣人差刘文静为使，赍敕与李密讲和去。（《全元曲·程咬金斧劈老君堂》）

这种句式结构极有可能是受到“被……所”结构的类化，前例（34）《五灯会元》中也出现过“教……所”的形式。

“教”字被动句中一般均出现施事，施事不出现的情况很少，这可能与“教”字被动句的使役义来源有关[①]，如：

（94）阑干移倚遍，薄幸教人怨。（张先《菩萨蛮》）

（95）自家懑、都望有前程，背地里、莫教人咒骂。（晁端礼《鹊桥仙》）

（96）玉璧不能回国，相国必然久困于秦，教邻邦耻笑也。

---

① 在“教”字被动句发展的同时，还出现了一部分语义上类似“教”字被动句的“教”字句，这些句子往往以“教+VP”的形式出现，看起来很像被动句，但是又缺少了施事。举例如下：（1）怎生般爱他看待他，怎下的教横拖在马嵬坡下！（《全元曲·唐明皇秋夜梧桐雨》）（2）闲杂人等，休教放入。（《三国演义》第一百〇三回）（3）众僧道：“我们梦中尝见一个老者，自言太白金星，常教诲我等，说那孙行者的模样莫教错认了。”（《西游记》第四十四回）（4）约莫酒至半酣，女待诏道：“欢娱夜短，寂寞更长，早结同心，莫教错过。”（《醒世恒言》第二十三卷）（5）一看道：“好具仙骨，莫教蹉坏了。”（《型世言》第三十四回）笔者猜测，这是“教”字被动句在发展的过程中受到当时处于强势的“被”字句的影响而出现的一种类化现象，因为遭受义来源的被动句施事是可以不出现的。

(《全元曲·保成公径赴渑池会》)

(97)李元今日放了你，可于僻静去处躲避，休再教人见。(《喻世明言》第三十四卷)

(98)你有什么只管说什么，只别教别人知道就是了。(《红楼梦》第三十四回)

随着“教”字被动句的发展，施事也有了一些修饰的成分，如：

(99)若是硗崎，却教当时人如何晓。(《朱子语类》卷七)

(100)堂堂宋朝，如何教你这伙横行！(《水浒传》第七十五回)

通过对近代汉语时期“教”字被动句的历时考察，可以发现“教”字句表示被动是在唐代时萌芽的，唐诗大盛时期同时也是“教”字句向表被动发展的过渡阶段，所以在这一时期出现了很多不易判断的“教”字句。宋代“教”字被动句开始发展，元明时期可以说是“教”字被动句发展的繁盛期。元代的杂剧、散曲、话本中都不难寻见“教”字被动句的踪迹，明代小说也易见“教”字句表示被动，尤其《金瓶梅》《水浒传》《醒世姻缘传》中“教”字句表示被动比较多见。笔者认为这三部作品都带有山东方言的色彩，很有可能元明时期“教”字被动句主要活跃于山东地区。清代，“教”字被动句明显减少，在具有北方方言色彩的《红楼梦》《儿女英雄传》《小额》中鲜有用例，在具有吴方言色彩的《九尾龟》《文明小史》《孽海花》中则完全找寻不到“教”字被动句的身影。

三、“教”字被动句在清代以后及其在现代汉语方言中的发展

“教”字被动句在清代的用例已经有所减少。在民国时期的一些作品中，“教”表示被动在具有南方方言色彩的作品中鲜少见

到，《围城》中仅见1例，鲁迅小说[①]和张爱玲小说[②]均未出现。具有北方方言色彩的作品，如老舍的《骆驼祥子》《四世同堂》还可以看到为数不少的“教”字被动句的例子。其中《骆驼祥子》中有25例，《四世同堂》中有59例，如：

（101）逃兵，被官中拿去还倒是小事；教村中的人们捉住，至少是活埋。(《骆驼祥子》)

（102）欢蹦乱跳的牲口，一夏天在这儿，准教苍蝇蚊子给拿个半死。(《骆驼祥子》)

（103）命是自己的，可是教别人管着，教些什么顶混账的东西管着。(《骆驼祥子》)

（104）你一下车就教侦探给堵住，怪谁呢？（《骆驼祥子》)

（105）自己有钱，可以教别人白白的抢去，有冤无处去诉。(《骆驼祥子》)

（106）现在，王爷坟都教人家给扒了。(《四世同堂》)

（107）姓钱的是你的老子，你怕教人家把他一个嘴巴打死？(《四世同堂》)

（108）她还有许多话要说，可是唯恐怕教日本人听了去，所以搭讪着走进屋中，心里很不高兴。(《四世同堂》)

（109）现在，无论作什么，我们都得想一想，因为北平此刻是教日本人占据着！《四世同堂》)

（110）受一辈子苦倒不算什么，老了老了的教日本人收拾死，才，才，才，……(《四世同堂》)

笔者发现在老舍的这两部作品中出现的“教”字被动句，

---

① 笔者考察的鲁迅小说有《一件小事》《明天》《药》《孔乙己》《狂人日记》《阿Q正传》《社戏》《故乡》《风波》《头发的故事》《兔和猫》《白光》《端午节》《肥皂》《在酒楼上》。

② 笔者考察张爱玲的小说有《金锁记》《倾城之恋》《沉香屑·第一炉香》《沉香屑·第二炉香》《十八春》。

不仅数量较大，而且比较成熟，其中不乏“教……给”句型。但是同样是老舍作品的《二马》中却没有“教”字被动句的痕迹，而且在相隔50年后的王朔小说[①]中，也没有发现“教”字句表示被动的用例。笔者比较疑惑的是，同样是老舍的作品，时代相隔也不是很久远，为什么会呈现出如此巨大的差别呢？清代“教”字句表示被动已经出现衰落的迹象，王朔的小说中也没有“教”字句表示被动的痕迹，为什么单单在老舍的作品中出现了反复？而在现代汉语中，更多的是使用“叫”字表示被动，而不是用“教”字来表示。所以笔者猜测，在老舍的作品中“教”和“叫”是混用的，可能是基于个人用语的风格。从“教”字被动句发展的整体过程来看，从清代到现代，“教”字被动句呈现一种逐渐衰亡的趋势。

四、“交”与“教”的关系

近代汉语时期，“交”也有表示使役和被动的两种用法，这两种用法的“交”和“教”可以通用，但是“交”明显不如“教”强势。

有学者认为，“交”是“教”的借音字，“教”和“交”常常形成异文。这种说法笔者认为可能过于简单，只注意到了“交”与“教”在语音上的联系。其实，“交”的语义也不容忽视。“交”与“教”的平声读音相同，在《广韵》中都是“古肴切”；在语义上“交”作动词有“交付”“交纳”义，用于言语行为有“交代”“命令”的语义特征，从而也可以引申出使令的语义，有转化为使役动词的语义基础。当“交”具有使役义时，就有滋生出被动义的可能性。所以，“交”字使役与被动义项的发展，既可能受到

① 笔者考察王朔的小说有《空中小姐》《永失我爱》《一半是火焰，一半是海水》《浮出海面》《过把瘾就死》《动物凶猛》《橡皮人》《顽主》《我是你爸爸》《看上去很美》，下同。

“教”的影响，也可能与自身语义的发展有关系。①

从“交”与“教”的使役语义出现的时间先后来看，“教”的使役义出现得较早一些。当“交”也具备“教”的这一语义时，“交”出现了与“教”相同的发展轨迹。

1.“交”的使令义在唐代至明代很普遍，如：

（111）莫交移入灵和殿，宫女三千又妒伊。（牛峤《杨柳枝》）

（112）别易会难君且住，莫交青竹化为龙。（施肩吾《遇李山人》）

（113）莫遣圣人省悟，莫交菩萨觉知。（《敦煌变文集新书》卷二）

（114）这四个得了圣旨，交撒下金钱银钱，与万姓抢金钱。（《大宋宣和遗事·亨集》）

（115）你交副末底取员梦先生来员这梦看。（《全元曲·张协状元》）

2.“交”的致使义在唐代至明代也很常见，如：

（116）白发生偏速，交人不奈何。（岑参《叹白发》）

（117）祇合当年伴君死，免交憔悴望西陵。（罗隐《铜雀台》）

（118）我听那先生说了这一会，交我也怕上来了。（《全元曲·关大王独赴单刀会》）

（119）奴家自把细米皮糠逼逻吃，苟留残喘，也不敢交公公婆婆知道，怕他烦恼。（《全元曲·蔡伯喈琵琶记》）

（120）泪汪汪心攘攘出城门，好交人眼睁睁有家难奔。（《全元曲·小张屠焚儿救母》）

3.“交”还用于表示被动的语义，如：

（121）这个孙大郎好是执迷也，将亲兄弟交另住，受着饥

---

① 并不是所有的使役动词都具备转化为被动介词的条件，洪波、赵茗（2005）用使役强度的差异解释了只有一部分使役动词（即动词专用性不强的使役动词）发生了向被动介词的转化，使役动词的被动化与使役强度有直接关系。

寒，却交两个外人搬弄着。(《全元曲·杨氏女杀狗劝夫》)

（122）大官人，他离城四十里见蜜蜂儿刺屎，出门交獭象绊了一交，原来觑远不觑近。(《金瓶梅》第八回）

“交”字句的上述三种用法虽然在近代汉语时期存在一定的数量，但是与“教”字句相比，还是有着差距。“交”字句在明清时期用例减少，很有可能是受到“教”字句和“叫”字句的排挤。在“教/叫”字句的作用下，“交”字句还未进一步发展就被淘汰。在近代汉语时期，“交”字句有如昙花一现，从唐时产生到明代就开始走向衰败了。

第二节 “叫”字被动句

一、“叫”字被动句的产生

“叫”，本义为“呼喊”“喊叫”，此义从上古时期产生，到现代汉语都一直被使用着：

（1）或不知叫号，或惨惨劬劳；或栖迟偃仰，或王事鞅掌。(《诗经·小雅·北山》)

（2）或叫于宋太庙曰:“嘻嘻，出出。”(《左传·襄公三十年》)

（3）初，赞为将，临敌必先被发叫天，因抗音而歌，左右应之，毕乃进战，战无不克。(《三国志·吴书·孙峻传》裴松之注引《吴书》)

（4）初死，且走，大叫而哭。(《朝野佥载》)

（5）布怒气冲天，拍案大叫。(《三国演义》第九回）

（6）楼下闲人只得连连顿足，迭声呼叫……（王朔《永失我爱》)

“叫”的“呼喊”“喊叫”义又引申出“呼唤”“召唤”之义，用在兼语句中即为“用言语通知某人做某事”，这种兼语形式在唐代已经产生，但是极其少见。唐代以后，用例大幅增加，如：

（7）叫妇开大瓶，盆中为吾取。（杜甫《遭田父泥饮美严中丞》）

（8）便使人叫崔宁来到府中。（《碾玉观音》）

（9）梅香，绣房中叫小姐来拜见学士咱。（《关汉卿戏曲集·温太真玉镜台》）

（10）叫丫环问时，一个个目睁口呆，对答不出。（《苏知县罗衫再合》）

（11）走出门首，叫婆婆来收拾。（《闹樊楼多情周胜仙》）

（12）月娘忍不过，趁西门庆不在家，使小厮叫了刘婆子来看。（《金瓶梅》第三十三回）

“叫”作为使令性动词的产生时间，应该不迟于宋代。在宋代话本、《朱子语类》中有少量用例，如：

（13）叫客将掇取秦兵曹坐椅子去。（《朱子语类》卷一百二十一）

（14）郡王收了，叫两个当直的轿番，抬一顶轿子……（《碾玉观音》）

（15）只消叫他离了你这庄里便了，何须只管要坏他。（《万秀娘仇报山亭儿》）

（16）甫能住轿到门首，如何又叫我开口。（《快嘴李翠莲记》）

元代的《老乞大谚解》《朴通事谚解》《元刊杂剧三十种》《关汉卿戏曲集》中“叫”作为使役动词的用法也不普遍，只有零星的几例，如：

（17）王道唐僧得胜了，又叫两个宫娥，抬过一个红漆柜子来。（《朴通事谚解》）

（18）不用你！叫刘封听吾将令。（《元刊杂剧三十种·诸葛亮博望烧屯》）

宋元时期的“叫”其实都不能算作是单纯表示使役的动词，从（17）、（18）两例就可以看出，“叫”的语义有些含糊，还含有“呼唤”义。元曲《青衫泪》中有这样一例：“我如今叫他出来，好歹教他伴你。”“叫”虽然用在兼语句中，但是“呼唤”义明显。这一句同时还使用“教”字使役句，“教”“叫”的分工比较明显。笔者通过对宋元时期部分文献的考察（见表四），并结合《青衫泪》中“教”“叫”的区别，可以判断出这一时期“叫”类使役句并不成熟。

表四：

文 献	兼语句		使役在兼语句中的比例	总计（动词“叫”）
	叫（呼唤）[①]	叫（使役）		
《老乞大谚解》	1	0	0	6
《朴通事谚解》	8	1	11%	21
《元刊杂剧三十种》	7	5	42%	58
《关汉卿戏曲集》	5	1	17%	49

明代以前，“叫”字句只是零散地出现。明代开始，“叫”字句增多，尤其是初期“使令”“支配”义的“叫”字使役句的数量不容忽视，而且《水浒传》《喻世明言》中出现了“叫”字使役句与“教”字使役句共现的情况，如：

（19）这阎行首先时见他异相，又曾听得哥哥阎招亮说道他有分发迹，又道我合当嫁他，当时不叫地方捉将去，倒教他入里面藏躲。（《喻世明言》第十五卷）

（20）差人去叫匠人合一个龛子，将玉通和尚盛了，教南山净慈寺长老法空禅师与玉通和尚下火。（《喻世明言》第二十九卷）

---

① 这类“叫”字兼语句中，“叫”为动词“呼唤”义，“叫”后的动词大多为“来”，如：（1）便叫将该当的外郎来。（《朴通事谚解》）（2）叫张屠孩儿来，我想一口米汤吃。（《元刊杂剧三十种·小张屠焚儿救母》）（3）我叫将老员外来。（《关汉卿戏曲集·王闰香夜月四春园》）。

（21）门下知心腹的陆虞候陆谦，他和林冲最好，明日衙内躲在陆虞候楼上深阁，摆下些酒食，却叫陆谦去请林冲出来吃酒，教他直去樊楼上深阁里吃酒。（《水浒传》第七回）

（22）兄弟，你看我这等一力救了他下山，教他夫妻团圆完聚，尚兀自转过脸来，叫丈夫害我。（《水浒传》第三十五回）

（23）梁中书的夫人躲得在后花园中，逃得性命，便叫丈夫写表申奏朝廷，写书教太师知道，早早调兵遣将，剿除贼寇报仇。（《水浒传》第六十七回）

“叫”与“教”的共现，充分说明了“叫”字使役句在明代基本上完成了由具体的实义动词向使役动词的转变。当然，“叫”本身所具有的“呼唤”义并没有因为使役义的出现而消亡，而是仍然保留着旧有的用法，形成新旧用法长期共存的局面。

在“叫”字使役句数量增长的同时，“叫”字又引申出许多新的语义。除了宋元时期出现的“用言语通知”“称呼”“使令”“支配”义外，明代还出现了“致使”义和“容许”“任凭”义。

1.“使令”“支配”义，如：

（24）雷横听的，转身便出庄门外，叫马步弓手分头去赶。（《水浒传》第十八回）

（25）权翰林连忙摇手，叫他不要说破，禁得那一个住？（《二刻拍案惊奇》第三卷）

（26）苏知县叫苏胜先去看了舱口，就议定了船钱。（《警世通言》第十一卷）

（27）一日正在平康巷，把个吴娇儿坐在膝上，叫他出筹马。（《型世言》第十五回）

（28）你也不必打他，你只叫他招得明白。（《醒世姻缘传》第七十二回）

（29）我有本事叫凤丫头弄了来咱们吃。（《红楼梦》第三十五回）

2.“致使”义，如：

（30）受诸苦恼，也彀了，怎么又叫他害病？（《西游记》第八十一回）

（31）巫娘子便把赵尼姑如何骗他到庵念经，如何哄他吃糕软醉，如何叫人乘醉奸他说了，又哭倒在地。（《初刻拍案惊奇》第六卷）

（32）今见太尉不在，镇日空闲，清清锁闭着怎叫他不妄想起来？（《二刻拍案惊奇》第三十四卷）

（33）你若白赖不与我，我就去本府首告，叫你吃一场人命官司！（《警世通言》第三十三卷）

（34）这个晁大舍原是挥霍的人，只因做了穷秀才的儿子，叫他英雄无用武之地。（《醒世姻缘传》第一回）

（35）有事没事跑了来坐着，叫我们三更半夜的不得睡觉。（《红楼梦》第二十六回）

3.“容许”“任凭”义，如：

（36）又不叫他出入，高衙内便要见，也不能够。（《水浒传》第八回）

（37）锡杖原是你挑的，如何又叫师父拿着？（《西游记》第四十八回）

（38）我与他又不厮熟，羞答答的，怎好就叫他到我房中？（《二刻拍案惊奇》第三十四卷）

（39）我老娘眼里是放不下砂子的人，肯叫你在我眼前弄了鬼儿去！（《金瓶梅》第十三回）

（40）他说要休，就叫他休！（《醒世姻缘传》第八回）

（41）便说是自己烫的，也要骂人为什么不小心看着，叫你烫了！（《红楼梦》第二十五回）

上文已经谈到了“教”由使役义向被动义的转变过程，其实“叫”的转变过程与“教”相似。“叫”表示客观状况的“容许”“任凭”义是“叫”向被动标记演变的语义基础，“S+叫+N+VP”为“叫”提供了发展为被动标记的句法环境。当“叫”前的主语没有出现，根据上下文又无法补出，就很容易促使“叫”由使役义转化为被动义。当然，没有主语的使役句向被动句转化是有限制条件的，从语用上来看，整个句子含有消极的意义。还需指出的是，受事主语充当的“叫”字兼语句对“叫”从使役向被动转化起到了推动的作用。

明代“叫”字使役句开始增加的同时，“叫”字被动句也产生了。《初刻拍案惊奇》《金瓶梅》《醒世姻缘传》均出现了“叫”字句表示被动的用例，如：

（42）乃是番家见识，要害中华天子，设此暗机于函中，连番使也不知道，却被法善参透，不中暗算，反叫番使自着了道儿。（《初刻拍案惊奇》第七卷）

（43）休叫我撞见，我叫你这不值钱的淫妇，白刀子进去红刀子出来！（《金瓶梅》第三十八回）

（44）他那里尤厨子昨日九月九下那雹子，叫雷劈杀了。（《醒世姻缘传》第五十五回）

明末清初的《醒世姻缘传》，“叫”字被动句的用例有所增加，体现了“叫”字被动句的发展。

二、“叫”字被动句的发展

从明末清初的《醒世姻缘传》开始，“叫”字句表示被动逐渐成熟。“叫”字句表示被动这一用法一直被保留下来，至今还在使用。下面笔者将从“叫”字被动句的宾语、谓语、状语和补语几个方面加以讨论。

（一）明清时期的“叫”字被动句

明清时期作者考察的文献资料主要有明代的《金瓶梅》《醒世姻缘传》，清代的《儒林外史》《红楼梦》《儿女英雄传》《小额》《官场现形记》《文明小史》《九尾龟》《孽海花》。这些文献中《金瓶梅》《醒世姻缘传》具有山东方言色彩，《红楼梦》《儿女英雄传》《小额》具有北京话色彩，《官场现形记》《文明小史》《九尾龟》《孽海花》具有江淮、苏州方言色彩。下面将对“叫”字被动句的实际情况作一详细考察。

1.“叫”字被动句的宾语有三种类型，详细情况见下表五：

A. 并列性宾语。这类宾语与主语是并列关系，如：

（45）你贤名从此大起，叫人说某人的媳妇，某人的闺女，如何容得妾，好生贤惠。(《醒世姻缘传》第九十一回）

（46）叫人剥去衣裳，扯了儒巾，说道……（《醒世姻缘传》第九十四回）

（47）放尊重着，别叫丫头们看了笑话。(《红楼梦》第十二回）

B. 隶属性宾语。这类宾语或是主语所领有，或是主语的一部分，如：

（48）那一遭被素姐使鞭子打的，浑身紫肿，脱与他娘看了一看，素姐知道了，夜间又另打了够三百，发放过，再要叫人看见伤痕，许说要从新另打。(《醒世姻缘传》第六十回）

（49）可怜做了一世好人，叫这恶妇送了老命，呜呼哀哉！(《醒世姻缘传》第七十六回）

（50）怪道狄大哥这们几日不来，原来家里吊杀了个丫头，叫人诈了许多银子，还被丫头的老子告在南城察院里。(《醒世姻缘传》第八十二回）

（51）老太太那些穿戴的，别人不记得，他都记得，要不是他经管着，不知叫人诓骗了多少去呢。(《红楼梦》第三十九回）

（52）姨太太的牌也生，咱们一处坐着，别叫凤姐儿混了我们去。(《红楼梦》第四十七回）

（53）园子里还有金麒麟，叫人偷了一个去，如今剩下一个了。（《红楼梦》第八十三回）

（54）好，作贼的算叫我们四个出了样子咧！（《儿女英雄传》第三十二回）

（55）谁知脚底下横不愣子爬着条浪狗，叫我一脚就造了他爪子上了。（《儿女英雄传》第三十八回）

C. 复指性宾语。这类宾语其实是主语的复指，宾语既可以为代词性复指宾语，也可以为名词性复指宾语。《醒世姻缘传》中代词复指性宾语出现的用例比较多，共有 8 例;《红楼梦》中出现 3 例。在下面的例子中，例（56）—（61）为代词性复指宾语，例（62）为名词性复指宾语。

（56）你不如把我打发了，你老婆还是老婆，汉子还是汉子。却是为我一个，大新正月里叫人恶口凉舌的咒你！（《醒世姻缘传》第三回）

（57）这样人就象媒婆子似的，咱不打发他个喜欢，叫他到处去破败咱？（《醒世姻缘传》第四回）

（58）自家奴才淫妇拿着我不当人，怎么叫别人不鄙贱我？（《醒世姻缘传》第十一回）

（59）你实指望叫你姑父也肏你一下子才好！（《醒世姻缘传》第四十五回）

（60）只是自想好笑，好好儿的我起了个主意，反叫你们三个管起我来了。（《红楼梦》第三十七回）

（61）如今我还不知进退，何苦叫他们咒我？（《红楼梦》第四十五回）

（62）谁知你三不知的把陪房丫头也摸索上了，叫老婆说嘴霸占了丫头，什么脸出去见人！（《红楼梦》第八十回）

表五：

文献	宾语			总计
	并列性宾语	隶属性宾语	复指性宾语（代/名）	
《金瓶梅》	0	0	0	0
《醒世姻缘传》	6	14	8/0	28
《儒林外史》	0	0	0	0
《红楼梦》	7	5	3/1	16
《儿女英雄传》	0	2	0	2
《小额（节选）》	0	0	0	0
《官场现形记》	0	0	0	0
《文明小史》	0	0	0	0
《九尾龟》	0	0	0	0
《孽海花》	0	0	0	0

从表五可以看出，“叫”字被动句动词后带宾语只是出现在明代具有山东方言色彩的《醒世姻缘传》、清代具有北京话色彩的《红楼梦》和《儿女英雄传》中，在清代具有南方方言色彩的文献《官场现形记》《文明小史》《九尾龟》《孽海花》中均未出现“叫”字被动句动词带宾语的用例，说明“叫”字被动句动词后带宾语只是普遍存在于北方方言色彩的文献中。

2.“叫”字被动句的补语有六种类型，详细情况见下表六。

A. 结果补语，如：

（63）休叫我撞见，我叫你这不值钱的淫妇，白刀子进去红刀子出来！（《金瓶梅》第三十八回）

（64）我这里是叫人吵够了的了！（《醒世姻缘传》第二十一回）

（65）这不是陈大爷举荐了赵杏川来，这大哥的命都还叫他

耽误杀了哩！（《醒世姻缘传》第六十七回）

（66）小女要不就该出来相见，实是叫老韩的婆子打伤了，动不的，睡着哩。（《醒世姻缘传》第八十一回）

（67）我才倒茶，叫雪滑倒了，失手砸了钟子了。（《红楼梦》第八回）

（68）好好的宝玉，倘或叫这蹄子勾引坏了，那还了得。（《红楼梦》第七十四回）

（69）刚才一个鱼上来，刚刚儿的要钓着，叫你唬跑了。（《红楼梦》第八十一回）

（70）是呀，真真的，我也是叫你们唬糊涂了！（《儿女英雄传》第十二回）

（71）不想这着棋可又叫安老爷先料着了！（《儿女英雄传》第十八回）

B. 趋向补语，如：

（72）他拿着咱计家不当人待，生生的把个人逼杀了，就没个人喘口气，也叫人笑下大牙来！（《醒世姻缘传》第九回）

（73）要过江过河，你务必人合马挤在一个船上，叫头口踢跳起来，好叫你翻江祭海！（《醒世姻缘传》第七十五回）

（74）叫人传将出去，亮也没人牵我的头皮。（《醒世姻缘传》第九十一回）

（75）家人媳妇也没叫他夺去，夹着来了。（《醒世姻缘传》第九十二回）

（76）但是一吵嚷已经都知道了，偷玉的人若叫太太查出来，明知是死无葬身之地，他着了急，反要毁坏了灭口，那时可怎么处呢。（《红楼梦》第九十四回）

（77）如今白白的花了钱弄了这个东西，又叫咱们认出来了。（《红楼梦》第九十五回）

（78）但是叫这讨人嫌的东西嚷出来，老爷知道了也不好。

（《红楼梦》第一百一十二回）

（79）连你那拉青屎的根子都叫人家抖翻出来了，别的还有甚么怕说的！（《儿女英雄传》第二十回）

“叫”字被动句的补语多为“出来”“出去”“起来”“来”等。

C. 处所补语，如：

（80）叫他弄到官儿手里，没等见官，那差人先说你掘了银钱，揹你一个够。（《醒世姻缘传》第三十四回）

（81）还有最可恨的：定要使那囫囵花椒，叫人吃在口内，麻辣得喉咙半日出不出气来……（《醒世姻缘传》第五十四回）

（82）叫你送狄奶奶家去，叫你送到陆长班家里来了！（《醒世姻缘传》第七十八回）

（83）其实这二位都算叫人家装在鼓里了！（《儿女英雄传》第二十三回）

D. 时间 / 数量补语，如：

（84）我的汉子是狄希陈，是个监生，从年时到京叫淫妇们霸占一年了。（《醒世姻缘传》第七十七回）

（85）我恼他那等轻声浪气，叫我墩了他两句，他今日使性子家去了。（《金瓶梅》第五十八回）

（86）你三个叫先生教了几遍就会了？（《醒世姻缘传》第三十三回）

（87）老婆子上门来发作，他可龇着嘴笑，叫他老婆兜脸打了几个嘴巴。（《醒世姻缘传》第六十七回）

（88）刚才外边叫冤屈的是咱住房子的铜匠，误了定府轿环，叫伊世行打了两下子。（《醒世姻缘传》第七十八回）

（89）前儿要吃豆腐，你弄了些馊的，叫他说了我一顿。（《红楼梦》第六十一回）

（90）谁知他才两来的月就掉了呢，倒叫我空喜欢了一场。

(《儿女英雄传》第三十九回)

时间补语只有例(84),例(85)—(90)均为数量补语。

E. 程度补语,如:

(91)昨日翰林院门口一家子的个女儿,叫一个狐狸精缠的堪堪待死的火势,请了天坛里两个有名的法师去捉他,差一点儿没叫那狐狸精治造了个臭死。(《醒世姻缘传》第六回)

(92)南瓜是新来晚到,不知深浅,干教他打了两下,不该叫人看的所在,都叫他看了个分明,含忍了不敢言语。(《醒世姻缘传》第九十一回)

(93)若得作践相妗子一场,也还可杀杀水气,谁知不惟不能遂意,反差一点点没叫一伙管家娘子捞着挺顿骨拐。(《醒世姻缘传》第九十四回)

(94)我如今要告诉他那话,倒叫他看着我见不得东西似的,为得了这点子香,就混许他管事了。(《红楼梦》第二十四回)

(95)又不该作了这门亲,倒没的叫人看着赶势利似的。(《红楼梦》第八十回)

F.“得/的”字补语,如:

(96)本等是件好事,叫这三个人搅乱的这们样!(《醒世姻缘传》第二十二回)

(97)起先打程乐宇,叫他辱骂得不够,还在学道递呈,这等相处,还合他有甚情分?(《醒世姻缘传》第四十二回)

(98)这在家里可这们一个大身量的汉子,叫他唬的只筛糠抖战。(《醒世姻缘传》第四十一回)

(99)脱不了你是待倒俺婆婆的几件妆奁,已是叫那贼老婆估倒的净了,剩下点子,大妗子你要,可尽着拿了去!(《醒世姻缘传》第六十回)

(100)况且素姐叫相大妗子打得龇牙扭嘴的,就有话也便没空说得。(《醒世姻缘传》第六十八回)

（101）俺媳妇儿又没跟着人上庙，叫光棍剥脱的上下没绺丝儿，又没咬下我肉来，没有该休的事！（《醒世姻缘传》第七十三回）

（102）你不听我的话，反叫这些人教的歪心邪意，狐媚子霸道的。（《红楼梦》第二十回）

（103）知道了，我头里是叫他唬的忘了神了。（《红楼梦》第八十三回）

（104）珍大奶奶不是我说是个老实头，个个人都叫他养得无法无天的。（《红楼梦》第八十八回）

（105）再说，我这不出嫁的话，我是合我干娘说了个老满儿，方才他老人家要在跟前儿，到底也知道我是叫人逼的没法儿了，偏偏儿的单挤在今日个家里有事，等人家回来，可叫我怎么见人家呢？（《儿女英雄传》第二十七回）

（106）这可真叫人问得怪臊的！（《儿女英雄传》第三十八回）

表六：

文　献	补　语					
	结果补语	趋向补语	处所补语	时间 / 数量补语	程度补语	“得 / 的”字补语
《金瓶梅》	3	0	0	0/1	0	0
《醒世姻缘传》	21	13	6	1/14	4	18
《儒林外史》	0	0	0	0	0	0
《红楼梦》	16	9	0	0/2	3	3
《儿女英雄传》	3	2	1	0/1	0	2
《小额（节选）》	1	0	0	0	0	0
《官场现形记》	0	0	0	0	0	0
《文明小史》	1	0	0	0	0	0
《九尾龟》	0	0	0	0	0	0
《孽海花》	0	0	0	0	0	0
总　计	45	24	7	1/18	7	23

明末清初的《醒世姻缘传》中“叫”字被动句的用例非常多，共出现207例，清代的《红楼梦》《儿女英雄传》中“叫”字被动句的用例分别为88例、33例。从“叫”字被动句动词后补语的类型来看，结果补语的出现频率最高。

3.“叫”字被动句动词前的状语，有由比较简单的单音词、复音词充当的，也有由词组充当的。由单音词、复音词充当的有：

（107）恨不得叫计氏即时促灭了，再好另娶名门艳女。（《醒世姻缘传》第一回）

（108）这样人就象媒婆子似的，咱不打发他个喜欢，叫他到处去破败咱？（《醒世姻缘传》第四回）

（109）你公公又叫调羹死气白赖拉着，甚么是肯放！（《醒世姻缘传》第七十四回）

（110）狄大哥，你这事也奇，为甚么叫这些花子奴才胡言乱语的骂着，也不着个人合我说去？（《醒世姻缘传》第八十三回）

（111）这些人家的女儿他也不知道造了什么罪了，叫人家好端端议论。（《红楼梦》第七十九回）

（112）不想这着棋可又叫安老爷先料着了！（《儿女英雄传》第十八回）

（113）第二，有了这班人，要每日每事的都叫他们上来烦琐，那不依然得公婆操心吗？（《儿女英雄传》第三十三回）

（114）倘然果的没信了，今日这一天的闷葫芦可叫人怎么打呀！（《儿女英雄传》第三十五回）

由词组充当的有：

（115）若把这样北人换他到南方去，叫那南方的先生象弄猢狲一般的教导，你想，这伙异人岂不个个都是孙行者七十二变化的神通？（《醒世姻缘传》第三十五回）

（116）老婆子上门来发作，他可龇着嘴笑，叫他老婆兜脸打了几个嘴巴。（《醒世姻缘传》第六十七回）

（117）插戴、下茶、衣服、头面、茶果、财礼都要齐整，别要苟简了，叫亲戚街里上笑话。(《醒世姻缘传》第七十五回)

（118）听得管家们说老爷有些混帐，不等奶奶略有些温存，恨不得将外边没有的事都与奶奶说了，叫奶奶将入恶口的咒骂。(《醒世姻缘传》第九十七回)

其中有由并列词组或主谓词组充当的：

（119）又是甚么算命的星士哩道士哩哄我，叫他淫的歪的骂我这们一顿！（《醒世姻缘传》第三回）

（120）素姐叫那白姑子顺着毛一顿扑撒，渐渐回嗔作喜。(《醒世姻缘传》第六十四回)

（121）你又没要紧叫出他两个来，叫他撒骚放屁数落着揭挑这们一顿！（《醒世姻缘传》第七十四回）

（122）若说送人，也没个人配使这些，倒叫他一文不值半文转卖了。(《红楼梦》第二十四回)

4.“叫”字被动句的谓语也有连动结构或复谓结构的，像这样的谓语有 30 多例，如：

（123）合张瑞风吃剩的东西酒饭，叫那雇的囚妇拿到邻房与那别的囚妇同吃。(《醒世姻缘传》第四十三回)

（124）惯的个汉子那嘴就象扇车似的，象汗鳖似的胡铺搭，叫他甚么言语没纂着我。(《醒世姻缘传》第五十九回)

（125）夏里我这们叫人寻没寻着。(《醒世姻缘传》第七十一回)

（126）逃去的也没逃走，死了的也没死了，我叫忘八淫妇拿着我当孩子戏弄！（《醒世姻缘传》第一百回）

（127）你日后必定有个好人家，好女婿，决不象我这样守活寡，举眼无亲，叫人家骑上头来欺负我的。(《红楼梦》第八十三回)

（128）论起来，我也没这么大工夫管他这些闲事，但只你才

说的叫人听着怪可怜见儿的。(《红楼梦》第九十二回)

(129)待劣兄慢慢的说与你，那才算得酒菜里的一品珍馐海错，管叫你连吃十大碗还痛快得不耐烦哩！(《儿女英雄传》第十五回)

(130)满算我教你们装了去了罢，我也是个带气儿的活人，难道叫人定了我去我会不知道？这不是新样儿吗！(《儿女英雄传》第二十六回)

(131)这比我们叫人拿着把刀逼着成亲的何如？(《儿女英雄传》第二十六回)

(132)老爷要看小的们可怜见儿的，只当这宅里那旮旯里下了一窝小狗儿，叫人提着耳朵往车辙里一扔，算老爷积德超生了小的们了！(《儿女英雄传》第三十一回)

这样的“叫”字句占所有“叫”字被动句的9%，比例不低，且均见于明清文献，说明这一时期“叫”字被动句的发展是较为成熟的。

5.“叫”字被动句除了状语、补语表现出复杂化的趋势外，施事有时也有定语的修饰，如：

(133)若只顾叫那混帐匠人摆弄，可惜伤坏了这等美才。(《醒世姻缘传》第二十三回)

(134)你说的话，我牢牢的记着，要违背了一点儿，只叫碗口大的冰雹打破脑袋！(《醒世姻缘传》第五十三回)

(135)这个迂板老头巾家里，是叫这两个盗婆进得去的？(《醒世姻缘传》第六十八回)

(136)但是叫这讨人嫌的东西嚷出来，老爷知道了也不好。(《红楼梦》第一百一十二回)

有时状语、宾语、补语、施事的修饰语间或同时出现。如：

(137)我见他说的可恶极了，叫我舀了一瓢臭泔水劈脸一泼。(《醒世姻缘传》第五十九回)

（138）哄得那卖鸡蛋的人蹲在那里，坐又坐不下，起又起不得，手又不敢开，叫那些孩子们你拿一个飞跑，我拿一个飞跑，渐渐的引得那叫花子都来抢。（《醒世姻缘传》第六十二回）

（139）却说陈公这内官性儿，叫童奶奶拿着一片有理无情的话，蒯着他的痒痒，就合那猫儿叫人蒯脖子的一般，呼卢呼卢的自在，夸不尽童奶奶是个好人。（《醒世姻缘传》第七十一回）

状语、宾语、补语、施事修饰语的出现，使得“叫”字被动句中动词的性质更为突出，“叫”的介词性更为显明，也充分说明了“叫”字被动句在发展过程中的复杂化和精密化。

6.“叫”字被动句从产生初期开始，就出现了“叫”字句与处置式结合的情况，即“叫……把/将”的句式结构。如：

（140）你下狠打我，成得甚事？列位高邻只管袖手看，不肯来拉他把儿？叫他把我一顿打杀，没的不怕展污了街么？（《醒世姻缘传》第七十二回）

（141）想是在路上叫人把魂吓掉了，还没归窍呢。（《红楼梦》第六十七回）

（142）我只问你，我是个管作甚么儿的，怎么会叫你们把我的模样儿画了来了，一年之久我直到今日才知道啊？（《儿女英雄传》第二十九回）

（143）我这半天细咂你这句话的滋味儿，大似是叫我们老贤侄前回黑风岗能仁寺那桩事把你的攒儿吓细了，如今他走这荡远道儿，你一定有个不放心，怕有个失闪儿。（《儿女英雄传》第四十回）

这种“叫……把/将”的句型是在“叫”字句动词带宾语的基础上发展起来的，“把/将”的作用是把动词后的宾语前置，所以“把/将”所带的宾语与主语的关系也同样有隶属性和复指性两种。上述的四个例句中，属于隶属性宾语的是例（141）、（143），属于复指性宾语的是例（140）、（142）。

与“叫……把/将”相反，还有“把/将……叫”这种句型，如：

（144）晁近仁无子，他明白有堂侄应该继嗣，两个利他的家产，不许他过继侄儿，将他的庄田房舍都叫晁无晏掐了个精光。（《醒世姻缘传》第五十七回）

（145）再加上自己家里的老底儿，人家比自己还知道，索性把小时候拉青屎的根儿都叫人刨着了，这还合人家说甚么呢？（《儿女英雄传》第十九回）

（146）不想我的干女儿没得认成，倒把个亲女儿叫弟夫人拐了去了！（《儿女英雄传》第三十二回）

7. 晚清的《儿女英雄传》《小额》中还出现了“叫……给”这种句型，用“给”加强被动语气，如：

（147）公子断没想到从城里头憋了这么个好灯虎儿来，一进门就叫人家给揭了！（《儿女英雄传》第三十八回）

（148）那一溜儿，都叫他给得罪透啦，谁也不管。（《小额》）

通过对明清时期“叫”字被动句的分析，可以清楚地看到，“叫”字被动句的起步较晚，产生后没多久就发展得相当成熟了。究其原因，可能有二：一是由于“叫”字被动句在产生之前有“教”字被动句的发展演变在先，是在“教”字被动句的基础之上发展起来的；二是“叫”字被动句的产生是经过“叫”字表使役的中间过程进而发展为表被动，容让型和致使型“叫”字使役句的成熟，以及其与“叫”字被动句在结构上的相似性，促使了“叫”字被动句一经产生就得以迅速发展。

（二）现代汉语时期的“叫”字被动句

笔者主要考察的作品有鲁迅小说和《子夜》《家》《二马》《骆驼祥子》《四世同堂》《围城》《李家庄的变迁》《十八春》以及王朔的小说。具有北方方言色彩的作品中“叫”字表示被动的用例比较多，但是其内部使用不平衡，有“叫”“教”混用现象；

具有南方方言色彩的作品中“叫”字被动句的使用并不普遍，原因是这些作品更倾向于使用“给”字句表示被动。详情请见下表。

表七：

北方方言色彩作品	“叫”字被动句	南方方言色彩作品	“叫”字被动句
《家》	0	鲁迅小说	0
《二马》	54	《子夜》	3
《骆驼祥子》	0	《围城》	1
《四世同堂》	5	《十八春》	5
《李家庄的变迁》	26		
王朔小说	25		
总　计	110	总　计	9

“叫”字被动句较常出现在具有北方方言色彩的作品中，如：

（149）石碑前面的花圈已经叫雨水冲得没有什么颜色了，上面的纸条已早被风刮去了。(《二马》)

（150）他不顾得想什么，可是自然的想到：他父亲一定是叫汽车给轧——至少是轧伤了！(《二马》)

（151）他叫日本鬼子给打流了血，是吗？(《四世同堂》)

（152）女儿，女儿，都叫人家给霸占了，你还王八大缩头呢！(《四世同堂》)

（153）铁锁他们果然没有识破人家的鬼计，叫人家捉弄了。(《李家庄的变迁》)

（154）大家叫小春喜训了几个月，也没见过一个共产党。(《李家庄的变迁》)

（155）这个杂志的封面不知叫谁撕了。(《浮出海面》)

（156）你是叫我打怕了还是装孙子？(《我是你爸爸》)

三、“叫”字被动句在现代汉语方言中的分布

根据陈章太、李行健《普通话基础方言基本词汇集》、北京大学中文系语言学教研室《汉语方言词汇》、李荣《现代汉语方言大词典》、钱曾怡《山东方言研究》对“叫”字被动句[①]的调查，笔者发现“叫”字被动句在如下方言点存在：[②]

北方方言北京官话：北京、承德、赤峰

北方方言东北官话：黑河、齐齐哈尔、哈尔滨、海拉尔、佳木斯、白城、长春、通化、沈阳、锦州

北方方言胶辽官话：丹东、大连、青岛、烟台、诸城、牟平

北方方言冀鲁官话：天津、唐山、保定、沧州、石家庄、昌黎、济南

北方方言中原官话：徐州、商丘、洛阳、郑州、信阳、原阳、济宁、阜阳、白河、汉中、西安、宝鸡、敦煌、西宁、天水、万荣、灵宝

北方方言兰银官话：银川、兰州、乌鲁木齐

北方方言西南官话：襄阳、武汉、宜昌、成都

北方方言江淮官话：合肥

晋语：太原、平山、阳原、集宁、呼和浩特、二连浩特、邯郸、大同、忻州、离石、长治、临河、林县、绥德

通过对“叫”字被动句的分布进行排列，可以很清晰地看出“叫”字被动句主要分布于北方方言和晋语区，其次是江淮官话区（只有合肥一个方言点）。在北方方言区中，北京官话、东

① 笔者将各学者写作“教”字的被动句全部统一列在“叫”字被动句中。

② 笔者对被动标记“叫”在各个方言点的分布情况说明均参考专家学者的研究成果，由于有的方言点未对被动标记“叫”作出记录，再加上笔者涉猎有限，考察结果可能有所疏漏，所以对“叫”字被动句的方言分布只是一个大致的描写。

北官话、胶辽官话、冀鲁官话、中原官话、兰银官话“叫”字被动句使用比较普遍。明代具有山东方言色彩的《金瓶梅》《醒世姻缘传》，清代具有北京话色彩的《红楼梦》《儿女英雄传》《小额》，20世纪40年代具有山西方言色彩的《李家庄的变迁》，在这些作品中，有相当数量的“叫”字被动句。西南官话“叫”字被动句的使用少一些，但是在李劼人写的具有四川方言色彩的小说《死水微澜》中也有所反映。钱曾怡（2001）在调查山东方言后说，整个山东方言基本上是把用“叫”表示被动意义的格式作为一种常用的说法；侯精一、温端政（1993）在调查山西方言后说，山西方言42个点都可以使用“叫”字表示被动。这些都表明了，近代汉语时期“叫”字被动句经常出现的地域与现代汉语方言基本上是吻合的，而在江淮官话中出现的“叫”字被动句很有可能是由北方方言区向其他方言区片扩散的结果，但是扩散的地区只有合肥一个点，所以具体原因还需要进一步考察。

需要指出的是，被动标记“叫”出现在上述区片中，但是这些区片并不是只有一个被动标记“叫”。一般来说，这些方言区中都是两个或多个被动标记共存。

四、“叫”与“教”的关系

（一）“叫”与“教”在近代汉语时期的兴替

“教”的使令义在上古时期就已经出现，在唐到明中叶的口语性文献中使用非常普遍。“叫”在上古时期用法比较单一，为“呼唤”之义。元代开始才逐渐作为使令性动词出现，但是并不多见，明代中后期开始用例猛增，并且与“教”并行了一段时间，如《初刻拍案惊奇》《二刻拍案惊奇》《水浒传》均使用“教”和“叫”表示使役。清代《红楼梦》《儿女英雄传》中“叫”以绝对优势取代了“教”，成为口语中最为常见的使令性动词。[①]

（二）“叫”取代“教”的原因

从语义上来说，使令性动词一般应该与言语行为有关。“教”的使役义来源于“把知识或技能传授给别人”义，因为要传授，所以和言语行为有关系。“叫”的使役义来源于“呼唤”义，显而易见，“呼唤”义与人的言语行为有关系。和“教”相比，“叫”更加直接，一目了然。所以从语义上看，“叫”比“教”更有优势，更适合语言的表达。

从语音上来说，“教”，《广韵》中有两读，一为“古肴切”，效摄二等肴韵平声，一为“古孝切”，效摄二等效韵去声。平声的“教”有“把知识或技能传授给别人”义，唐宋时期正是这个平声的“教”出现在兼语句中。“叫”，《广韵》为“古吊切”，效摄四等啸韵去声。李文泽（2001）研究表明，在南宋语音中，效摄肴韵的喉牙舌齿音字与萧、宵韵（包括各自的上、去声）合流，因此“教”和“叫”的实际读音（除声调外）接近。语音上的接近使得“叫”代替“教”并不是一件困难的事情。

从语言的经济原则来说，“教”和“叫”在语义和语音上的混同是一种交际的负担，语言自身会做出调整。调整的结果是“叫”取代了“教”，这是受制于源义。郭家翔（2013）谈到，源义决定（Source determination）是语法化理论的一个重要假设，即进入语法化的结构成分的语义决定其语法化路径、走向及其语义结果。使役结构的原型是使某人做某事。“教”是经“论理行为”转成“施权行为”，再获得使役义，即“传授某人知识再使其做某事”；而

① 根据李炎（2006）的统计:《西游记》“教”字使役句 582 例，“叫”字使役句 97 例;《金瓶梅》“教”字使役句 652 例，“叫”字使役句 466 例;《型世言》“教”字使役句 84 例，“叫”字使役句 302 例;《红楼梦》“教”字使役句 34 例，“叫”字使役句 1376 例;《儿女英雄传》“教”字使役句 41 例，“叫”字使役句 589 例。“叫”以绝对的优势取代了“教”。

“叫”本来就是“施权行为”，再获得使役义，即“施权某人做某事”。“叫”表使役比“教”表使役更符合认知和语义虚化的规律，符合语言的经济原则，其演化的路径更为便捷。

当“叫”在使役义上代替了“教”后，作为被动标记的“叫”也逐渐取代了被动标记“教”。

第三节 “让”字被动句

关于使役动词在汉语中充当被动标记的问题，前辈时贤多有论述。但是对现代汉语常用的被动标记“让”的研究，远远不如对“教”“叫”的研究多。太田辰夫（1987/2003）认为“让”字句表示被动在清代还没有用例；蒋绍愚（1994/2003）、江蓝生（1999）与太田辰夫持有相同的看法；冯春田（2000）与上述学者的观点不同，他认为明末清初“让”字句已经具有了被动意味；石毓智（2006）认为“让”的被动用法最早见于20世纪40年代老舍的小说中。各家学者在“让”字被动句产生时间的问题上出现分歧，主要是因为判断标准不同。笔者认为，“让”字被动句在明末有产生的趋势，在晚清才真正产生，产生后便迅速发展。

一、“让”字被动句的产生

同其他被动句一样，“让”字被动句的产生要具备两个条件：一个是语义基础，即“让”的“容任”义的产生；一个是句法环境，即“让”字兼语句的出现。当这两个条件同时具备，并且有着较高的使用频率时，“让”字句才有可能向表示被动的方向发展。

“让”有两个比较重要的意义：“责问”义、“谦让”义。这两个意义均与言语行为有关，表示被动的“让”是由“谦让”义发展而来的。“让”的这个意义早在先秦时期就有了广泛的使用，并且在汉语史上一直都保留着：

（1）允恭克让。（《尚书·尧典》）

（2）知死不可让，愿勿爱兮。（《楚辞·九章·怀沙》）

（3）公子小白不让公子纠先入，又杀之于鲁。（《穀梁传·庄公九年》）

（4）尧让天下于许由，许由不受，耻之逃隐。及夏之时，有卞随、务光者。何以称焉？（《史记·伯夷列传》）

（5）故君子不自称，非以让人，恶其盖人也。（《三国志·魏书·王昶传》）

（6）师同大愚数辈辞汾阳，相让不肯作参头。（《古尊宿语录》卷十一）

（7）罔怀嫉妒之心，实有逊让之美。（《全元曲·蔡伯喈琵琶记》）

（8）陶谦推让再三，玄德只是不受。（《三国演义》第十一回）

从“谦让”义来看，“让”是礼貌程度比较高的言语和行为，言行主体发出的动作是积极的，与表示被动的“让”相差甚远。“让”在原有意义的基础上又陆续出现了“让与”义、“使”义、“容许”义。

1.“让与”义与“谦让”义相近，不同的是“让与”义没有“谦让”义在表达上那么客气，礼貌度没有那么高。“让与”义在近代汉语时期出现的频率相当高，如：

（9）山泉共鹿饮，林果让僧尝。（朱庆余《山居》）

（10）让你在高处，他只要在卑下处，全不与你争。（《朱子语类》卷一百二十五）

（11）你这个老人家，好不知高低，我尽让你说几句便罢，则管里倚老卖老，口里唠唠叨叨的说个不了。（《全元曲·谢金吾诈拆清风府》）

（12）想是饭不彀吃，且让老和尚吃饱，我们前边大人家，再化吃去罢。(《西游记》第二十四回)

（13）利物是小事，他若肯让奴赢了，奴一毫不取，私下仍旧还他。(《二刻拍案惊奇》第二卷)

（14）这公子一直等一行车辆人马都已走了，又让那些送行的亲友先行，然后才带华忠并一应家人回到庄园。(《儿女英雄传》第二回)

2.“使”义，礼貌程度不易察觉，比较弱。明清时期这个意义使用逐渐增多，如：

（15）媒婆，到他门首，让你先入去，通知行礼的事，我随后进来，(媒婆云)彭大公，你怎么到让我先入去?(《全元曲·桃花女破法嫁周公》)

（16）巴不得我死了，让你们自在快乐，省做你们眼中钉。(《二刻拍案惊奇》第二十卷)

（17）兄弟年幼，况外祖灵柩无力奔回，何颜归于故乡？让哥哥去贩货罢。(《喻世明言》第二十八卷)

（18）回头又嘱咐湘云:“别让你宝哥哥林姐姐多吃了。”(《红楼梦》第三十八回)

3.“容许”义，礼貌程度比较低，言行的主体对“让”的行为多少有些“不得已”在其中。这一意义最早在唐代杨巨源的诗中出现，但是在唐宋元时期并不是很常见，在明清时期略微多一些，如:

（19）竹风吹淅沥，花雨让飘飘。(杨巨源《春雪题兴善寺广宣上人竹院》)

（20）先生且安心住两日，让吾们到海中去去，五日后却来见先生，就打发先生起身，只看先生造化如何。(《二刻拍案惊奇》第二十六卷)

（21）小爷，让我们舒舒服服的喝一杯罢，何苦来又来搅什

么。（《红楼梦》第一百〇八回）

上面所提到“让”的“谦让”“让与”“使”“容让”四个意义所包含的礼貌意味逐次递减，使得在语义上与被动越来越接近。其中“容许”义与被动标记的关系最为接近，最容易在语义上向被动倾斜。明清时期，“容让”义的逐渐增加，为“让”语法化为被动标记做好了语义上的准备。

“让”具备了“容让”的语义，还需要具备合适的句法环境，这个句法环境就是“让”必须出现在兼语句中，上面所举的例（9）—（21）绝大多数为“让”字兼语句。“让”字兼语句在唐代已有用例，但是为数不多，且均出现在唐诗中，除了例（9）朱庆余的诗外，还有齐己诗《山中寄凝密大师兄弟》：“借问荀家兄弟内，八龙头角让谁先。”宋代《朱子语类》中有3例“让”字兼语句，且“让”的语义均为“谦让”“让与”义。明清时期，“让”字兼语句日渐增多[①]，当“容让”义进入“让”字兼语句，“让”从语义上和句法上都具备语法化为被动标记的可能。当然，语义与句法环境同时具备，并不能马上促使“让”字被动句的产生，任何一种语法现象的产生都不可能是一蹴而就的。明清时期，虽然“让”的兼语句用法逐渐增加，但“让”的使役动词的使用频率还不够突出。当“让”的兼语句用法占据了绝对优势，且使役动词的使用频率提高，“让”才开始向被动标记转化。

《西游记》《警世通言》《醒世姻缘传》《老残游记》《镜花缘》中有几例“让”字句已经与被动句很接近了：

（22）你偷吃了他的果子，就受他些气儿，让他骂几句便也

---

① 据李炎（2006）对唐到清“让”字兼语句的统计，“让”字兼语句呈逐渐增长的趋势。《敦煌变文集》《祖堂集》《朱子语类》《古尊宿语录》《五灯会元》《新编五代史平话》《元刊杂剧三十种》《水浒全传》《西游记》《金瓶梅》《醒世姻缘传》《红楼梦》中“让”字兼语句分别有0例、0例、4例、0例、0例、0例、0例、34例、100例、44例、62例、151例。

罢了。(《西游记》第二十五回)

(23)鸨子说:"让你骂许多时,如今该回去了。"(《警世通言》第二十四卷)

(24)可说我让你骂了好几句了,你再骂,我不依了!(《醒世姻缘传》第六十回)[①]

(25)你们家又有上夜的,又有保家的,怎么就让强盗把赃物送到家中屋子里还不知道?(《老残游记》第五回)

(26)就让无启国看见,也可对得住了。(《镜花缘》第十六回)

这些例子在明清时期比较罕见,"让"字句虽然在语义上可以解释为被动句,但是还隐含有些许"容让"义。"让"字兼语句经过明清两代的发展,终于在清末占据了优势,大约在晚清"让"字被动句产生了。20世纪初的《小额》中,"让"作为被动标记在汉语史上基本确立:

(27)王妈你可给我瞧着点儿狗,上回我就让他给咬了一下子。

(28)他女人是让他气死啦,略下一个孩子,今年十六啦。

(29)真是神偷一支梅,那一溜儿街房,都让他偷的怕怕儿的……

(30)善全因为刚才让票子联拍了一顿,听见说他奶奶叫他拿钱,心里很不愿意。

(31)掌柜的都让人家抓进去啦。

"让"字句在明清时期已经具备了向被动句转化的条件,但是直到19世纪末20世纪初才有确定的用例。17世纪到19世纪末这漫长的200年"让"字句一直没有发生转变,有两方面的原因:一方面是"让"的语义和句法环境虽然已经出现,但是由于

① 冯春田(2000)认为此"让"字句已经具备了被动的意味了。

刚刚萌芽，不具备语义和句法的绝对优势，所以无法达到质变；另一方面是明清时期的文献“让”字兼语句中的动词性成分呈现出一定的倾向性，居坐类（如“坐”）、行进类（如“走”）、砍杀类（如“搠”）、餐饮类（如“吃”）、承担类（如“为”）动词比较多，而其他带有不愉快色彩的强及物动词比较少。所以经过200年的准备和积淀，直到晚清“让”字被动句才得以确立。

二、“让”字被动句的发展

“让”字被动句的产生比较晚，大约在晚清时期的《小额》中才见确定用例，但这部作品中“让”字被动句的用例远远高于“叫”字被动句，也就是说“让”表示被动在晚清时期有了相当大的发展。《小额》中“让”字被动句动词后出现补语是很常见的事情，如例（28）的结果补语，例（31）的趋向补语，例（27）、（30）的数量补语，例（29）的“的”字补语。除此之外，还有程度补语、“让……把”结构、“让……给”结构，且表述的事件均为已然性的，这些都说明了《小额》中的“让”字句均为典型的被动句，如：

（32）大车王出来，来人儿带着，给人家登门磕头，让人家教训大儿子似的，数落了一顿，算是完事。

（33）咳，倒了一早晨乱，让这些个东西们，把我也气糊涂啦，到了儿这封信我也没瞧。

（34）门口儿这们一拿，茶馆儿里头也是一阵大乱，都知道小额让人给抓了去啦。

（35）第二天他父亲就让大兴县给抓了去啦。

“让”字被动句自产生之初就有了相当大的发展，例句均较为成熟。

20世纪30年代前后的《骆驼祥子》《子夜》《家》《四世同堂》《死水微澜》《围城》《李家庄的变迁》，20世纪50年代的

《十八春》，20世纪90年代前后王朔的小说，“让”字被动句均有不同的使用。[①]

20世纪30年代前后不同作家的作品中都有“让”字被动句出现，尤其是《四世同堂》《家》《子夜》中“让”字被动句出现得较其他语料多一些。具有吴方言色彩的鲁迅小说、山西作家赵树理的《李家庄的变迁》没有用例出现。《围城》《死水微澜》《骆驼祥子》中“让”字被动句使用得比较少，只出现了一两例。老舍的《骆驼祥子》是用北京话写的，但是用例却很少，原因是《骆驼祥子》使用“教”字句表示被动比较频繁。[②]20世纪90年代前后王朔的短篇、长篇作品京味十足，带有北京方言特色，“让”字被动句在其作品中比较常见，基本上可以说明当时北京话常使用“让”字句表示被动。

1.“让”字被动句的宾语有三种类型。

A. 并列性宾语，如：

（36）糟了！糟了！这就同前清时代的《圣谕广训》一样的东西，应该供在大厅里天然几上的香炉前面，才是正办，怎么让小孩子撒了尿呀！（《子夜》）

（37）我见得多了，那孩子最后五花大绑给提出来上刑场枪毙，做父母的哭都来不及——别回头再让孩子骂你！（《我是你爸爸》）

（38）我叮咛方枪枪：要听妖怪的话，别让她盯上你。（《看

① “让”字被动句的使用情况如下：南方方言色彩作品鲁迅小说0例，《子夜》10例，《围城》1例，《十八春》5例；北方方言色彩作品《骆驼祥子》2例，《家》12例，《四世同堂》12例，《死水微澜》2例，《李家庄的变迁》0例。王朔小说中“让”字被动句的使用情况如下：《空中小姐》2例，《浮出水面》2例，《一半是火焰，一半是海水》2例，《永失我爱》5例，《过把瘾就死》1例，《动物凶猛》1例，《橡皮人》9例，《顽主》7例，《我是你爸爸》32例，《看上去很美》15例。

② 至于《骆驼祥子》中“教”字被动句是否等同于“叫”字被动句，笔者认为可另撰文探讨。

上去很美》)

B. 隶属性宾语，如：

(39) 您从小就教育我要行得端，坐得正，做人做事要光明磊落，千万别让人戳后脊梁。(《我是你爸爸》)

C. 复指性宾语，如：

(40) ——“何雷，咱祖祖辈辈可没出过流氓。”

——“那就出一个吧，也别让人说咱特殊。”(《永失我爱》)

(41) 你今年十七岁了，阿眉！上海场面坏人极多，轧朋友总得小心，不要让人家骗了你——(《子夜》)

2.“让”字被动句的补语有五种类型。

A. 结果补语，如：

(42) 不能让她就这么跑掉。(《四世同堂》)

(43) 有些人真的往前冲，但又让别人挡住了。(《家》)

(44) 本来我出门时，老奶妈就劝我坐轿子，免得在路上让那般人跟着纠缠不清。(《家》)

(45) 没听说有让人关心死的，你又信口开河。(《永失我爱》)

B. 趋向补语，如：

(46) 他只走到前门车站，就让日本人抓了回来，下了牢。(《四世同堂》)

(47) 今晚差点回不来，让狗子兜进去……(《一半是火焰，一半是海水》)

C. 处所补语，如：

(48) 半个月才洗一回脚，丈许长的裹脚布丢了一地，能够两三天的让她塞在那里，也不去洗，一件汗衣，有本事半个月不换。(《死水微澜》)

(49) 这事我可知道，咱们医务室那点补药都让医务室那帮

打自己屁股上了。(《永失我爱》)

(50)全班四十多个同学未见得都让她蒙在鼓里，唯独你跳了出来捅破了这层窗户纸。(《我是你爸爸》)

D. 数量补语，如：

(51)除了不卑不亢一直也没吭一声就让我那么折腾了一顿？(《我是你爸爸》)

E.“得”字补语，如：

(52)然而像他那样的人，决不至于让某一件事的胜利弄得沾沾自喜，就此满足。(《子夜》)

(53)我家里让炮打得稀烂，家里人都逃到蚌埠去了。(《子夜》)

3.“让”字被动句中的动词前有状语修饰，这些状语都比较简单，如：

(54)他怕上了火车站，让一大群人闹哄哄地围着，瑞全一下子就会认出他来，给他一枪。(《四世同堂》)

(55)让他这么看着，刘玉英也不笑，也不说话，耐烦地等待那结果。(《子夜》)

(56)先撤，有什么话回头说，别让警察一块捂了。(《橡皮人》)

(57)《打击侵略者》里奇袭白虎团那事就是他带人干的，在场的那些美国坦克、卡车都让他一把火烧了，不知多少大鼻子没跑出来，烤了羊肉串。(《看上去很美》)

4.“让”字被动句的施事可以有定语修饰，在王朔的作品中这种情况出现得多一些，如：

(58)大门上的黑漆脱落了，又涂上新的，虽然经过了这些改变，可是它们的秘密依旧不让外面的人知道。(《家》)

(59)我不愿意再看到那些漆着蓝颜色的军舰，我会像个二傻子，穿着老百姓衣服瞪着眼睛瞧起来没完，让那些刚穿上军装

的小年轻儿笑话。(《空中小姐》)

（60）就会跟我逞凶，踩和完人又给人扑粉，里挑外撅，好人歹人全让你一人做了。(《永失我爱》)

（61）你怎么变得这么好吃懒做，我记得你也是苦出身，小时候讨饭让地主的狗咬过，好久没掀裤腿给别人看了吧？(《顽主》)

（62）但毕竟影响他淋漓尽致地发挥，他的真正奇句妙语才不想让那些爱嘲笑人的、趣味低级的家伙们，让第三个人听到。(《我是你爸爸》)

5.“让”字被动句的谓语可以是连动结构或复谓结构，如：

（63）你嚷嚷一声倒没什么，弄不好我得让人家当流氓抓了。(《过把瘾就死》)

（64）不啦，我不怕让那帮人做成肉羹，浇上虾油吃了。(《橡皮人》)

（65）马锐让人家当枪使？（《我是你爸爸》)

（66）你别这样，放开我，让人看见不体面。(《顽主》)

6.“让”字被动句与处置式结合的用例，在20世纪90年代前后的王朔作品中首见：

（67）我也是身不由己，我怎么不想让刚进城的那大批的解放军把我生下来？（《我是你爸爸》)

（68）那你怎么让这号人把你生下来了？（《我是你爸爸》)

（69）别回头让人家把咱们小孩骗了。(《看上去很美》)

7.“让”字被动句一经产生，就出现了“让……给”结构，通过使用“给”来加强被动的意味，如：

（70）整个北平都让人家给占了，哪儿还有是非呢？（《四世同堂》)

（71）他明白孩子八成是让日本人给弄了去了，钱先生若是不答应他们的条件，他们就要对孩子下毒手。(《四世同堂》)

（72）准是让日本鬼子给偷去了！（《四世同堂》）

（73）现在可好，才这么小就平白无故让你给玷污了，也亏你好意思！（《我是你爸爸》）

（74）不是跟人打架，是让人家给打了，打得还挺厉害，大概已经住院了。(《我是你爸爸》)

（75）果不其然，大娘大嫂大爷们让鬼子给圈了回来。(《看上去很美》)

“让”字被动句从确立到现在大约100年的时间，在最近的一二十年获得了迅速的发展，从笔者所考察的语料来看，“让”字句表示被动主要出现在北京话背景的作品中，如老舍的《四世同堂》和王朔的小说。

三、“让”字被动句在现代汉语方言中的分布

根据陈章太、李行健《普通话基础方言基本词汇集》、北京大学中文系语言学教研室《汉语方言词汇》、李荣《现代汉语方言大词典》、钱曾怡《山东方言研究》、储泽祥《赣语岳西话表被动的“让”字句》对被动标记“让”的调查，笔者发现“让”字被动句在如下方言点存在：①

北方方言北京官话：北京、承德、赤峰

北方方言东北官话：黑河、齐齐哈尔、哈尔滨、佳木斯、白城、长春、通化、沈阳、锦州

北方方言胶辽官话：丹东、青岛

北方方言冀鲁官话：天津、唐山、保定、沧州、德州、临清、济南、新泰、临沂、昌黎

① 笔者对被动标记“让”在各个方言点的分布情况说明均参考专家学者的研究成果，由于有的方言点未对被动标记“让”作出记录，再加上笔者涉猎有限，考察结果可能有所疏漏，所以对“让”字被动句的方言分布只是一个大致的描写。

北方方言中原官话：徐州、商丘、原阳、阜阳、白河、汉中、西安、宝鸡、敦煌

北方方言兰银官话：银川、兰州、乌鲁木齐、哈密

北方方言西南官话：武汉、宜昌

北方方言江淮官话：红安、连云港、南京

晋语：太原、张家口、平山、阳原、集宁、呼和浩特、邯郸、长治、临河、绥德

湘语：长沙

赣语：南昌、岳西

从被动标记“让”分布的区域来看，“让”在北方方言区分布比较广泛，其次是晋语区，再次是湘语和赣语区少数的几个点。从整体上看，“让”的分布很不平衡。从北方方言内部看，胶辽官话、西南官话和江淮官话也与东北官话、冀鲁官话、中原官话、兰银官话形成了巨大的差异。笔者通过对“让”字被动句的考察发现，“让”字被动句晚清、民国时期主要在北京话中使用比较广泛，而现代汉语方言调查的结果是在北方方言、晋语、湘语、赣语中均使用“让”表示被动，那么也许会有这样的一种可能性，即“让”字被动句是以北京为中心，向外呈放射状扩散，扩散的结果就造成了现在各个方言区都有被动标记“让”的存在。“让”字被动句始于晚清，出现在北京话背景的《小额》中，其后的发展受到白话文、“国语运动”以及普通话的推动，使得“让”在产生后100年的时间里在北方方言区迅速发展扩散，并且还扩散到湘语和赣语的少数地区。

上述的这些方言点都使用被动标记“让”，但“让”并不是唯一的被动标记，在这些方言点中一般都有两个或多个被动标记并存。也就是说，被动标记“让”不可能打败其他的被动标记独存，毕竟“让”本身具有普通动词和被动标记多种用法，很多其他的被动标记也存在和“让”相同的情况，即没有纯粹的被动标

记，所以多个被动标记长期并存。

四、被动标记“让”“叫”的比较

被动标记“让”的产生在本节中已经详细说明。“让”在唐宋元时期依然还是礼貌程度比较高的“让请”动词，明清时期用于兼语式，引申出使役义，开始由使役向被动转化。晚清时期“让”字被动句出现在北京话背景的作品中并迅速发展起来，成为现代汉语北方方言主要的被动标记。由于“让”保留了原先的动词用法，所以不是一个纯粹的被动标记。

“叫”与“让”的情况极其相似。“叫”在唐代还是一个普通动词，宋代以后开始用于兼语式，明代引申出使役义，开始了由使役向被动的转化过程。明代“叫”字被动句出现，明末清初成熟。由于“叫”表示被动的同时，本身还保留着多个动词义，所以并不可能像被动标记“被”一样纯粹。即使如此，被动标记“叫”在北方方言中还是取代了“被”，成为主要的被动标记。

“让”“叫”表示被动均由使役动词发展而来，但是它们表现的使役强度在语义上是有区别的，因而表现在被动句上也有所不同。“让”“叫”这类使役动词是从普通动词发展而来的，与本身具有使令义的使役动词相比，指令性比较轻，应该算是轻使役动词，而“让”的指令性比“叫”还弱。“让”的容让义是从礼貌程度比较高的谦让义逐渐降低礼貌度最终造成“亏损”而获得的，“叫”的容让义是从使令、支配义逐渐减弱从而获得的。从这个衍生的途径来看，“让”是一个比“叫”更弱的使役标记。表示被动的“让”字句和“叫”字句分别来源于使役强弱程度有别的“让”字使役句和“叫”字使役句。

“让”字被动句比“叫”字被动句出现得晚，但是在晚清以后的很多作品中都可以同时见到这两个被动标记，详见下表。

表八：

作 品	“让”字被动句	“叫”字被动句
《小额》（节选）	13	1
《骆驼祥子》	2	0
《子夜》	10	3
《家》	12	0
《四世同堂》	12	5
《围城》	1	1
《死水微澜》	2	3
《李家庄的变迁》	0	26
《十八春》	5	5
王朔小说	76	25
总 计	133	69

从表八中的数据可以看出，“让”字被动句产生后发展比较迅速，与比它产生时间早的“叫”字被动句同时出现在晚清和现代文学作品中，且出现频率接近。表八还反映出一个问题，即在北京话色彩的《小额》《骆驼祥子》《家》《四世同堂》和王朔小说中，“让”字被动句的使用频率超过了“叫”字被动句，而在具有山西方言色彩的《李家庄的变迁》中，“叫”字被动句展现出了绝对的优势。

在现代汉语方言中，“让”字被动句与“叫”字被动句也呈现出比较一致的分布情况。从被动标记“让”“叫”分布的情况来看，这两个被动标记基本上在北方方言区使用，而且在北方方言区的多个方言点共存。被动标记“让”“叫”在来源、发展以及方言分布等方面的相似，使得它们不可能一方淘汰另一方，它们的共存将是一个长期的过程。

第四章　近代汉语“给”类被动句

近代汉语时期“给”类被动句主要指的是“与”字句、“给”字句、“把”字句、“拨”字句和“乞”字句[①]，将这五种被动形式纳入“给”类被动句是源于被动标记“与”“给”“把”“拨”“乞”的来源相同，都是由给予义动词发展而来的，均为近代汉语新兴的被动标记。“与”字句表示被动，始于唐代，但在整个近代汉语时期的使用并不普遍。明代出现频率有所增长，但被动用例还是屈指可数。清中叶后几乎没有“与”字表示被动的用例，但是“与”字被动句却出现在闽方言和少数民族语言龙州话和傣雅语中。“给”字句表示被动的时间比较晚，大约在清中叶才开始出现，并在现代汉语中进一步发展。“把”字句表示被动大约在宋末元初，清代几乎已经消亡。“把”字被动句在近代汉语时期的用例很少，但被保留在江淮官话、西南官话和湘语中。“拨”字句表示被动最先出现在具有吴方言色彩的《山歌》中，本身即为方言词，在现代吴方言中依然使用。明本潮州戏文中的“乞”也是方言词，“乞”字被动句在现代汉语闽南话、潮州话中还有使用。

---

① “乞”字被动句涉及两个方面的来源:《水浒传》《金瓶梅词话》《清平山堂话本》中的被动标记“乞”同“吃”；明本潮州戏文与现代汉语方言中的被动标记“乞”来源于给予义动词。由于存在两个来源，所以在“乞”的归属上便出现了困难。出于行文的考虑，本书将“乞”字被动句归入此章，特此声明。

第一节　“与”字被动句

一、“与”字被动句历时考察

（一）“与”字被动句的来源

“与”字句表示被动大约出现在唐代，表被动的“与”是由表给予义的动词“与”发展而来的。《说文》：“与，赐予也。”“与”的给予义很早就已经出现，先秦时期已有用例：

（1）将欲夺之，必固与之。（《老子》第三十六章）

（2）天子不能以天下与人。（《孟子·万章上》）

（3）乞食于野人，野人与之块。（《左传·僖公二十三年》）

之后，“与”的给予义在中古和近代一直都使用着：

（4）赐人帛，不谓之恶，天与之谷，何故谓之凶？（《论衡·异虚》）

（5）功之宜赏，于疏必与；罪之宜戮，在亲不赦。（曹植《黄初五年令》）

（6）肚里儿虽是一数，而不出来，索得饭食时，与谁吃乎？（《入唐求法巡礼行记》卷一）

（7）其道诚遂与惠能银一百两，以充老母衣粮，便令惠能往去礼拜五祖大师。（《祖堂集》卷二）

（8）孔子虽不如此说，却只将那糖与人吃。（《朱子语类》卷十九）

（9）这是我丈人家与我做本钱的，不争你偷去了，一家人口都是饿死！（《错斩崔宁》）

（10）遂解下了龙凤绞绡直系，与了师师道……（《大宋宣和遗事·亨集》）

上述“与”均为动词给予义，但并不是说具备了给予义就有了发展为“与”字被动句的可能性，也就是说仅仅具备词汇意义上的准备条件是远远不够的。“与”由动词向介词的转化不是一个简单的词义虚化的过程，应该有外在作用力的推动，这种外在作用力就是句式的发展演变。蒋绍愚（1994/2003）在谈到“给”字句表被动的来源时，就意识到“给”字被动句的形成过程，其实是由于句式的演变而造成“给”的词义和功能的变化，笔者十分赞同这种看法。自先秦始，“与”的动词给予义就已经出现了。随着时间的推移，到近代汉语时期，这一意义的使用更加频繁。当“与+N+V”的句式结构出现，即动词“与”的宾语后再出现一个动词，如例（6）、例（8）中的“吃”，“与”字句才有转化为被动句的可能性；而上述的其他用例“与”后只带名词性宾语，这种形式是不可能发展为被动句的。当然也不是说具备了这种句式结构，“与”就能直接由给予义动词转化为被动标记。我们知道，任何语言成分的发展演变都是一个由量变到质变的渐变过程，“与”发展为被动标记也不例外。在这一演变过程中，有一个环节是不可忽视的，即“与（给予）+N+V”这种句式结构首先要经过“与（使役）+N+V”的中间阶段才可以发展为“与”字被动句。

其实，从先秦起，“与”就已经从给予义引申出“容许”和“使”义。“与”表示“容许”义，如：

（11）歼厥渠魁，胁从罔治。咸染污俗，咸与维新。（《尚书·胤征》）[①]

（12）曷为大之？不与夷狄之执中国也。（《公羊传·隐公七年》）

“与”表示“使”义，如：

（13）故忠臣也者，能纳善于君，不能与君陷于难。（《晏子春秋·问上十九》）

① 例（11）—（14）均转引自江蓝生《汉语使役与被动兼用探源》，《著名中年语言学家自选集——江蓝生卷》，安徽教育出版社2002年，第146页。

（14）数日，号令召三老、豪杰与皆来会计事。（《史记·陈涉世家》）

近代汉语时期，“与”表示使役义也经常见到：

（15）县司与差人递送照应县去。（《入唐求法巡礼行记》卷一）

（16）遂转羊肠，水于龙口中出，与人饮之，皆罔云病愈，施舍无数。（《朝野佥载》）

可见，“与”的动词“给予”义、“容许”义、“使”义在先秦时期就已经出现。“与”字句表示被动的情况，在先秦时期也已经出现了，如：

（17）吴王夫差栖越于会稽，胜齐于艾陵，为黄池之遇，无礼于宋，遂与勾践禽，死于干隧。（《战国策·秦策五》）

（18）秦与天下罢，则令不横行于周矣。（《战国策·西周策》）

先秦时期，“与”字句表示被动的用例很少，上例（17）、（18）也仅限于《战国策》，直到唐代才出现“与”字句表示被动的较多用例，这到底是什么原因呢？石毓智（2004a）认为，先秦“与”字被动句的出现不是偶然的，“从人类语言的共性和历史的角度看，我们倾向于‘与’的被动用法来自其介词‘跟’的用法……世界上很多语言的被动式中引入施事的标记是来自‘跟’类介词，如法语等，说明‘跟’类介词与施事标记之间具有语义相宜性”。石毓智的这种看法可备一说，但是由于他没有对“与”表示被动的原因给予分析，也未对其发展过程进行相应的解释，同时缺乏有力的文献资料作为佐证，所以其结果无法令人信服。在先秦汉语与近代汉语的中间时段（即中古汉语时期），“与”字句发生了怎样的变化呢？笔者就两汉、魏晋南北朝的部分文献进行考察，发现这段时期几乎没有“与”字句用以表示被动的情况，且“与+N+V”的这种结构形式也不是很常见。笔者推测，有以下几种可能性：

可能性一："与"字被动句在当时并不具备发展并得以成熟的条件。据唐钰明（1985）对先秦汉语被动式的研究，春秋战国时期，被动式逐步发展，出现了"为"字式、"见"字式、"被"字式等多种形式，这些被动式互相竞争，此消彼长，最终"为×所×"式与"被"字式在秦汉之后取得了优势，成为古汉语表被动的主要形式。基于上述原因，"与"字被动句在先秦时期的发展很有可能是受到那个时期处于强势的被动句的排挤，在这些被动句式逐渐发展并处于强势的状态下，"与"字被动句势单力薄，无法与处于强势的被动句式抗衡。从"与"字自身的发展来看，先秦时期"与"的给予义已经出现，但"与+N+V"的句式结构并不多见，说明这一时期"与"字被动句的句式产生条件还不是很成熟。所以，无论是从外在客观环境还是从内在自身的发展来看，"与"字还不具备演变的条件，《战国策》中出现的个别"与"字表示被动的用例只是一次积极的、有意义的尝试。

可能性二：例（18）"秦与天下罢"这一句，王念孙在他的《读书杂志》中有这样的解说："'俱'字后人所加。'秦与天下俱罢'者，'与'犹'为'也。谓秦为天下所罢也……古或谓'为'为'与'，'为''与'二字声相转而义亦相通。"笔者认为，这样的分析也不是没有道理。上古音"与"是余母鱼部字，"为"是匣母歌部字，它们的声韵确实相近，既然相近就很可能有讹误，那么就不排除可能因为"与""为"音近义通，"遂与勾践禽"即为"遂为勾践禽"，"秦与天下罢"即为"秦为天下罢"。

可能性三：从汉语历史发展的角度来看，不同的历史时期很有可能会选择不同词汇意义来源的词发展为被动标记。早期被动标记多由遭受义动词发展而来，如"见""被"。给予义动词虚化为被动标记一般是近代汉语时期常见的现象，可能也有这个原因，"与"字被动句自唐代才发展并走向成熟，先秦文献出现的“与”字句表示被动不符合“给予”类来源被动标记的选择性，不易在先秦时期全面发展。

笔者认为，虽然在先秦时期确实出现过“与”字句表示被动的用例，但使用并不普遍。而且由于资料所限，这一时期并不能清晰地勾勒出“与”字句表示被动的来源以及之后的发展。真正能够体现“与”字被动句发展轨迹的，应该是在近代汉语时期。笔者将通过对近代汉语文献资料的分析，尽可能清晰地展现其发展脉络。

唐代始，“与”字的给予义经常出现，除了前文所列举的用例外，还不乏其他用例。

A. 单用“与”，如：

（19）得便不能与，明年知有何处？（《游仙窟》）

（20）与了，再看之，方见得是伤惠，与伤廉不同。（《朱子语类》卷十六）

（21）兖州刺史刘岱，问东郡太守乔瑁借粮，瑁推辞不与。（《三国演义》第六回）

B. “与 +O”式，如：

（22）太守即将彩帛遣作衣裳，与钱五百文。（《敦煌变文集》卷八）

（23）苏、张学成别去，先生与一只履，化为犬，北引二子即日到秦矣。（《太平广记》卷四）

（24）随即安排酒饭，管待二人，与了一千贯赏钱。（《喻世明言》第二十六卷）

C. “与 +N+O”式，如：

（25）天子与你官，俸禄由他授。（王梵志《天子与你官》）

（26）我劈脊与你一棒。（《五灯会元》卷七）

（27）失了更、短了筹，不与你钱，还要打哩。（《警世通言》第二十四卷）

D.“与+N+VP”式，如：

（28）尊人与酒吃，即把莫推辞。（王梵志《尊人与酒吃》）

（29）斋时有饭与汝吃，夜后有床与汝眠。（《景德传灯录》卷十五）

（30）乃先与犬试之，犬立死。（《三国演义》第十三回）

“与”作为给予义动词有以上这四种句式结构：A类“与”不带宾语；B类“与”字后带单宾语；C类“与”字句为双宾语；D类与上述三类不同，“与+N/O”之后出现的是动词或动词词组。只有D类这种“与+N+VP”结构，才能促使“与”的给予义发生转化。[①]这种句式结构与表示使役的句式结构相似，从而导致了“与”的词汇意义发生变化。使役句式表示的是S（或在形式上不出现）使N发出某种动作行为或呈现某种状态。“与+N+VP”的结构正与之相似，“与”后的动词虽然表示的是“与N”发出的某种动作行为，然而这种动作行为实际上是通过N来实现的，在使役句式的语义条件制约下，“与”的给予义向使役义转变。如：

（31）克日设斋，饮中置莨菪子，与众餐之。（《朝野佥载》）

（32）盖人生道理合下完具，所以要读书者，盖是未曾经历见许多，圣人是经历见得许多，所以写在册上与人看。（《朱子语类》卷十）

（33）收拾了包裹，与老王背了，与邻舍家作别，暂去再来。（《错斩崔宁》）

（34）宣马一匹与师乘骑。（《古尊宿语录》卷五）

---

① 需要说明的是，“与+N+VP”结构使“与”的词义发生了由给予义到使役义再到被动义的演变，当V这个动作由N发出，那么“与（给予）+N+VP”和“与（使役）+N+VP”的结构相似，“与”的词汇意义可能发生转变；当使役句的主语为受事，N为施事时，使役句转化为被动句。除此之外，动词“与”还演化为连词和介词。当V这个动作是由主语和N共同发出的，那么“与”为连词，表示“和”；当V这个动作仅为主语发出，那么“与”为介词，表示“跟”“向”。

上述的几例很难准确判定“与”的词汇意义到底是给予义还是使役义，它们之间的界限并不明晰，词义也无法确定。这种情况的出现应该说是“与+N+VP”的句式结构使然，这也促使“与”的词汇意义由给予义向使役义转化，从而进入词义两可的模糊地带。

“与”字使役句在近代汉语时期还是比较丰富的，如：

（35）如是与君解了也，我闻次弟处唱将来。（《敦煌变文集》卷二）

（36）若与我此山安乐，即便从伊；若与我此山不安，汝便当时发遣出此山中。（《敦煌变文集》卷六）

（37）老氏便要常把住这气，不肯与他散，便会长生久视。（《朱子语类》卷十六）

（38）我是主母，怎不用钱，反与家奴作主！（《型世言》第十五回）

（39）他手里的东西，也不要留下他的，与他拿了出去。（《醒世姻缘传》第三十六回）

“与”字使役句的出现又促使了“与”字被动句的产生。可以看到，在汉语史上，使役句向被动句的转化早已有例。例如，既表使动也表被动的“教”，从使役句到被动句的发展，早在唐代已经发生。“教”表使役是很常见的，如王昌龄《出塞》：“但使龙城飞将在，不教胡马度阴山。”“教”也可表示被动，如韩偓《惜花》：“总得苔遮犹慰意，若教泥污更伤心。”所以，“与”字句由使役句向被动句的转化完全有可能。

从文献看，唐代已经出现了“与”字句表示被动的用例，直到明清这种被动句式依然存在，如：

（40）和尚是高人，莫与他所使。（《祖堂集》卷二）

（41）师答曰：“……若遇种种苦乐，不称意事，心无退屈，不念名闻衣食，不贪一切功德利益，不与世法之所滞……”（《祖

堂集》卷十四）

（42）妾虽禁闭在深闺，与君影响微相识。（《敦煌变文集》卷五）

（43）家臣不与大夫齿，那上等人自是不肯做。（《朱子语类》卷三十一）

（44）天子愚暗痴呆，与人穿着鼻，成个甚么朝廷？（《新编五代史平话·唐史平话》）

（45）不要烦烦恼恼，与别人看破了，生出议论来。（《二刻拍案惊奇》第九卷）

（46）凭着咱胆气，料得没与他拿去，只他官兵来奈何？（《型世言》第十七回）

“与”本来是给予义的动词，用在“与+N+VP”句式结构中，当VP是N自我发出的行为动作时，受到这种语义关系的制约，“与”由动作方向性强的给予义动词向动作性不强的使役义动词转化；同样是在“与+N+VP”这种句式结构中，当语义关系表现为主语是VP的受事，N是VP的施事时，“与”字使役句便开始向“与”字被动句转化。

（二）“与”字被动句的发展

“与”字被动句在唐代产生，一直到明清时期依然存在。虽然“与”字被动句在近代汉语时期一直都存在，但是并不是十分活跃，不是近代汉语时期的主流被动句形式。

1. 从“与”字后施事的出现情况来看，“与”字后出现施事是很平常的，上面提到的例（40）—（46），施事无一例外地出现在“与”字后，说明施受关系非常明确。

2. 从谓语来看，“与”字被动句动词后可以出现结果补语、趋向补语、处所补语、数量补语等。与其他被动句形式相比，“与”字被动句动词后各种类型的补语都出现过，但是数量很少。

A. 结果补语。如上例（45）动词“看”后跟结果补语“破”，此外还有：

（47）偶然独自走至大悲阁下，恰恰与方务德撞见。（《二刻拍案惊奇》第三十四卷）

B. 趋向补语。如上例（46）动词“拿”后跟趋向补语“去”，此外还有：

（48）不若与老道领去，放在八卦炉中，以文武火锻炼。（《西游记》第七回）

（49）没的相公留这家当也非容易，如今终日浪费嫖赌，与光棍骗去，甚是可惜。（《型世言》第十五回）

C. 处所补语。如：

（50）到日落时分，与月娘送出大门，上轿去了。（《金瓶梅》第三十三回）

D. 数量补语。如：

（51）某在漳州，凡胥吏辈窠坐，有优轻处，重难处，尽与他摆换一次，优者移之重处，重者移之优处。（《朱子语类》卷一百〇六）

E. “得”字补语。如：

（52）果然与一个做媒的说得入港，受了苏州曾工曹之聘。（《二刻拍案惊奇》第十一卷）

（53）父亲固是要严，若是那母亲殁苴，再兼溺爱，那儿子百般的作怪，与他遮掩得铁桶一般，父亲虽严何用？（《醒世姻缘传》第四十回）

3. “与”字被动句动词后可以出现宾语，但是这类情况也不多见。

A. 隶属性宾语。如：

（54）却才你与兄弟张顺附体，杀了方天定这贼。（《水浒传》第九十五回）

（55）押司娘只因教迎儿嫁这个人，与大孙押司索了命。（《警世通言》第十三卷）

B. 并列性宾语。如：

（56）你老人家还不知道，李桂姐如今与大娘认义做干女儿。（《金瓶梅》第三十二回）

4. “与”字被动句动词前出现状语这种情况则比较少见，在笔者考察的近代汉语文献中只有 1 例：

（57）晁夫人依他修合煅过的脐带，称重三分五厘，加了一分七厘朱砂，都与他陆续吃了，果如道士所言，发了一身红点。（《醒世姻缘传》第四十九回）

根据上述分析，可以看出近代汉语时期“与”字被动句的发展并不成熟，所见用例也只是被动句式的简单形式，没有进一步地精密化和复杂化。考察结果详见下表。

表九：

文　献	动词带补语	动词带宾语	“与”字被动句总计
唐诗	0	0	2
《祖堂集》	0	0	1
《敦煌变文集》	0	0	1
《五灯会元》	0	0	3
《古尊宿语录》	0	0	4
《朱子语类》	1	0	7
《全元曲》	0	0	4
《水浒传》	0	1	3
《西游记》	1	0	1
“三言二拍”	3	1	20
《金瓶梅》	1	1	2
《型世言》	2	0	7

续表

文　献	动词带补语	动词带宾语	“与”字被动句总计
《醒世姻缘传》	1	1	6
《儒林外史》	0	0	1
《红楼梦》	0	0	1
总　计	9	4	63

从表九可以看出，“与”字被动句在近代汉语文献中并不多见，其中有补语的9例，有宾语的4例。可见，这些文献中“与”字被动句的形式多为“受事+与+施事+动词”，结构比较简单。根据笔者的考察，这些作品中“与”字被动句绝大多数的施事均是出现的。从表中所反映的数据来看，“三言二拍”（20例）、《型世言》（7例）、《朱子语类》（7例）、《醒世姻缘传》（6例）这些文献中“与”字被动句出现的频率较高。《朱子语类》是南宋时期的作品，它应该或多或少反映南宋首都（今杭州）一带的方言；冯梦龙的“三言”、凌濛初的“二拍”大致反映的是江淮方言、吴方言；陆人龙的《型世言》用明代白话写成，带有吴语的成分在其中；《醒世姻缘传》是用地道的山东话写的。“与”字句表示被动在近代汉语时期虽然不多见，但是大多出现在具有山东方言、江淮方言、吴方言色彩的文献中。“与”字被动句大约在清代开始消亡，除了《儒林外史》《红楼梦》中还有个别的用例外，在笔者考察的清代其他文献中均无用例出现。

（三）“与”字被动句的消亡及其原因

大约在清代，“与”字被动句基本上就销声匿迹了，除了以下两例：

（58）这样快活的事，偏与这样人受用，好不可恨！（《儒林外史》第三十回）

（59）如冰水好空相妒，枉与他人作笑谈。（《红楼梦》

第五回）

清中叶以后，很少见到“与”字句表示被动的用例，究其原因，大致有以下几种可能：

其一，近代汉语时期“与”字被动句的发展不是很成熟。从上文“与”字被动句的发展来看，结果补语、趋向补语等虽然出现在“与”字被动句中，但是这些补语都比较简单。唐钰明（1988）在谈到“被”字句动词前后成分的复杂化时，将复杂化看作语义的丰富化和精密化的表现。由此观之，“与”字被动句补语的简单化就说明它所表达的语义还不够精密，发展还不够成熟。加之，这个时期来源于遭受义的“被”字被动句、“吃”字被动句，来源于使役义的“教”字被动句、“叫”字被动句均有所发展，尤其是“被”字句，在近代汉语时期依然是主流被动句。

表十：

频率 形式 文献	“与”字被动句	“被”字被动句[①]	“与”字被动句的出现频率
《祖堂集》	1	73	1%
《古尊宿语录》	4	248	2%
《朱子语类》	7	457	2%
《西游记》	1	489	0.2%
“三言二拍”	20	1409	1%
《儒林外史》	1	72	1%
《红楼梦》	1	214	0.5%
《儿女英雄传》	0	161	0

分析表十中的数据可知，“与”字被动句在近代汉语时期出

① 《祖堂集》《古尊宿语录》《朱子语类》《西游记》《初刻拍案惊奇》《儒林外史》《红楼梦》《儿女英雄传》“被”字被动句的统计数据均来自唐钰明（1988）。

现频率不高，发展不够成熟，难具竞争力。

其二，从“与”字句的使用情况来看，在清初之前，“与”字句虽然出现频率不高，但是用例一直有所增长。而在清代，“与”字句的使用日渐稀少。从清代开始，和“与”同样表示给予义的“给”的出现频率越来越高，“给+N+VP”句式的出现频率也越来越高，这种句式在《醒世姻缘传》《红楼梦》《儿女英雄传》中的比例分别达到了12.2%、44.2%、73.6%。据李炜（2004）的研究，在《红楼梦》《儿女英雄传》中，“给+N+VP”句式远远高于“与+N+VP”句式，表给予义的“与”“给”正在出现一种替换关系。这是“与”的自身语法属性使然。“与”在近代汉语中除了作动词、介词外，还有连词的用法。当“与”充当连词时，连接的两个成分既可以出现在宾语的位置，也可以出现在主语的位置。当出现在主语的位置上时，“与”跟后面的谓词性成分形成“S1+与+S2+VP”结构，这种结构的内在含义是S1、S2共同发出VP这个动作。但是这个结构正好与“与+N+ VP”同形，既可以表示主语发出VP这个动作，也可以表示N发出VP这个动作。相似的句式结构表达不同的语法含义在语言表达上是不合理的，因此往往会出现歧义。这种情况有时可以借助上下文的语境来消除，但是有时还是无法消除，如：

（60）伏牛和尚与马大师送书道师处。（《祖堂集》卷三）

（61）这四个得了圣旨，交撒下金钱银钱，与百姓抢金钱。（《大宋宣和遗事·亨集》）

（62）即忙奔下楼来，却好与那两个人撞个劈面，乃是店主人与一个蓦生人。（《二刻拍案惊奇》第四十卷）

（63）你实说，与淫妇弄了几遭？（《金瓶梅》第十三回）

在上述例句中，“与”是作为介词出现的还是作为连词出现的并不好判断。跟“与”同时可以作为连词使用而形成语义混淆的句法格式相比，“给”不存在连词的用法，因而表义明确。

“给”在清代的大量使用恰好和“与”作动词、介词的用法形成替换的关系，在一定程度上消除了“与”所造成的歧义。因此，“与”字被动句逐渐消亡。

二、“与”字被动句在现代汉语方言、少数民族语言中的保留

从历史发展来看，“与”字句表示使役和被动在先秦时期已偶见用例。近代汉语时期，表示使役的“与”字句大量出现，表示被动在唐代也已经有了典型的用例。但是对于“与”字被动句来说，它从出现到消亡并不是盛极而衰的过程。虽然在近代汉语时期“与”字被动句出现得也不是太少，但是句式都比较简单，句子的精密化程度也不高，所以还没有经过成熟的发展，就消失在近代汉语的舞台上。从整个近代汉语时期来看，“与”字被动句确实不是主流被动句。但是从被动标记的来源看，“与”字被动句开启了“给予”类来源被动标记的先导，这对近代汉语时期被动句的发展具有至关重要的作用。虽然“与”字被动句在现代汉语共同语中不曾出现，但是替代“与”字被动句的“给”字被动句却一直活跃在现代汉语中，成为现代汉语被动句的重要句式之一，在现代汉语史上的地位不容忽视。

现代汉语方言和少数民族语言中，还有使用“与”字被动句的情况。据张振兴（1992）的调查，位于闽西、闽南交界的漳平话中就存在这种“与”字被动句，所举例句为“茶杯与伊攻破了（茶杯被他打破了）”。陈章太、李如龙（1991）将闽语中表示给予、被动等用法的词写作“与”。李方桂（1940、1953）记录了龙州话表给予、被动、使役（使、让、请）、处置、为（替）、向（对）的［$hɯ^{24}$］和武鸣话表给予、使役的［$haɯ^{55}$］。邢公畹（1989）记录了傣雅语表给予、被动、使（让、请）、把、替（为）、向（对）的［$haɯ^{11}$］。张惠英（2002）通过语音分

析，认为上述龙州话的［hɯ^{24}］、武鸣话的［haɯ^{55}］、傣雅语的［haɯ^{11}］，与闽南话的［hɔ^{2}］一样，均与汉语的“与”同源。下面转引部分被动义的例句：①

（64）刚刚给些个女仙听见。译文：刚好给些仙女听见。（龙州话）

（65）于是只狗黄呢就给哥他打死去了。译文：那么那只黄狗呢就给他哥哥打死了。（龙州话）

（66）只牛那去教他纺线纺纱织绸缎。回这给牛那教织绸缎。译文：那条牛就来教他纺线、纺纱、织绸缎。这回被那牛教织绸缎了。（傣雅语）

（67）给人家抬去园大去浇水花。译文：叫人家抬到大园子去浇花。（傣雅语）

（68）与侬搦去。译文：被人抓去。（闽语）

例（64）—（67）中龙州话的［hɯ^{24}］和傣雅语的［haɯ^{11}］均写作汉字“给”，如果按照张惠英的解释，应与例（68）一样，写作汉字“与”更加合适。从对近代汉语“与”字被动句的历时考察来看，“与”字被动句在现代汉语共同语中已经消亡了，但是在闽语中还保留着，并且在龙州话、傣雅语中也出现了同样的表示给予、被动等用法的“与”。笔者对上述少数民族语言知之甚少，不敢妄言。先抛开“与”是不是［hɯ^{24}］、［haɯ^{11}］的本字不说，可以发现这样一条线索，即不论是汉语还是少数民族语言，都存在着“给予—使役—被动”这种具有规律性的发展演变，这种发展规律为给予义来源的被动标记提供了发展演变的佐证。

① 例（64）—（67）转引自张惠英《汉藏系语言和汉语方言比较研究》，民族出版社2002年，第221—222页、第230页。

第二节 “给”字被动句①

“给”字句先秦已有之，多为“供给”之义。《说文》：“给，相足也，从系，合声。”《玉篇》：“给，供也。”《广韵》：“给，供给。”自清代始，“给”的给予动词义逐渐发展，使用频率越来越高，“给”字句最终取代了盛行多年的“与”字句。明末清初的《醒世姻缘传》是给予义的“给”发展的开始，清中叶的《红楼梦》正好是“给”替换“与”的中间阶段，19世纪中叶的《儿女英雄传》完成了“给”对“与”的替换，表示给予义的“与”在口语中消失，“给”前后用了100多年的时间完成了对“与”的替代。动词“给”大量出现的同时，“给”字被动句也随之产生。“给”的动词给予义和“给”字被动句式，一直保留在现代汉语中，成为现代汉语较为活跃的动词和较为常见的句式之一。

一、“给”字的来源和“给”字被动句的产生

（一）“给”字的来源问题

“给”，《广韵》“居立切”，见母缉韵开口三等入声字。在现代汉语中有两个读音：[$tɕi^{214}$] 和 [kei^{214}]。“给”为供给义，原为入声 [kiəp]，在北方音韵的历史演变中，发生了“入派三声”（即入声作平声、入声作上声、入声作去声），所以在14世纪或更早的时候，-p，-t，-k 韵尾就已经消失了。[tɕi] 是“给”正常的语音变化，但是在现代汉语中授予动词“给”读 [kei]，与音韵演变的规律不合。由于“给”在古今语音上存在差异，学

① 所谓“给”字被动句，应该说实际上包含了两种情况，一种情况是“给”字作被动标记，一种是“给”在被动句中和作被动标记的词配合使用。本书是从汉语史的角度考察各类被动标记，所以文中如果没有特别说明的话，所说的被动句均为第一种情况。

者对现代汉语授予动词“给”的来源产生了怀疑，学术界出现了关于授予动词“给”来源的争论。

关于授予动词“给”的来源问题，学术界主要有两种看法：一种认为“给”来源于“乞”（张惠英 1989）；一种认为来源于上古齐鲁地区的“馈”“归”（志村良治 1995）。这两种看法证据都不是很充分，所以对这一问题并未形成定论。张惠英（1989）认为，现代汉语中“给”的各种用法和《敦煌变文集》《金瓶梅词话》《山歌》中“乞（吃、喫）”的用法的总和大体一致。因此，可以推测，“给”正好承接了“乞（吃、喫）”表示给予、被动等的基本用法，在普通话和书面规范语中，“给”完全替代了从《敦煌变文集》以来的“乞”。笔者认为，从语音上看，“给”和“乞”读音相似。但是根据笔者的考察，《金瓶梅词话》和《山歌》中出现的“乞”应该是“吃”的同音借字，而且在这两部书中也未发现表给予的“乞”，那么“给”承接了“乞”表给予、被动的基本用法也就无从谈起，张惠英（1989）的论断也就不能成立了。志村良治（1995）认为，[kei] 来源于上古齐鲁地区的“馈”“归”等字标写的音，元代在异民族统治下可能扩散到北方一带，如《老乞大谚解》《朴通事谚解》中使用“馈”，《新编五代史平话》中使用“归”表示此音。“给”[kiəp] 清代中期舒声化为 [ki]，跟授予动词“馈”[kiui — kɯi] 音近，所以渐用“给”作为 [kɯi] 的音借字，[kɯi] 最后再变为 [kei] 的音。志村良治从语音的角度对“给”的来源进行了详细的探讨，用功至深，所述也颇有道理，但是他在字里行间也多用“可能”“推测”之词，一方面反映了他谦虚的治学态度，另一方面也反映出“给”的来源问题确实十分复杂，暂时无法定论。对于“给”的来源问题，笔者也多有思考。如果不考虑读音，“给”从供给义很容易引申出给予义，因为供给也是一种给予的过程。甲供给乙，也就是甲给予乙。但是如果将语音考虑在内，则不宜妄下结论。

（二）“给”字被动句的产生

唐宋时期，“给”的给予动词义逐渐增多，如：

（1）俸钱七八万，给受无虚月。（白居易《再授宾客分司》）

（2）引文武一品已上入朱华门，赐酒食，给纸笔，问以御周之方。（《北齐书·后主纪》）

（3）昂富足遭离乱，狂贼来求金宝，无可给，缚于椽上炙杀之。（《朝野佥载》）

（4）遂引至延先公主宅，具言前事，公主亦为之悲叹良久，给钱十二万焉。（《霍小玉传》）

（5）遂给价钱而买得，当时便遣涉风尘。（《敦煌变文集》卷六）

（6）且给钱五万，以助其装。（《宋史·张茂直传》）

“给”的给予义逐渐显明还有一个标志，即“给”与当时盛行的表示给予的动词“与”连用，动词色彩更加突出，如：

（7）朝晡给与御食，毕景听还。（《北齐书·王昕传》）

（8）唯一姊悯怜之，给与衣食，令仆者与洗沐，略无倦色。（《太平广记》卷三十六）

（9）着将贼人家产一半没入官，一半给与王氏养赡终身。（《错斩崔宁》）

（10）其银两、首饰给与老欧领回。（《陈御史巧勘金钗钿》）

（11）经大乱之后，天下无人，田尽归官，方可给与民。（《朱子语类》卷九十八）

（12）断程朝奉出葬埋银六两，给与李方哥葬那陈氏。（《二刻拍案惊奇》卷二十八）

（13）卿有所需，朕当一一给与。（《警世通言》第九卷）

自唐代始，“给”字句的给予动词义出现了以下四种形式[①]，跟“与”字句的给予动词义的四种形式完全相同，语义、句式结构方面的相似性，促使了“给”字句对“与”字句的取代（“给”字句的这四种结构在前面的例句中已经有所涉及）。

A. 单用“给”，如：

（14）郑伯，男也，而使从公、侯之贡，惧弗给也，敢以为请。（《朱子语类》卷二十五）

（15）遂立了文书与判官，借他金银一库，着太尉尽行给散。（《西游记》第十回）

（16）又念亲母严氏在家薪水不给，担柴送米，每十日令其子归省一次，严氏母子感恩非浅。（《警世通言》第二十五卷）

B. “给 +O”式，如：

（17）又制刺史令尽行兼，不给干物。（《北齐书·文宣帝纪》）

（18）既给了执照，况有我为父的在，开棺不妨。（《二刻拍案惊奇》第二十一卷）

（19）只好押韵献丑，请给纸笔。（《初刻拍案惊奇》第二十一卷）

C. “给 +N+O”式，如：

（20）太祖为之感动，乃送瑾妻为尼，后尝给其衣食。（《新五代史·梁家人传》）

（21）师傅给他免帖一个。（《老乞大谚解》）

（22）不给他衣食，你女儿这几年却是怎么过度？（《醒世姻缘传》第十回）

---

① 其实，“给”字句并不是只有这四种形式与“与”字句相同。李炎（2006）分七类句式对“给”和“与”进行分析，确定它们之间的替换；李宗江（1996）分强式九种句式、弱式五种句式分析“给”对“与”的替换。笔者只列这四种结构形式，主要是考虑“给”在由给予义向被动义发展时，句式在其中起到至关重要的推动作用，选择这四种句式的目的主要是展现句式的发展对词汇意义演变的影响，而不是针对“给”对“与”的替换问题。

D.“给+N+VP”式，如：

（23）都要给他几桌子饭菜吃才好。（《老乞大谚解》）

（24）嫂子是为咱赤春头里，待每人给咱石粮食吃。（《醒世姻缘传》第二十二回）

（25）晁夫人道：“咱往后只是给他饭吃。”（《醒世姻缘传》第三十六回）

A、B、C三类与D类相比，明代之前在数量上要占优势，D类“给”字句的句式结构在唐宋时期并不多见，明清时期才有了大量增加。与此相反，“与”字句的这种结构形式在明清时期逐渐减少，新兴的给予动词“给”逐渐代替了旧有的给予动词“与”。

自明代末年始，“给+N+VP”句式结构逐渐增多，“给”字句开始沿着和“与”字句相似的轨迹发展，“给”字被动句在这种句式结构的推动下产生。元代《老乞大谚解》中已经出现了“给+N+VP”句型，经统计有10个之多，应该说在元代已经初具产生“给”字被动句的句式条件。明代文献，如《三国演义》、《水浒传》、《西游记》、“三言二拍”、《金瓶梅》虽然有相当数量的“给”字句，但是“给+N+VP”的句式结构却很难见到，“与+N+VP”还是主要的句式结构。直到明末清初的《醒世姻缘传》才打破了这种局面，“给+N+VP”的句式结构开始逐步发展。

从明末清初的《醒世姻缘传》开始，“给+N+VP”的句式开始增加，如：

（26）不当家，不当家，快己（给）他做道袍子，做唐巾，送他往南门上白衣庵里与大师傅做徒弟去。（《醒世姻缘传》第八回）

（27）要后来有甚么人的闲话，你二位给他招架招架，这就安稳了。（《醒世姻缘传》第三十四回）

（28）你去寻寻，还许有他二爷小时家穿的裤子合布衫子，

寻件给他换上。(《醒世姻缘传》第五十七回)

(29)你立这们个帖儿，倒拴缚着他，给他个不应罪的帽子坎着！(《醒世姻缘传》第七十二回)

(30)又叫吕祥:“你收拾酒饭，给两个媒妈妈子吃。”(《醒世姻缘传》第七十五回)

上面的例(26)—(30)，虽然结构形式均为“给+N+VP”，但是“给”的语义却是不同的。例(26)、(27)、(28)“给”的语义为“替”“为”，动作行为是由主语发出的，而不是由N发出的；例(29)、(30)“给”的语义为“给予”，动作行为是由N发出的，而不是由主语发出的。这两种句式结构相似，而后者更接近动作行为由N发出的表达被动的句式。

清代，在北方话的代表文献《红楼梦》《儿女英雄传》中，也有相当数量的“给”字句，虽然此时“给”字使役句在数量上有了一定的增加，但是“给”字被动句还是比较少见的。

A.“给”字兼语句，如:

(31)送到那边府里，给小蓉大奶奶戴去。(《红楼梦》第七回)

(32)他就信了，拿出去给这个瞧给那个看的。(《红楼梦》第三十二回)

(33)因又写了几句给大家看。(《儿女英雄传》第十六回)

(34)邓九公又去周旋公子，一时又打一路拳给他看，一时又打个飞脚给他看。(《儿女英雄传》第十六回)

B.“给”字使役句，如:

(35)前日太太见彩霞大了，二则又多病多灾的，因此开恩打发他出去了，给他老子娘随便自己拣女婿去罢。(《红楼梦》第七十二回)

(36)焉知不因我疼宝玉不疼环儿，竟给你们种了毒了呢。(《红楼梦》第八十一回)

(37)这里便催着给亲家太太摆饭。(《儿女英雄传》第

十二回）

（38）这话除了他自己明白，平日从不曾给人看过。（《儿女英雄传》第二十八回）

C.“给”字被动句，如：

（39）我原是给你们取笑的——拿我比戏子取笑。（《红楼梦》第十七回）

（40）就是天，也是给气运使唤着，定数所关，天也无从为力。（《儿女英雄传》第三回）

（41）瞧瞧，人家新新儿的靴子，给踹了个泥脚印子，这是怎么说呢！（《儿女英雄传》第三十八回）

（42）不信，瞧我这袖子，也给弄了那么一块。（《儿女英雄传》第三十八回）

（43）瞧瞧，我昨儿早起才换上的，这是甚么工夫给弄上的？（《儿女英雄传》第三十八回）

D.“甲＋给＋乙 +N+V”结构，如：

（44）往常老太太又给他酒吃，如今在姨妈这里多吃了一口，想来也不妨事。（《红楼梦》第八回）

（45）好姐姐，给我一丸尝尝呢。（《红楼梦》第八回）

（46）如今是你肥猪拱门，我看你肥猪拱门的这片孝心，怪可怜见儿的，给你留个囫囵尸首，给你口药酒儿喝，叫你糊里糊涂的死了，就完了事。（《儿女英雄传》第五回）

（47）你若不信，给你件凭据看看。（《儿女英雄传》第八回）

A类“给”字句在发展为被动句的时候，要经过B类“给”字使役句这样的阶段。从给予动词转化为使役动词比转化为被动介词的可能性更大。因为使役句对动词的要求并不高，几乎所有动词都可以出现在使役句中。“给”字句可以表示使役，就为转化为表示被动提供了可能。使役句转化为被动句早已有学者论证。当主语为动作的承受者，“给”后名词为动作的施事时，使役句完成了向被动句的转化。

C类即为转化后的“给”字被动句，这类被动句在清代用例还不是很多，应该说此时正是这类被动句的酝酿期。

D类的句式结构是“甲 + 给 + 乙 +N+V”，在“给”与V之间还有两个名词乙和N隔开，其中乙是V的施事，N是V的受事。如例（44），在“给”和“吃”之间有两个名词隔开，即“他”和“酒”，“他”是“吃”的施事，“酒”是“吃”的受事。这种结构形式与“给”字使役句和“给”字被动句都有着一定的差距，因为被动句的被动标记和动词之间只能有一个名词，这个名词只能是谓语动词的施事。当N从乙和V之间的位置前移，使“给”和V之间只有一个乙时，这种句式就离被动句进了一步（蒋绍愚 1994/2003），如例（31）—（34）。例（31）—（34）与例（44）—（47）相比，“给”字可能会被认为是使役动词，笔者认为它们与B类“给”字句还是不完全相同的，“给”看作是弱化了的授予动词更为妥当，因为从根本上说“给”还是授予动词。

《红楼梦》和《儿女英雄传》中还出现了下面的句子，这些句子中“给”的语义比较模糊，使役义还是被动义不易判断。如：

（48）我的一件梯己，收到如今，没给宝玉看见过。（《红楼梦》第四十二回）

（49）千万别给老太太、太太知道。（《红楼梦》第五十二回）

（50）我的意思这些丫头的模样爽利言谈针线多不及他，将来只他还可以给宝玉使唤得。（《红楼梦》第七十八回）

（51）甘心卑污苟贱，给那恶僧支使。（《儿女英雄传》第七回）

例（48）、（49）、（51）中，“给”前紧跟着的位置上没有出现任何的名词，是一个空位。使役句和被动句的一个最根本的区别就是，被动句“给”前面只能出现动词的受事。但是在这三个句子中，“给”前的空位造成了语义上的模糊，这个空位既可以理解为隐藏着使役的施事，也可以理解为隐藏着动词的受事，所以无法判断确切的语义。例（50）的问题在于“将来”一词的使用。一般被动句中的动词必须是及物的，而且表示某一情况已经实现，已然的意思显明。[①] 上述四个例句虽未归入“给”字被动句，但这种模糊的状态为“给”字句的转化提供了契机。

二、“给”字被动句的发展

（一）“给”字被动句在明清时期的发展

“给”字被动句出现得比较晚，在《红楼梦》中首次见到“给”字被动句，只有 1 例，见例（39）;《儿女英雄传》中“给”字被动句也只有 4 例，见例（40）—（43）；威妥玛《语言自迩集》中未见“给”字被动句的用例;《小额》中也没有出现“给”字被动句。[②] 上面所提到的四部作品均具有北京话色彩，但是在这些作品中“给”字被动句寥寥无几。

与此相反，清代一些具有南方方言色彩的文献中“给”字被动句有了很大的发展。吴敬梓的《儒林外史》中“给”字被动句出现 3 例；晚清谴责小说家李伯元的《文明小史》中“给”字被动句出现 4 例；同时期的晚清小说家吴趼人的《二十年目睹之怪现状》中“给”字被动句大量地增加，出现了 21 例；晚清艳情小说家张春帆的《九尾龟》中“给”字被动句出现 54 例；曾朴的《孽海花》中“给”字被动句出现 30 例。吴敬梓（1701—1754），安徽全椒人，后移居南京；李伯元（1867—1906），

① 石毓智在他的《兼表被动和处置的“给”的语法化》一文中也提到了例（50），他认为这个例句中的“给”仍然是实义动词，而不是被动标记。但是他又说这个例句中“给”的句法结构使用久了，依靠语境的程度就会降低，可以独立使用，特别是谓语表示已经发生的事件，整个句子就可以理解为一个被动式。他将这个句子作出了这样的一个变换，即“她已经给宝玉使唤了”。由此说明，“已然”是判断被动句的一个重要标准。

② 笔者考察的《小额》是节选自《中国近代文学研究》（第一辑）的一部分，在这一部分中未见“给”字句表被动。

江苏武进（今江苏常州市）人，后来到上海；吴趼人（1866—1910），广东南海佛山镇人，18岁赴上海谋生，后客居山东，远游日本，最后又返沪；张春帆，生卒年不详，毗陵（江苏常州）人，曾寓居上海，后来到广东做官；曾朴（1872—1935），江苏常熟人，1897年到上海，后创办小说林社。这五本清代小说的作者，均不是北方人，一生均与江苏、上海两地有着千丝万缕的联系，他们的作品中也会或多或少地反映这两个地区方言的特点。如上所述，在具有北京话色彩的清代作品中，“给”字句表示被动的情况少之又少，而同期具有南方方言色彩的文学作品中，“给”字被动句却是大量出现，笔者有理由相信，这种南北方“给”字被动句出现频率的反差应该是由于方言的影响所致。从清初到清末这段时间，“给”字被动句在江苏、上海部分地区的使用频率是比较高的。

表十一：

文献	“给+N+VP”兼语句	“给”字使役句	“给”字被动句
《醒世姻缘传》	44①	0	0②
《红楼梦》	115③	34	1

① 笔者对《醒世姻缘传》中“给+N+VP”这种兼语结构的统计结果为44例，其中包含了3例词义模糊的“给”字句：(1)咱过的穷日子，清灰冷灶的，连钟凉水也没给他们吃。(二十二回)(2)打的有伤痕，你好给你表弟看。(六十回)(3)好贼欺心大胆砍头的！从几时敢给人看来！（六十回）这三例中的“给”既可以解释为给予义，也可以解释为使役义，从这三例的上下文语境并参考本书“给”字使役句的情况，笔者将“给”归入“给+N+VP”兼语结构中，不归入“给”字使役句中。

② 在《醒世姻缘传》中有一例句类似“给”字被动句：那咱你爷往京里去选官，他曾卖了老计奶奶一顶珠冠，十八两银子，他没留下一分，都给爷使了。(三十回)从上下文语境来看，很难确定“给”的词义，所以未列入“给”字被动句。

③ “给”字兼语句不包括“把/将……给+N+VP”这种句式结构。

续表

文献	“给+N+VP”兼语句	“给”字使役句	“给”字被动句
《儿女英雄传》	28	8	4
《儒林外史》	13	12	3
《文明小史》	33	5	4
《二十年目睹之怪现状》	76[①]	7	21
《九尾龟》	38	8	54
《孽海花》	7	1	30

具有南方官话特色的《白姓官话》《学官话》[②]再次证明了，相对于北方方言来说，“给”字被动句在南方官话的使用更为普遍。根据李炜（2004）的研究，《白姓官话》中“给”表示给予、使役、被动，其中被动句有4例，《学官话》中“给”的用法与《白姓官话》相同，其中被动句有5例。如：[③]

（52）这里地方，毒蛇很多，若是给他咬了，立刻就死。（《白姓官话》）

① 晚清《二十年目睹之怪现状》中兼语句与使役句比较起来，兼语句的比重特别大。其中的原因为，有些兼语句中“给”的语义较为模糊，既可作为给予义来讲，也可作为使役义来讲，如：（1）你说起拜把子，我说个笑话给你听。（第二十三回）（2）此刻我是笔述这件事，不能做了纸包，夹在书里面，给看官们看。（第三十一回）笔者认为语义虽然模糊，但是语义的重心应该是在动词给予义上，所以将这类句子也归入了兼语句。

② 《白姓官话》为遭风漂至琉球的中国商船上的难民白瑞林、翟张顺等人与琉球当事官员尤其是通事的会话记录，作于1750年；《学官话》是琉球国的进贡官员、勤生等与中国福州官员、商人、医生等的会话记录，作于1797年。

③ 《学官话》中的两个例子，转引自李炜《清中叶以来北京话的被动“给”及其相关问题——兼及“南方官话”的被动“给”》，《中山大学学报》2004年第3期，第39页。

（53）那些没有丢的，也给海水打滥了。（《白姓官话》）

（54）寡剩几担豆子没有丢吊，也给海水打滥上霉了。（《白姓官话》）

（55）里头原是给雨打湿了的，若是把原包抬去晒，怎么会晒得透呢？（《白姓官话》）

（56）你做事，件件都给人看破了。（《学官话》）

（57）这个东西给雨淋湿了，拿去晒晒。（《学官话》）

可以看出，18世纪50年代至19世纪，南方官话“给”字被动句较为成熟，因为从“给”字被动句的施事来看，大多为无生命的事物；而在18世纪50年代至19世纪40年代，具有北京话色彩的《红楼梦》《儿女英雄传》中的“给”字被动句的发展状况与南方官话是有差距的。

清代，“给”字被动句产生不久，此期“给”字被动句的发展，表现为以下几个方面：

1.“给”字被动句施事大部分均出现，也有施事不出现的情况。施事出现，除了前例（39）、（40），又如：

（58）邹师父是从来不给人赢的，今日一般也输了。（《儒林外史》第五十三回）

（59）他此时功名倒也不在心上，一心只愁两年多与童佐闾狼猾为奸所积聚的一注大钱，万一给他查抄了去，以后便难于得此机会了。（《二十年目睹之怪现状》第九十五回）

（60）若是这件事儿出得早了些儿，龙蟾珠也不至于给别人娶去。（《九尾龟》第一百八十六回）

（61）你别靠着你主人，有一个什么官儿仗腰子，就是斗大的红顶儿，只要给庄大人轻轻一拨，保管骨碌碌的滚下来！（《孽海花》第十九回）

施事不出现的用例很少，只有《儿女英雄传》中的例（41）、（42）、（43）。

2. 从谓语来看，“给”字被动句的动词后经常出现补语，如结果补语、趋向补语、处所补语、时间 / 数量补语、程度补语、“得 / 的”字补语等。

A. 结果补语，如：

（62）逛窑姐儿的人，倘给都老爷查着了，他不问三七二十一，当街就打。(《二十年目睹之怪现状》第七十五回)

（63）原来这徐老二，是一个专门代人家走路子的，著名叫徐二滑子，后来给人家叫浑了，叫成个徐二化子。(《二十年目睹之怪现状》第九十二回)

（64）久而久之，给赵老爷听见了，便把张福叫上去问。(《二十年目睹之怪现状》第九十三回)

（65）二姨太太是狠规矩的，都是给你这个奴才引诱坏的！(《九尾龟》第一百一十九回)

（66）如今又听得秋谷这几句话儿，明知道这些把戏已经给他看破，只得勉强陪着笑道……(《九尾龟》第一百四十回)

（67）难道龚定庵就这么糊里糊涂的给他们药死了吗？(《孽海花》第三回)

（68）只有震生暗笑他们呆气，自己想江西闱韵高的卷子，光罢给我打掉了。(《孽海花》第十三回)

（69）高中堂先不肯换，给我说急了，他倒发怒，竟把先定元的那一本撤了。(《孽海花》第十三回)

（70）这会儿给我捉住了，倒赖着打人，我偏要捉了你走！(《孽海花》第十五回)

（71）这会儿爽性唱起来了，引得闲人挤了满街，中国人的脸给你们丢完了！(《孽海花》第十五回)

（72）不但说姓名，连面貌都给你认清了。(《孽海花》第十九回)

充当结果补语的词比较简单，基本为单音词，且均为补语位置常见的表示结果的词，如“见”“坏”“破”“掉”“住”等。

B. 趋向补语，如：

（73）本唐六如的“竹深留客处，荷净纳凉时”的横幅，索价六百两，后来给张莲叔抢去了，我至今还懊悔。(《文明小史》第六十回）

（74）不过作了弊，万一给人家攻击起来，撤了这个差使，便连那万把一年的好处也没了。(《二十年目睹之怪现状》第六十三回）

（75）他那家庭之中，总有许多难言之隐的；若要问其所以然之故，却是给妇人女子弄出来的，居了百分之九十九。(《二十年目睹之怪现状》第七十七回）

（76）才看见下家的牌风好得狠，所以故意不碰不吃，有心搅他一下，果然给我一下子搅过来。(《九尾龟》第九十九回）

（77）事儿竟是真的，家丑不可外扬，我自己先是这样彰明较著的闹起来，给人家传了出去，我的脸上有何光彩！(《九尾龟》第一百二十六回）

（78）阿福早给你赶出去了。(《孽海花》第二十四回）

C. 处所补语，如：

（79）看你这个样儿，光景是长给人赶到地板上去睡的。(《九尾龟》第一百〇一回）

（80）若是当真的给他们拿进京去，非但人亡家破，连这脑袋保得住保不住都是不可知的事情。(《九尾龟》第一百八十六回）

（81）雯兄可给我们拖下水了。(《孽海花》第七回）

D. 时间 / 数量补语，如：

（82）白白给他打了一顿，却是没有伤，喊不得冤。(《儒林外史》第十三回）

（83）劳老爷给人家揍了一顿，地方上百姓这样强悍，连抚台大人那边的顾问官都要凌辱起来，这还了得！(《文明小史》第

五十回）

（84）这位贝太史就吃了这个苦头，给这班都老爷横参一本，竖参一本。(《九尾龟》第四十九回）

（85）做晚的倒很很儿给他埋怨一顿。(《二十年目睹之怪现状》第八十九回）

（86）譬如一个人给疯狗咬上一口，难道也去和他讲理不成？（《九尾龟》第一百九十一回）

（87）给这没字碑搅这半天儿，晦气！（《孽海花》第二十一回）

在这类补语中，只有例（87）“这半天儿”为时间补语，其余例（82）—（86）均为数量补语。

E. 程度补语，如：

（88）既闹了自己的声名，倌人又受了他的实惠，明明的只用了一千块钱，给别人看了却好像用了三千、五千的一般。(《九尾龟》第一百三十七回）

F.“得 / 的”字补语，如：

（89）我给他缠的没法，只得和他同去。(《二十年目睹之怪现状》第七十五回）

（90）我给他闹的没了主意了，你替我想想罢。(《二十年目睹之怪现状》第八十三回）

（91）你们的一场恶闹，给我一席话，弄得瓦解冰销。(《二十年目睹之怪现状》第九十一回）

（92）难道台还给他坍得不够么？（《九尾龟》第五十六回）

（93）最爱的是姘马夫、姘戏子，在客人那里千方百计弄来的昧心钱，依旧给那一班马夫、戏子骗得干干净净。(《九尾龟》第九十二回）

“给”字被动句中补语的情况详见下表。

表十二：

文献	结果补语	趋向补语	处所补语	时间 / 数量补语	程度补语	“得 / 的”字补语
《红楼梦》	0	0	0	0	0	0
《儿女英雄传》	0	1	0	0/1	0	0
《儒林外史》	0	0	0	0/1	0	0
《文明小史》	0	1	0	0/1	0	0
《二十年目睹之怪现状》	6	5	0	0/1	0	3
《九尾龟》	10	11	4	0/2	1	2
《孽海花》	9	5	1	1/0	0	0

通过表十二可知，在具有南方方言色彩的文献中，“给”字被动句动词后经常出现补语，尤其是结果补语和趋向补语。

3.“给”字被动句除了在动词后出现补语外，动词前还可以有状语修饰。清代的《二十年目睹之怪现状》《九尾龟》《孽海花》这三部文献中有 9 例状语修饰动词的情况，且作状语的成分都比较简单，如：

（94）你不杀他，你的辫子，怎么给他死握着？（《二十年目睹之怪现状》第五十六回）

（95）自从有大出丧以来，不曾有过这样批评，却给你一语道着了。(《二十年目睹之怪现状》第七十九回）

（96）你不说我还有点明白，给你这么一说，我可更糊涂了。(《九尾龟》第五十九回）

（97）对不起，请问一声，刚才我不见了一点儿小东西，给那马平空的一冲，不知落到那里去了，可好容我在这里找一找么？（《九尾龟》第八十七回）

（98）今天他们两家赌气，你一笔狠好的生意生生的给我平空打破，又把你的客人赶了出去。(《九尾龟》第一百四十回）

（99）那号舍里头的过弄只有一尺多宽，给他这样的一来，差不多就占了一半地位，来往的人已经都要侧着身子过去。（《九尾龟》第一百八十二回）

（100）你别靠着你主人，有一个什么官儿仗腰子，就是斗大的红顶儿，只要给庄大人轻轻一拨，保管骨碌碌的滚下来！（《孽海花》第十九回）

4. 谓语可以是连动结构或复谓结构，除了上文例（84）外，还有下面的4例：

（101）不料这位姨太太死了，也给人家抬了棺材去游街。（《二十年目睹之怪现状》第七十八回）

（102）我若是不走，万一个给地方拿住了送进京去，就是熬得一条性命出来，最轻也要问一个烟瘴充军的罪名。（《九尾龟》第一百八十六回）

（103）那班堂子里头的倌人，要是给客人一试就试出原形来的，本来是个不中用的饭桶。（《九尾龟》第一百九十一回）

（104）三爷又给景王府派人邀了去了，真和提犯人一般的，连三爷要到里面来说一声。（《孽海花》第三十回）

谓语的连动结构主要有例（101）、（102）、（104），两个动作接连发生；例（84）是复谓结构；例（103）谓语比较特别，使用了“一……就”这种结构。

5.“给”字被动句动词带宾语，在其产生后便已出现。根据这类宾语的不同类型，分别说明如次。

A. 隶属性宾语。这种宾语或是主语所领有，或是主语的一部分。如：

（105）洞仙道：“不瞒你车老爷说：午上我给周少大人硬灌了七八大钟，到此刻还没醉得了呢。”（《二十年目睹之怪现状》第七十六回）

（106）秋谷的那位太夫人性情豁达，不是那爱钱如命的人

物，见家里头的钱给章秋谷用掉了一大半，心上也不狠着急……（《九尾龟》第一百八十九回）

（107）老爷在的时候，我尽管不好，我一颗心，还给老爷的柔情蜜意管束住了不少。（《孽海花》第二十六回）

B. 并列性宾语。这种宾语与主语是并列关系。如：

（108）仔细，给老妈子看了笑话！（《文明小史》第五十八回）

（109）给别人看见了我们这个样儿，岂不是无病而呻么？（《九尾龟》第一百四十回）

（110）妓女里头虽然给外路人占了胜点，那班本地人究竟还不至于到天然淘汰的地位。（《九尾龟》第一百五十三回）

C. 复指性宾语。这种宾语是主语的复指，可以是代词性复指，也可以是名词性复指。如：

（111）如今做出这个样儿来，给人家看了算什么样儿！（《九尾龟》第一百二十四回）

例（111）的宾语“样儿”与主语一致，是名词性复指宾语。

“给”字被动句动词所带宾语的情况详见表十三。可以看出，清代具有南方方言色彩的文献中“给”字被动句动词带宾语的情况较多。

表十三：

文献	并列性宾语	隶属性宾语	复指性宾语（代词 / 名词）
《红楼梦》	0	0	0
《儿女英雄传》	0	0	0
《儒林外史》	0	0	0
《文明小史》	1	0	0
《二十年目睹之怪现状》	0	1	0
《九尾龟》	2	1	1
《孽海花》	0	1	0

通过对清代“给”字被动句的考察，笔者认为具有北京话色彩的文献中“给”字被动句的使用情况不多见。这可能是受到北京话的影响，这一时期北京话可能较少使用“给”字表示被动，也可能是由于清代正处于“给”字被动句的发展初期，“给”字句自身的发展还不够成熟和完善，还没有形成较大的规模，无法大面积地分散使用。笔者更倾向于前一方面的原因，因为从笔者统计的数据来看（表十一至表十三），在晚清具有江淮方言色彩的文献中“给”字被动句呈现出逐渐成熟的发展态势，“给”字被动句的使用频率明显高于同期具有北京话色彩的作品。《二十年目睹之怪现状》《九尾龟》《孽海花》这三部具有南方方言色彩的文献中，“给”字被动句中补语、宾语均有发展。

（二）“给”字句在清代的分化

“给”字句很早就已经出现了，但是给予动词义的发展应该是从明末清初开始。在“给”字句由动词向被动标记发展演变的过程中，“S+ 给 +N+VP”这种句式结构起了至关重要的作用。正是这种句式结构使得“给”的词义发生了变化，从而促成了“给”字句的分化。现将“给”字句的发展脉络标示为：

　　　　　　　　→表给予（介词）
“给”表给予（动词）→表使役（动词）→表被动（介词）
　　　　　　　　　　　　　　　　　→表处置（介词）

“S+ 给 +N+VP”这种句式结构可以衍生出多种意义：S 给予 N 什么；S 使 N 怎么样；S 把 N 怎么样；S 被 N 怎么样。笔者认为，表示给予的动词“给”，由给予义发展为表示被动，中间经过使役义这一阶段，[①] 不是像石毓智（2004a）所说的由给予

① 李炜、濑户口律子在《琉球官话课本中表使役、被动义的“给”》一文中明确提出，清代北京官话用使役动词兼表被动义，汉语南方方言和琉球官话用给予动词兼表使役义和被动义，在先有使役义、后有被动义这一点上是一致的。见《中国语文》2007 年第 2 期，第 144—148 页。这种说法更加支持了笔者的观点。

义直接发展为表示被动，也不是像本涅特（1981）所说的由给予义发展为表示被动，中间经过表示处置的环节。笔者认为，表示处置的“给”是由给予义动词发展而来的，当“给”用于“S+ 给 +N+VP”中且 N 为受事时，则给予义逐渐转变为处置义。如：

（112）好容易交清了货，要领货价时，他却给你个一搁半年，这笔折息你和谁算去！(《二十年目睹之怪现状》第六十二回）

（113）越是好人，他越给他磨折得利害！（《二十年目睹之怪现状》第八十九回）

（114）这准是三儿干的，咱们给他带到厨房里去。(《儿女英雄传》第六回）

（115）我们帮其实不去这荡差使倒误不了，我们那个新章京来的噶，你有本事给他搁下，他在上头就把你干下来了。(《儿女英雄传》第三十四回）

（116）老爷待要不接，又怕给他掉在地下，惹出事来，心里一阵忙乱，就接过来了。(《儿女英雄传》第三十八回）

“给”字处置义的来源，很多学者均有论述。本涅特（1981）和佐佐木勋人（2002）都认为，“给”语法化为表示处置的介词，起点是“给 $_1$+NP1+ 给 $_2$+NP2”的句式，在这种句式中第二个动词“给”被重新分析为表与格的介词，第一个“给”被分析为宾格标记介词；王健（1996）认为，表示处置的“给”可能有两个来源，一个来源于介词“为”“替”义，一个来源于使役的“给”义；石毓智（2004）认为由“给”的双宾语结构组成的连动结构，如果间接宾语前移或省略，就会出现“S+ 给 +NP+VP”，如果“给”在这种抽象格式中语义虚化，不再表示物体传递的实际动作行为，它就有可能语法化为处置式。学者们对于表示处置的“给”的来源都提出了各自的看法，表示处置的“给”究竟是在“给”字句的哪个发展阶段产生的，各家都有自己的道理。笔者认为，造成上述解释多样性的原因是由于“给”字的词义虚化和“S+给+N+VP”句式结构的复杂。当“给”在“S+给+N+VP”句式中不再表示物体的实际传递动作，“给”的实词义就会逐渐虚化，从而导致“给”的词义多样化，产生歧义现象。这种情况下“给”字句就会出现表使役、表处置、表被动等不同情况，但其句式结构均为“S+给+N+VP”，“给”的具体意义要通过整个上下文语境来确定。除了“给”字句，笔者在分析“着”字句、“与”字句时，也发现了同样的情况。被动式、处置式、使役式三者之间存在密切的关系，都表达某一对象承受某种处置或某种影响，只是程度有所不同。[①]被动式和处置式都表示施事对受事主动地、有意识地、有目的地处置或影响；而使役式则有所不同，它不表示主语主动地、有意识地、有目的地处置，相反，是主语承受了某种处置或结果。正如“给”字句的发展脉络所显示的：表示使役的“给”和表示处置的“给”应该是处于一个并行的发展过程，且这个过程极有可能是“给予”类来源被动句共同的发展轨迹。

（三）“给”字被动句在现代汉语时期的发展

为了更清晰地展现“给”字被动句在现代汉语时期的发展，笔者分别考察了具有南北方言色彩的文献。具有北方方言色彩的文献材料主要选择老舍的《骆驼祥子》《四世同堂》和王朔小说；具有南方方言色彩的文献材料主要是选择具有江淮方言、吴方言色彩的鲁迅小说、《围城》和张爱玲小说。详见下表。

表十四：

文献	“给”字出现次数	“给”字被动句
《骆驼祥子》	263	1

① 见蒋绍愚、曹广顺主编《近代汉语语法史研究综述》，商务印书馆2005年，第389页。

续表

文献	“给”字出现次数	“给”字被动句
《四世同堂》	1520	14
王朔小说	1024	36
鲁迅小说	247	22
《围城》	456	157
张爱玲小说	622	102

1.“给”字被动句中施事大多不出现。通过对老舍、王朔部分作品中“给”字被动句的考察，发现这一时期“给”字被动句以施事不出现为多。《四世同堂》“给”字被动句共有 14 例，仅 1 例出现施事；王朔的小说除了《看上去很美》外，“给”字被动句共有 13 例，9 例均未出现施事。但是《看上去很美》“给”字被动句施事出现的有 16 例，施事未出现的有 8 例。如：

（117）铁路学校的校长给撤了，蓝东阳当上了代理校长。(《四世同堂》)

（118）我在落马湖见着胖嫂，她带的东西都给没收了，只好卖她那身胖肉度日。(《四世同堂》)

（119）他不怕给抓起来，他身强力壮，挨几下子也没什么。(《四世同堂》)

（120）要是连篮子一块儿给抢了去呢？(《四世同堂》)

（121）我认为他们的评论极不公正，私心觉得连我的感情都给玷污了，可在哥们儿面前是不能为一个女人辩护的，也跟着笑。(《动物凶猛》)

（122）一看就是圈子，屁股都给操圆了。(《动物凶猛》)

（123）那时会更糟，我这么大官给人逮住，再轻饶不了。(《看上去很美》)

（124）阿姨都给欺负成这个样子，他还有命吗？（《看上去很美》）

具有北京话色彩的作品中，“给”字被动句施事不出现的用例较多。那么，具有江淮方言、吴方言色彩的作品中“给”字被动句施事隐现的情况如何呢？下面将列出部分实例：

（125）连剥下来的衣服，都给管牢的红眼睛阿义拿去了。（《药》）

（126）那狗给一吓，略略一停。（《阿Q正传》）

（127）不久，秋瑾姑娘在绍兴被杀的消息也传来了，徐锡麟是被挖了心，给恩铭的亲兵炒食净尽。（《范爱农》）

（128）鸿渐这两天伤风，嗓子给痰塞了。（《围城》）

（129）哼，我不给你什么姑母奶妈欺负死，就算长寿了！（《围城》）

（130）他像初次发表作品的文人给人批评了一顿，气得要投笔焚稿，不肯再写。（《围城》）

（131）我去年小拇指上养的比这个足足还长半寸呢，掐花给弄断了。（《金锁记》）

（132）即使我是一个最正常的人，也要给睨逼疯了。（《沉香屑·第一炉香》）

（133）你马上让我回去，我也就算了，譬如给疯狗咬了。（《十八春》）

可以看出，鲁迅小说、《围城》和张爱玲小说中“给”字被动句施事大多出现。鲁迅小说中“给”字被动句共22例，其中施事出现的占绝大多数，有20例，施事未出现的仅2例；《围城》中“给”字被动句高达157例，且施事均见；张爱玲小说“给”字被动句102例，施事出现的85例，施事未出现的仅17例。可见，在施事隐现与否的问题上，南北方存在着差异。

2. 从谓语来看，“给”字被动句的动词后经常出现补语，而且类型比较丰富。从补语的类型来看，表示处所的补语相对来说少一些。比较起来，具有南方方言色彩的文献中“给”字被动句所带补语明显多于具有北方方言色彩的文献，详见表十五。

A. 结果补语，如：

（134）方方垂头丧气跟进来，看到吴迪的样儿，倒给逗乐了，冲我挤下眼。(《一半是火焰，一半是海水》)

（135）在床上的胖孩子，伸手过去就掐住人家两边脸蛋往下扯，好好一个人给她扯成大阿福，自己笑个不停，从中得到很大乐趣。(《看上去很美》)

（136）你想，一人一块，久而久之，那雷峰塔里的砖都给人家挖空了，塔岂有不倒掉的道理？(《坟》)

（137）海风里早含着燥热，胖人身体给风吹干了，蒙上一层汗结的盐霜，仿佛刚在巴勒斯坦的死海里洗过澡。(《围城》)

（138）丫头老妈子也都给七巧骂跑了。(《金锁记》)

B. 趋向补语，如：

（139）他冲着烧饼油条吐了几口唾沫，就是给追上，人家也不要了。(《四世同堂》)

（140）是他胆敢在黑板上写点什么跟学生生活密切相关的东西，他马上就会给抓起来。(《四世同堂》)

（141）他不怕给抓起来，他身强力壮，挨几下子也没什么。(《四世同堂》)

（142）我没见过曹元朗，最初以为苏且赏识他，一定他比我强；我给人家比下去了，心上很难过。(《围城》)

（143）茶给喝了下去，沉重地往腔子里流。(《金锁记》)

（144）要是半夜三更再跑来找他们小姐，简直要给人打出去了。(《十八春》)

（145）翠芝本来就有点心虚，心里想难道给他看出来了，觉得她对书惠热心得太过分了，所以他今天的态度变得这样奇怪。

(《十八春》)

C. 处所补语，如：

（146）他花了一整天去找这位老朋友，后来听人说，几个月以前，富善先生给弄到山东潍县的集中营里去了。(《四世同堂》)

（147）它的全部过错就是选错了位置，要是它长在肩膀上，它的一生就不会总给人装在裤裆里那么暗无天日。(《看上去很美》)

（148）顾尔谦忙想收回那句话，仿佛给人拉住的蛇尾巴要缩进洞。(《围城》)

（149）高校长给省政府请到省城去开会，大考的时候才回校，始终没正式谈起聘书的事。(《围城》)

（150）现在皮夹子旧了，给我掷在不知什么地方了。(《围城》)

（151）我要去问她拿钥匙，因为有两封信要查一查底稿，给她锁在抽屉里了。(《十八春》)

D. 数量补语，如：

（152）韵梅给抢过两回，再也不敢打发小顺儿去买东西了。(《四世同堂》)

（153）给鲍小组打了一下。(《围城》)

（154）给鸿渐顶了一句，他倒不好像意国统领的拍桌大吼，或德国元首的扬拳示威。(《围城》)

（155）后来还给爸爸打了一顿。(《十八春》)

E. “得 / 的”字补语，不仅可带单音词，而且可带各类词组，其中包括主谓词组。如：

（156）日本本土给轰炸得很厉害，在日本的中国人，不论是汉奸，还是留学的学生，都怕葬身日本，怕破财。(《四世同堂》)

（157）他没能看到新时代的开端，而只能在旧时代——那人吃人，狗咬狗的旧时代里，给炸得粉身碎骨。(《四世同堂》)

（158）“东坡”两个字给鲍小姐南洋口音念得好像法国话里的“坟墓”（tombeau）。（《围城》）

（159）他回国后，看穿的人很多，现在更给那店里的陈列撩得心动。（《围城》）

（160）鸿渐要喉舌两关不留难这口酒，溜税似地直咽下去，只觉胃里的东西给这口酒激的要冒上来，好比已塞的抽水马桶又经人抽一下水的景象。（《围城》）

（161）这时候乱哄哄的，裕舫也没听见，大家给挤得歪歪咧咧的，站都站不住。（《十八春》）

表十五：

文献	结果补语	趋向补语	处所补语	数量补语	“得 / 的”字补语
《骆驼祥子》	0	0	0	0	0
《四世同堂》	0	4	2	1	2
王朔小说	15	0	3	0	0
鲁迅小说	10	0	0	1	0
《围城》	45	7	2	12	29
张爱玲小说	27	16	3	12	6

3.“给”字被动句除了在动词后出现补语外，还可以在动词前出现状语。在笔者考察的语料中，出现状语的用例有 13 例。其中，充当状语的有词，如“粗暴”“活活”等；有短语，如“用马鞭”“一条条”“在同席的记忆里”等。

（162）走会是为朝山敬神的，今天会给日本人去当玩艺儿看！（《四世同堂》）

（163）忽而一个红衫的小丑被绑在台柱子上，给一个花白胡子的用马鞭打起来了，大家才又振作精神的笑着看。（《社戏》）

（164）这一晚，方鸿渐想着白天的事，一阵阵的发烧，几乎

不相信是真的，给唐小姐一条条说破了，觉得自己可鄙可贱得不成为人。(《围城》)

(165) 褚慎明掩鼻把窗子全打开，满脸鄙厌，可是心里高兴，觉得自己泼的牛奶，给鸿渐的呕吐在同席的记忆里冲掉了。(《围城》)

(166) 辛楣正要转身，肩膀给人粗暴地拉住，耳朵里听得汪太太惶急的呼吸，回头看是高松年的脸。(《围城》)

(167) 亏得他老子在兄弟中顶不喜欢他，不然早给他活活气死了。(《沉香屑·第一炉香》)

(168) 不怎么样，不过常常给人用扇子骨在他头上敲一下。(《十八春》)

4. 谓语还可以是连动结构等复杂形式。在笔者考察的语料中，谓语比较复杂的共 23 例，且大部分都出现在具有南方方言色彩的语料中，其中谓语表示递进的有 13 例，表示并列的有 2 例，主谓关系的有 7 例，带有关联词的有 1 例。

A. 谓语为递进式，如：

(169) 要是他去了日本，而瑞全又给抓起来杀了，他岂不就可以放心大胆地回来，太太平平地当他的局长。(《骆驼祥子》)

(170) 可她和那个男朋友也在北京的乘务员光顾高兴了，飞机落广州时，两个神魂颠倒的姑娘忘了卸纸型，又给拉到香港兜了一圈。(《空中小姐》)

(171) 那老头子的秃顶给这个外国字镇住不敢摇动。(《围城》)

(172) 鸿渐的心直跳起来，又给那脚步捺下去，仿佛一步步都踏在心上，那脚步半路停止，心也给它踏住不敢动。(《围城》)

(173) 孙小姐给火光耀醒翻身，鸿渐问她是不是梦魇，孙小姐告诉他，她梦里像有一双小孩子的手推开她的身体，不许她睡。(《围城》)

（174）经常有孩子丢了钥匙或给大人反锁在家里想出来，爬阳台便成了楼上一景。（《看上去很美》）

（175）店里的事情给别人揽去管了。（《十八春》）

（176）给他们拷打逼着要钱，后来就死了。（《十八春》）

B. 谓语为并列式，如：

（177）毕竟是清晨，人的兴致还没给太阳晒萎，烘懒，说话做事都很起劲。（《围城》）

（178）我睡着做梦给她们杀了，煮了，吃了，我梦还不醒呢。（《围城》）

C. 谓语为主谓式，如：

（179）纸牌幸亏没买到，总是一种赌具，虽然没有声音，给学生知道了不大好。（《围城》）

（180）司令部最后给人端了也不是没可能。（《看上去很美》）

（181）我也是活该，谁叫我当初认错人了！给你打死也是活该！（《十八春》）

（182）真要给汽车撞死了也好，她真想死。（《十八春》）

D. 谓语带有关联词语，如：

（183）这姓方的不合式，气量太小，把钱看得太重，给我一试就露出本相。（《围城》）

5.“给”字被动句动词带宾语，在其产生后便已出现。根据这类宾语的不同类型，分别说明如次。

A. 隶属性宾语。这种宾语或是主语所领有，或是主语的一部分。在笔者考察的几部语料中，具有南方方言色彩的语料这种类型的宾语居多，如：

（184）她的血流在床上，连被子都给搞脏了一块。（《过把瘾就死》）

（185）他们——也有给知县打枷过的，也有给绅士掌过嘴的，也有衙役占了他妻子的，也有老子娘被债主逼死的。（《狂人

日记》)

（186）新月社的“严正态度”“以眼还眼”法，归根结蒂，是专施之力量相类，或力量较小的人的，倘给有力者打肿了眼，就要破例，只举手掩住自己的脸，叫一声“小心你自己的眼睛”。(《“硬译”与“文学的阶级性”》)

（187）现在他给女人揭破身份，又要让位子，骨朵着嘴只好站起来。(《围城》)

（188）侯营长有个橘皮大鼻子，鼻子上附带一张脸，脸上应有尽有，并未给鼻子挤去眉眼。(《围城》)

（189）那两个人听见楼上狗叫，一抬头望见薇龙，不及躲避，早给她认清乔琪和睨儿的脸。(《沉香屑·第一炉香》)

（190）这一套细瓷茶杯还是她陪嫁的东西，一直舍不得用，最近才拿出来使用，一拿出来就给小健砸了一只，这又砸了一只。(《十八春》)

（191）他和那个女人的事情，要是给她抓到真凭实据，她可以控告他。(《十八春》)

B. 并列性宾语。这种宾语与主语是并列关系，如：

（192）但竟给那走来夜谈的老和尚识破了机关。(《从百草园到三味书屋》)

（193）在梁先生，也许以为给主子嗅出匪类（“学匪”），也就是一种“批评”。(《“丧家的”“资本家的乏走狗”》)

（194）要是给他知道曼帧现在这桩事情，他能说一点都不在乎吗？(《十八春》)

（195）一定是冻的——给她砸破那扇窗子，直往里头灌风，这大冷天，连吹一天一夜，怎么不冻病了。(《十八春》)

C. 复指性宾语。这种宾语是主语的复指，可以是代词性复指，也可以是名词性复指，如：

（196）缘故是一年前爱她的自己早死了，爱她、怕苏文纨、

给鲍小姐诱惑这许多自已，一个个全死了。(《围城》)

（197）我当了这些年的家，不见得就给一个底下人叉住了我。(《沉香屑·第一炉香》)

表十六：

文献	并列性宾语	隶属性宾语	复指性宾语（代词 / 名词）
《骆驼祥子》	0	1	0
《四世同堂》	0	0	0
王朔小说	0	5	0
鲁迅小说	2	1	0
《围城》	0	17	1
张爱玲小说	2	5	1

纵观近代汉语“给”字被动句的产生和发展，它于清代萌芽，20世纪20年代始得到充分发展。在具有南方方言色彩的文献中，“给”字被动句的谓语以及谓语动词前的状语、谓语动词后的补语和宾语，均出现了复杂化的趋势，这充分说明了“给”字被动句在发展过程中的精细化和严密化，标志着“给”字被动句已发展成熟。至今“给”字被动句仍然是现代汉语的主要被动句之一。

三、“给”字被动句在现代汉语方言、少数民族语言中的分布

（一）地域分布

根据陈章太、李行健主编的《普通话基础方言基本词汇集》，有30个方言点使用“给”字句表示被动，这30个方言点有天津、保定、沧州、邯郸、太原、长治、黑河、齐齐哈尔、哈尔滨、沈阳、丹东、锦州、济南、商丘、原阳、汉中、银川、兰

州、昆明、桂林、武汉、安庆、阜阳、芜湖、合肥、歙县、徐州、连云港、扬州、南京。从这30个方言点的分布来看，“给”字被动句的使用范围非常广阔，主要分布在天津、河北、山西、黑龙江、辽宁、山东、河南、陕西、宁夏、甘肃、云南、广西、湖北、安徽、江苏15个省市，北到黑龙江，南到广西、云南，东到江苏，西到甘肃。

北京大学中文系语言学教研室《汉语方言词汇》，也列出了一部分使用“给”字句表示被动的方言点，但只列出了北京、太原、合肥、扬州四个点。这四个方言点有三个和《普通话基础方言基本词汇集》所列出的方言点相同，只有北京一个点《普通话基础方言基本词汇集》没有列出。在北京话是否使用“给”字句表示被动的问题上，两本书存在分歧。[①] 笔者通过对清代至民国时期“给”字被动句的考察，发现《红楼梦》《小额》《语言自迩集》中“给”字句表示被动几乎没有用例，直到老舍的京味作品中“给”字被动句才有了少量的使用。20世纪90年代前后的王朔小说中用“给”字句表示被动的情况开始增多，尤其在小说《看上去很美》中，“给”字被动句的使用情况较前期增加了一倍之多。可见，“给”字被动句在北京话中还是有所发展的。

李荣《现代汉语方言大词典》对“给”字句表示被动的方言点也给予了说明：

（198）行李给雨淋哂。（山东济南）

（199）小鱼儿给猫偷吃了。（江苏徐州）

（200）茶杯给他打脱了。| 第一名给江都拿走了。（江苏扬州）

（201）酒席给他一个人吃光了。| 他给人家打了一顿。| 茶杯儿给小娃儿打碎得了。（江苏南京）

---

① 《汉语方言词汇》和《普通话基础方言基本词汇集》两本书对现代汉语中“给”字句表示被动的方言点收录不同，可能是由于对被动标记“给”的调查结果或收录标准不同。

（202）我们妈没喜欢那幅画，给她烧去了。| 上车还咽站稳，钱包就给小偷扒去了。（广西柳州）

（203）鸡儿给黄鼬子叨咧。（山西太原）

（204）因做错事乃才给侬人家骂。（广东雷州）

李荣先生对“给”字被动句的描写除了济南、徐州、扬州、南京、太原几个方言点与《普通话基础方言基本词汇集》相同外，还多了广西柳州和广东雷州两个方言点。

综合以上三家的调查，可以看出“给”字被动句分布在辽宁、北京、天津、河北、山西、陕西、宁夏、甘肃、河南、山东、安徽、江苏，这些省市彼此相邻，只有黑龙江、广西、广东三地有所分隔。

“给”字被动句在清末的北京话语料中就已经出现了，在北京话口语中也确实存在，只不过使用得并不普遍①。

“给”字被动句在天津方言中也使用，这在冯骥才小说《神灯前传》中有所反映：

（205）铺面上收了几个铜板，大多给他送到酒馆的钱笸箩里。

（206）我一直想，玉侠大概给他们抓去弄死了。

（207）大团大团的火星给大风一下子卷到很远很远的地方去。

（208）青灰色的城砖给日头晒暖。

（209）给春雨濡湿了的南运河的岸滩上，有一串新踏过的脚印。②

据李行健（1995）的记录，“给”字被动句分布的面积比较大，主要分布在河北的南部、西部、北部、东部。南部有邯郸（鸡泽、磁县、永年、沙河、涉县、邯郸、隆尧）、石家庄（无极、晋县）、保定（望都、曲阳）；西部有张家口（万全、赤城、

① 见周一民《北京口语语法·词法卷》，语文出版社 1998 年，第 222 页。

② 以上五个例句转引自李珊《现代汉语被字句研究》，北京大学出版社 1994 年，第 218 页。

康保、宣化、龙关、沙城、蔚县、尚义）；北部有承德（青龙、隆化、围场、平泉）；东部有唐山（蓟县、抚宁、三河、昌黎、迁西）、天津（固安、东光、静海、吴桥、沧州、故城）。可见，河北的东南西北各部都使用“给”字句表被动。

现代汉语中的“给”字被动句与清代、民国时期的“给”字句相比，已经有了很大的发展，使用范围逐渐扩大。从北京、天津、河北三地来看，“给”字被动句以北京为中心向四周扩散。同时天津、河北各地又紧紧地包围着北京，与河北南部接壤的山东部分地区、与河北西南部接壤的山西部分地区，“给”字被动句的使用也比较频繁。

据钱曾怡（2001）的记录，“给”字被动句在山东西部使用比较普遍，如：

（210）那个碗给摔俩。（德州）

（211）行李给雨淋俩。（济南）

（212）那套书给我同学寄去了。（临沂）

（213）房子给弄脏了。（莱州）

山西太原话用“给”字句表示被动，一般不出现施事。施事出现的时候，“给”用作介词；施事不出现的时候，“给”用作动词。这种情况与山东莱州方言相似，如：①

（214）夜天黑夜忘了把鸡箱箱端回家，鸡儿给叨了。

夜天黑夜忘了把鸡箱箱端回家，鸡儿叫 / 让贡鼬子给叨了。

（215）走的时候还晒得直在在的，没带伞倒给拍住了。

走的时候还晒得直在在的，没带伞倒叫 / 让雨给拍住了。

（216）锅盖上烂了个窟子，一不小心手给熏了个燎泡。

锅盖上烂了个窟子，一不小心手叫 / 让蒸汽给熏了个燎泡。

① 例句转引自沈明《太原话的“给”字句》，《方言》2002 年第 2 期，第 110 页。

从以上方言点“给”字被动句的分布情况可以看出，“给”字被动句分布的中心区域是华北一片。但实际上华北一片给人的感觉是“给”字被动句的使用并不普遍，其原因在于在这些方言点中并不是只有一个被动标记或只有一种被动句式。如北京话除了使用“给”字表示被动外，还使用“教”和“让”；山东东部某些地区，如临沂、枣庄、烟台等地，不是用“给”表示被动，而是用“叫……给”表示被动，“给”只是作为助词起加强被动语气的作用。

不仅是华北一片，北方方言的其他区片也使用“给”字被动句。这些区片，往东北至哈尔滨、齐齐哈尔，往西北至银川、乌鲁木齐，往西南可至昆明、桂林，江淮一带可及南京、芜湖。在北方方言区片使用“给”字句表示被动还是比较普遍的，但是这些区片并不像华北区片那样具有连贯性。如“给”字被动句以北京为基点向东北方向扩散，辽宁的丹东、沈阳均有使用，吉林地区却未见“给”字被动句。继续向东北发展，黑龙江的哈尔滨、齐齐哈尔又出现了“给”字被动句。向西北地区的扩散也出现了断续，宁夏的银川、甘肃的兰州“给”字被动句均有使用，但是甘肃境内的天水和敦煌却未见“给”字被动句。继续往西北，乌鲁木齐又出现了“给”字被动句。[①]“给”字被动句向周边扩散的这种时断时续的情况，可能有多方面的原因，但是从整体上看，“给”字被动句的扩散区域基本上还是可以把握的。至于江淮一带还在使用的“给”字被动句，其源头可以追溯到清代，关于这一点前文已有涉及。其他的方言，如粤语、闽语、客家话、湘语、吴语并不用“给”字句表示被动，而是用“畀”“乞”“把”“拨”等词作为被动标记，这些被动标记与“给”有着相同来源，且与

① 周磊《乌鲁木齐话“给”字句研究》一文有例：“他底腿给车撞咧，现在人还在医院呢。”见《方言》2002年第1期，第16—23页。

“给”相比，有着更为悠久的历史，所以“给”很难在这些地方占有一席之地，但是广东的雷州却偶有例外，如例（204）。

（二）共用情况

根据《普通话基础方言基本词汇集》《汉语方言词汇》的记录，笔者列出使用被动标记“给”的方言点（见下表十七），其目的在于直观地了解使用被动标记“给”的方言点还使用其他哪些被动标记。

表十七：

方言点	被动标记	方言点	被动标记
北京	被、教、让、（给）	太原	叫、给
天津	教、让、给	长治	被、让、教、给
保定	让、叫、给	黑河	被、让、给、叫
沧州	被、教、让、给、叫	齐齐哈尔	被、让、给、叫
邯郸	被、教、让、给、叫	哈尔滨	被、教、给、叫、让
济南	让、叫、给	沈阳	被、让、给、叫
商丘	被、教、让、给、叫	丹东	被、教、让、给、叫
原阳	被、让、给、叫	锦州	被、教、让、给、叫
汉中	被、教、让、给	银川	被、让、教、给、叫
昆明	被、挨、着、给	兰州	被、教、让、给、叫
桂林	给	武汉	被、叫、让、给
安庆	被、给	阜阳	被、给、让、教
芜湖	被、给	合肥	被、给
歙县	给〈白〉	徐州	被、叫、让、给
连云港	挨、给、让	扬州	给
南京	让、给		

从表十七可以看出，“给”字被动句所分布的绝大多数方言点，并不是以“给”作为唯一的被动标记，而是多个被动标记混合使用，而且这些被动标记来源各不相同。有的方言点“叫”“给”并存，如太原；有的方言点“让”“给”并存，如南京；有的方言点“被”“给”并存，如合肥；也有的方言点“让”“叫”“给”并存，如济南。

从地理分布来说，北方方言区，尤其是东北、华北方言区，“给”字被动句较多，与“给”字被动句同现的被动标记也较多。从分布的空间来说，与同现的其他被动标记相比，“给”处于弱势的地位。李行健（1995）对河北方言调查的结果显示，149个点只有34个点既使用“叫”，又使用“给”，且使用“叫”的比例远远高于“给”，“给”处于弱势。从语法化程度来说，“给”的语法化程度略高。山东莱州、山西太原、新疆乌鲁木齐“给”后的施事均不出现，而“叫”“让”一般不可省略施事。

李炜（2004）认为：闽语、吴语、粤语、客家话等南方方言均不使用“给”表示被动，用“给”表示被动是汉语南方官话层面的用法。换句话说，“给”是“乞”“拨”“畀”“分”等的官话用法。笔者赞同李炜的说法，确实“给”是南方官话层面的用法①，但是桥本万太郎（1987）关于北方话中“给”表示被动主要是分布在北方话区域的边缘地带，是由南而来的说法，笔者不能赞同。桥本先生所列的北方话边缘地区有：西北地区的甘肃德乌鲁、武都、镇原、玉门、安西、敦煌，华南地区的合肥、扬州，华北地区的昌黎。据前文所列，北方话用“给”表示被动的地区远远多于桥本先生所列举的，而且这些地区也不是南北交界的边缘地区，所以很难得出“给”表示被动由南而来的结论。“给”表

① 很多福建人和广东人，用普通话表达被动时常用“给”，如“鱼给猫吃了”，“小偷给警察打了”。

示被动在汉语南北方言中均有使用，只不过在北方方言中“给”处于弱势而已，但不能否定它的存在。

（三）“给”字被动句来源的方言佐证

学者们对给予动词如何发展为被动标记这一问题，存在着明显的分歧。江蓝生、袁宾、徐丹、屈哨兵等学者认为，汉语给予动词及其所构成的双宾语结构在语义和语法结构上同被动式有着密切的联系，不经过任何中间环节，直接发展为被动式。蒋绍愚、冯春田、李炜等学者认为，给予动词及其所构成的双宾语结构，首先演变为使役类结构，然后才进一步演变为被动式。笔者经过考察，认为“给”字句从给予类动词发展为被动标记确实经过表示使役的中间阶段。“给”字被动句的历时演变，在现代汉语方言这一共时平面有全面的展示。现以山西太原话为例。①

1. 给予义动词，使对方得到某些东西或某种遭遇，如：

（217）老张是个热心人，老是想着给大家好处。

（218）这小子逃学，回来还敢说瞎话，气得我照住眉眼给了小子一个大屄兜。

2. 表示使役义，如：

A. 表示使对方做某件事：

（219）天冷了，赶紧打上件毛衣给娃娃穿上。

（220）咱们把这儿家拾掇利索，好给奶奶熨衣裳。

B. 表示容许对方做某种动作：

（221）洗干净果子，等他来了给他尝一尝。

（222）大夫又没啦说不给他知道，明告给他算了。

3. 表示被动义，如：

（223）这老婆婆可凄惶了，一个小子小时候抱出去喂奶，半路地给掉到雪地里冻死了；一个小子都二十多了，走在一个干河

---

① 太原话例句转引自沈明《太原话的“给”字句》，见《方言》2002年第2期，第108—116页。

沟子里，猛地发了大水给冲走了。

（224）小三儿就是行了，想考甚就给考住甚。

山西太原话“给”字的给予义、使役义和被动义，从共时平面生动地再现了“给”字被动句的历时演变过程，为“给”字被动句溯源提供了有利的佐证。

在少数民族语言中，也有与“给”同源的被动标记。张惠英（2005）说到，仡佬语表示被动的介词［ŋkɛ²¹］，可能与“给”同源，并且列举了以下例子：

（225）野猪［ŋkɛ²¹］（被）我们打死了。译文：野猪被我们打死了。

（226）哥哥的腿［ŋkɛ²¹］（被）狗黄咬了。译文：哥哥的腿被黄狗咬了。

（227）他［ŋkɛ²¹］（被）父他打一顿。译文：他被他父亲打了一顿。

张惠英（2005）认为，仡佬语表示被动的介词［ŋkɛ²¹］和西南官话中四川成都话“给”［ke⁵⁵］（据梁德曼、黄尚军1998）或［kɛ⁵⁵］（据许宝华、宫田一郎1999）声音很接近，而且和山东枣庄、山东郯城、江苏徐州、云南鹤庆的“给”［ke］（不计声调），山西广灵、云南腾冲的“给”［kɯ］（不计声调）声音也很接近（鼻冠音ŋ由k所引起）。所以无论从仡佬话读音规律看，还是从和汉语方言的接触交融看，被动标记［ŋkɛ²¹］都可能和“给”同源。如果张惠英（2005）的论证被更多的语言材料进一步支持，那么“给”字句表被动的发展演变的规律，将有可能不是汉语所独有的现象。

第三节　“把”字被动句

“把”字句是近代汉语时期新兴的处置句式，也是在近代汉语时期发展并且一直沿用到现代汉语的处置句式，所以说起

"把"字句，很容易联想到"把"字处置式。其实，在近代汉语时期，"把"字句除了表示处置外，还表示被动。"把"字被动句在近代汉语时期并不多见，却在现代汉语江淮官话、西南官话、吴方言和湘方言中得以保留。

一、"把"字被动句的来源

"把"字被动句在近代汉语时期并不多见，就目前笔者的考察，"把"字句表示被动出现在元代，近代汉语时期的用例屈指可数，并非当时的主流被动句。那么表示被动的"把"是怎样发展而来的呢？笔者认为，首先"把"获得给予义，然后用于"把+N+VP"结构，这种句式结构先发展为使役句，再由使役句发展为被动句。

表示被动的"把"由动词给予义发展而来，而"把"的给予义的获得可分为三个阶段。宋代始，"持""拿"义的"把"和给予动词"与"共现于同一句中，构成"把+直接宾语+与+间接宾语"结构。这是"把"由"持""拿"义向给予动词发展的第一阶段。例如：

（1）宝公把粟与鸡，呼朱朱，时人莫解。(《太平广记》卷九十)

（2）若他人则零乱钱一堆，未经数，便把一条索与之，亦无由得串得。(《朱子语类》卷二十七)

（3）也是教他自就切己处思量，自看平时个是不是，为欲便把那书与之读。(《朱子语类》卷九十五)

（4）一个官人教我把三件物事与小娘子，不教把来与你。(《简帖和尚》)

（5）当下朱真把些衣服与女孩儿着了……(《醒世恒言》第十四卷)

（6）武松在东平府监中，人都知道他是条好汉，因此押牢禁

子都不要他一文钱，到把酒食与他吃。(《金瓶梅》第十回)

近代汉语时期，“把”在连动结构中已演变成为以引进受事成分为主要功能的介词了，所以，上文例（1）—（6）的“把”既可理解为连动结构中的“持”“拿”义动词，也可理解为状中结构中引进受事成分的介词。笔者更倾向于前者，因为自宋始，“把”“与”连用正是由于“把”后的宾语提前所致。而且，对例（4）前后两个分句“把……与”的语义进行分析，“把”作为“持”“拿”义动词的用法更为显明。

宋代以降，“把”“与”经常连用，如：

（7）不是自家硬把与他，又不是自家凿开他肚肠，白放在里面。(《朱子语类》卷九)

（8）譬之水，也有把与人少者，有把与人多者。(《朱子语类》卷三十二)

（9）那厮吃了一暴，只得怀里取出一个纸裹儿，口里兀自道：“教我把与小娘子，又不教把与你，你却打我则甚！”(《简帖和尚》)

（10）宋江接了金钗，不合把与那娼妓阎婆惜收了。(《大宋宣和遗事·元集》)

（11）去床底下拖出一件物事来把与娘看。(《闹樊楼多情周胜仙》)

（12）怎生能够得这水去把与娘吃？(《水浒传》第四十三回)

（13）道士使将壶内余酒，斟上一大磁瓯，掂个火烧，把与他吃。(《三遂平妖传》第五回)

“把+直接宾语+与+间接宾语”结构中，“把”的宾语提前，使“把”和“与”靠拢，是“把”由动词“持”“拿”义向给予动词发展的第二阶段，也是最为关键的阶段。如上例（7)—(13)，“把”的宾语提前，“把”和“与”相邻，使得“把”后失去了关涉的对象，“把”的意义变得不那么重要。当本应提前的“把”的宾语不再出现时，如例（9），“把”的意义就更虚了，与此同时“与”的语义凸显。

随着时间的推移，“把”“与”经常连用，“把”逐渐处于辅助的地位。在“与”强大的语义优势下，“把”不仅“持”“拿”义尽失，而且受到“与”的给予义影响，词义发生倾斜。这种“一词受到和它相关的另一个词的某个义位的牵连带动而发生的词义衍生”，即“组合同化”。[①]也就是说，由于“把”和“与”经常连用，接触频繁，使得“把”逐渐衍生出跟“与”相同的给予义，这是“把”由“持”“拿”义动词向给予动词发展的第三阶段。“把”的给予义产生了。

元明时期，“把”脱离了对“与”的依赖，独立承担了给予义，标志着“把”由“持”“拿”义动词向给予动词转化的终结。如：

（14）白娘子道：“先夫留下银子，我好意把你，我也不知怎的来的。（《白娘子永镇雷峰塔》）

（15）您孩儿一径的来问叔叔要些钱钞，把俺两个使用。（《翠红乡儿女两团圆》）

（16）临嫁之时，将琼真充做侄女，嫁与潘家，哥哥所遗衣饰庄田之类，都把他去。（《醒世恒言》第一卷）

（17）你如今须把他一个下马威。（《型世言》第十六回）

上述给予义的“把”，其后可直接跟宾语，如例（14）、（16）；也可跟双宾语，如例（17）；还可在“把+N”后跟动词，如例（15）。当“把”后出现“N+VP”这种结构时，即类似例（15），给予动词“把”的词义有可能发生转化。我们知道，“把+N+VP”这种句式结构，在给予动词被动化或使役动词

① 张博《组合同化：词义衍生的一种途径》，《中国语文》1999年第2期，第130页。

被动化中都起到至关重要的作用。当动作由N发出，那么“把（给予）+N+VP”与“把（使役）+N+VP”结构相似；当“把（使役）+N+VP”结构中主语为受事，N为施事时，使役句向被动句转化。“把”具备了语义条件（“把”的给予动词义）和句法条件（“把+N+VP”结构）后，“把”开始向使役动词转化。上例（15）虽然笔者更倾向于将“把”解释为给予义，但如果“把”表给予的动作性不强，将其理解为使役义也未尝不可。这说明“把”在给予义向使役义的转化过程中存在一种模糊的临界状态，这种临界状态反映出“把”从给予义向使役义发展的趋势。

元明时期，“把”开始向使役动词发展，如：

（18）这金钗儿教你高耸耸头上顶，这钿盒儿把你另巍巍手中擎。（《全元曲·唐明皇秋夜梧桐雨》）

（19）我们几个守着这里，把一个走去，再叫集十来个弟兄，一同下手。（《二刻拍案惊奇》第五卷）

（20）引姐私下寄衣寄食去看觑他母子，只不把家里知道，惟恐张郎晓得，生出别样毒害来。（《初刻拍案惊奇》第三十八卷）

（21）如今我特把尼姑听见，说我们肯与他银子，哄他来。（《型世言》第二十八回）

（22）这春月正是生意兴旺时候，许人来雇生口，只因宅上定了，把人都回话去。（《醒世姻缘传》第五回）

（23）每年这会，男子人撩斗妇女，也有被妇女的男人采打吃亏了的，也有或是光棍势众，把妇人受了辱的，也尽多这“打了牙往自己肚里咽”的事。（《醒世姻缘传》第七十三回）

例（18）—（23），“把”的使役义比较显明，尤其是例（18）“教”与“把”并举，“把”的使役义基本可以确定。“把”从给予义向使役义转化，是因为在“把+N+VP”句式结构的参与下，VP和“把”所表示的动作行为都可能成为说话人的焦点信息，当两者中的一个成为焦点信息，那另一个随之便成为背景信息。根据语用的一般原则，在不采取特别手段的情况下，靠近句子末尾的成分就是句子的焦点所在（即“尾重心原则”），因此后项动词所表示的动作行为成为焦点信息的概率要大大高于给予动词所表示的给予行为。[①] 这样就导致了句法结构和语义结构的重新分析，“把”的给予动词义逐渐淡化，从而向使役动词转化。

“把”字使役句的出现又促使了“把”字被动句的产生。汉语史上，使役句向被动句的转化早已有例，所以“把”字使役句向被动句的转化是完全有可能发生的。就笔者所考察的文献来看，“把”字被动句在元代就已经出现了，但近代汉语时期“把”字被动句的用例很少。

“把+N+VP”结构中，当VP是N自我发出的行为动作时，受到这种语义关系的制约，“把”由动作方向性强的给予义动词向动作性不强的使役义动词转化；同样在“把+N+VP”结构中，当语义关系表现为主语是VP的受事，N是VP的施事时，“把”字使役句开始向“把”字被动句转化。

二、“把”字被动句的使用情况

“把”字被动句在近代汉语时期并不多见，就目前笔者的考察来看，表示被动的“把”大约出现于元代，如：

（24）教俺休把利名牵，教俺多看些古书篇。（无名氏《自然集道词》）

（25）这明明是天赐我两个横财，不取了他的，倒把别人取了去。（《全元曲·杨氏女杀狗劝夫》）

例（24）“把”后引进了动作行为的发出者，例（25）“把”

① 洪波、赵茗《汉语给予动词的使役化及使役动词的被动介词化》，《语法化与语法研究（二）》，商务印书馆2005年，第40页。

字句带上了体标记“了”。毫无疑问，“把”字句表示被动。

明清时期，“把”字被动句仍不多见，如：

（26）玉郎是个男子汉，一只脚比女子的有三四只大，虽然把扫地长裙遮了，教他缓行细步，终是有些蹊跷。（《醒世恒言》第八卷）

（27）做了女儿时，终日不离房户，与那夜叉婆挤做一块，不住脚把他使唤，还要限每日做若干女工。（《醒世恒言》第二十七卷）

（28）谁不知姐姐有钱，明日惯的他每小厮丫头养汉做贼，把人说遍了，也休要管他！（《金瓶梅》第三十一回）

（29）把月娘、玉楼见了，喜欢的要不得。（《金瓶梅》第四十一回）

（30）这是我儿子一点骨血，怎可把人作践。（《型世言》第四回）

（31）千定不可把家中得知。（《型世言》第二十六回）

（32）况且把他得知了，移了窠，叫我再那里去寻？（《型世言》第二十六回）

（33）这白姑子费了多少心思，得了这些外物，把他一棒敲得干净，岂有轻饶宽放之理？（《醒世姻缘传》第六十五回）

（34）别人的儿女把你去骗酒吃。（李渔《蜃中楼·姻阻》）

上述例句中的“把”字被动句，结构比较简单，除了例（28）和例（33）“把”字被动句的谓语动词后跟有补语外，其他均未跟补语，也未跟宾语，而且谓语动词前也未有状语修饰。例（34）“把”字被动句的谓语是连动结构，稍微复杂。“把”字被动句谓语动词前后成分（状语、补语）以及谓语和宾语的复杂化，是其句式丰富化和精密化的标志，但这在近代汉语中却未明确体现。这说明，“把”字被动句产生后并没有进一步精密化的发展，其结构较为单一。

据笔者考察，“把”字被动句在近代汉语时期使用并不普遍，其用例主要集中于具有方言背景的文献中，如《醒世恒言》（2例）、《金瓶梅》（2例）、《型世言》（3例）和《醒世姻缘传》（1例）。冯梦龙的《醒世恒言》大致反映的是江淮官话、吴方言；《金瓶梅》一般认为是以山东方言为基础写的，其中也有少量其他方言的成分；陆人龙的《型世言》用明代白话写成，带有吴语的成分；《醒世姻缘传》是用地道的山东话写的。我们大致可以这样认为，“把”字句表示被动在近代汉语时期一般较常见于具有山东方言、江淮官话、吴方言色彩的文献中，其使用范围受限，可能自产生之初就已初具方言色彩。

清代，《醒世姻缘传》中出现1例“把”字被动句，《儒林外史》《红楼梦》《儿女英雄传》《二十年目睹之怪现状》中均未见“把”字被动句的用例。

三、“把”字被动句在现代汉语方言中的分布

“把”字被动句在近代汉语中使用并不普遍，在现代汉语共同语中也未见，但在现代汉语江淮官话、西南官话、吴方言和湘方言中得以保留。①

1. 江淮官话，如：

（35）要大考期终考试了，待怪偏偏把书弄掉脱了。（江苏扬州）

（36）麦子把猪吃了。（湖北红安）

2. 西南官话，如：

（37）莫把他看倒了。（湖北武汉）

① 江苏扬州、湖北武汉、江西萍乡的例子选自李荣《现代汉语方言大词典》；江苏高淳的例子选自石汝杰《高淳方言的动词谓语句》；湖北黄冈的例子选自何洪峰、程明安《黄冈方言的“把”字句》；湖北孝感的例子选自左林霞《孝感方言的标记被动句》；湖南湘潭、益阳的例子选自甘于恩、黄碧云《吴语的拨字句和湘语的把字句》。

（38）我把狗子咬了一口。（湖北孝感）

（39）菜根把地蚕地老虎吃了不少。（湖北黄冈）

3. 吴方言，如：

（40）把狗子咬则一口。（江苏丹阳）

（41）小王把石头划破辣脚。（江苏高淳）

4. 湘方言，如：

（42）莉莉把骗子把钱骗光了。（湖南长沙）

（43）咯只事要是把他晓得哒就不得了。（湖南湘潭）

（44）哈把得别个打哒一轮死的。（湖南益阳）

可以看出，“把”字被动句虽然只在上述方言区片的个别方言点出现，但是分布比较清晰，较有规律。其中江淮官话和吴方言中使用“把”字句表被动，与近代汉语文献中“把”字被动句的使用情况大体一致。同时，在上述方言点还保留了“把”的给予动词、使役动词的用法。

给予动词，如：

（45）把我一本书。（江苏扬州）

（46）你要好好的搞，莫把他说。（湖北孝感）

（47）还有一底底钱我不把你了。（江苏高淳）

（48）把他一本书。（湖南长沙）

使役动词，如：

（49）把人忙死了。（江苏扬州）

（50）把他喜得了。（湖北武汉）

（51）不要把它跑掉了！（江苏高淳）

（52）你就把他打，看他敢不敢？（湖南长沙）

“把”在现代汉语方言中用作给予动词和表示使役、被动的用法，可以与近代汉语“把”的用法相互印证。被动标记“把”是由给予动词“把”语法化而来的，在给予动词“把”发展为被动标记的过程中经过了使役动词的中间环节，这一过程不仅有近代汉语文献上的支持，而且有现代汉语方言为证。“把”字被动句的历时发展在共时空间上得以展现，为“把”字句溯源提供了有利的佐证。①

第四节 “拨”字被动句

“拨”大致对应于南方官话的“给”，“拨”字被动句主要集中于冯梦龙《山歌》中，在清末的吴语小说和现代苏州方言中也有大量的用例。

一、近代汉语时期的“拨”字句

近代汉语“拨”字句的出现，主要集中于冯梦龙的《山歌》中。“拨”自产生之初，即为吴方言色彩浓厚的方言词，只见于明清时期吴方言色彩的文献中。

1. 给予义的“拨”，如：

（1）姐儿道：卖茶客人尔弗要拨个粗枝硬梗屑来我，连起子罗裙凭你桠。(《山歌》)

（2）姐道郎呀，只有铁枪磨针，那得针变子枪，拨来小阿奴奴半夜三更掘开子墙。(《山歌》)

（3）花花轿里个娘娘弗比得跟轿个好，到（倒）弗如让个轿人拨来阿嫂抬。(《山歌》)

（4）格几个铜钿，豪燥点拨仔俚笃，省得俚笃一径来浪板面孔。(《九尾龟》第一百三十一回)

① 除了上述例句，李荣《现代汉语方言大词典》还记录了江西萍乡使用“把”字表示给予、使役和被动的情况，如：把我一本书（给予）；我不去，把他去（使役）；把蛇丫咬一口（被动）。江西萍乡紧靠湖南，两地语言互相接触，彼此影响，相近相似也是正常的现象。

（5）一千两银子拨勒子徐大爷哉。（《描金凤》）[1]

2. 使役义的“拨”，如：

（6）郎道姐呀，你做着弗着做个大人情，放我在脚跟头睏介夜，情愿拨来你千憎万恹道大天光。（《山歌》）

（7）结识私情像个算盘来，明白来往弗拨来个外人猜。（《山歌》）

（8）上箍下箍箍紧子我，你自家快活没拨来别人钻。（《山歌》）

（9）扫罗差人看守大卫个房子，勿拨俚逃走，到之明朝末要杀脱哩。（《圣经史记》）[2]

3. 被动义的“拨”，如：

（10）宁可拨来老公打子顿，那舍得从小私情一旦空。（《山歌》）

（11）我那间拨来别人介轻贱，算来长情倒弗如酒注茶壶。（《山歌》）

（12）倪说拨耐听仔，随便舍人，也要心浪惹气格。（《九尾龟》第十二回）

（13）吵得来，拨别人家听见仔，阿要好听？（《九尾龟》第一百三十八回）

可见，近代汉语时期吴方言文献中“拨”字句已经出现并且用法较为成熟，“拨”字可以表示给予义、使役义和被动义。“拨”只见于吴方言作品中，在同时期的其他作品中均未发现“拨”字的上述用法。可以推测，“拨”字句表示被动至迟在明代末期就已经出现了。

---

① 此例转引自石汝杰《吴语读本——明清吴语和现代苏州方言》，日本好文出版社 1996 年，第 139 页。

② 同上。

二、现代汉语方言中的“拨”字句

早期的吴语地区主要是杭州、苏州，清代末期是上海。现代吴语主要分布于江苏省南部、上海市、浙江省大部分地区。根据李荣《现代汉语方言大词典》的记录，杭州、宁波、上海三地均使用“拨”字表示给予义、使役义和被动义。

1. 表给予义，如：

（14）拨我一本书。（杭州）

（15）我拨伊两张电影票。（上海）

（16）该本书拨我仔噹。（宁波）

2. 表使役义，如：

（17）搿趟比赛侬拨伊参加哦？——勿拨伊参加。（上海）

（18）该事体再拨我忖忖看。（宁波）

3. 表被动义，如：

（19）我拨伊骂勒两声。（上海）①

（20）他拨狗咬了一口。（杭州）

（21）铅笔拨他弄断落。（常州）②

（22）手骨拨蛇咬一口。（宁波）

除了上述方言点使用“拨”字句以外，江苏的昆山、苏州、常熟，浙江的舟山、绍兴，也使用“拨”字句。从地理分布上看，以上海为中心，紧邻上海的江苏南部、浙江北部“拨”字句的使用较为密集。可以肯定地说，“拨”字句在明清产生之际，就是一个地道的方言词，是吴方言特有的被动标记，并且可以断定，现代吴语在明末即已初具规模，雏形已基本形成。明清吴语与现代吴语一脉相承。

关于“拨”是否来源于“把”的问题，有学者进行过探

---

① 此例转引自许宝华、宫田一郎《汉语方言大词典》，中华书局 1999 年。

② 同上。

讨。吴方言普遍使用“拨”，但是吴语区的各个方言点“拨”的读音不尽相同，上海、苏州、常州、杭州等读［pəʔ］，宁波读［pɐʔ］，常熟读［pʔ］，天台读［pøʔ］，有的地区记为“不”“八”，它们都读阴入调（钱乃荣 1992）。甘于恩、黄碧云（2005）认为，吴语的“拨”实际来源于“把”字。他们认为，北方方言发展到现代，其入声已全部消失，吴方言的基本调类中却仍然保留了一个以喉塞音［ʔ］收尾的入声。语法单位在形成过程中往往经历了一个语音的促化过程（即原来有舒声的，有的也会演变成入声）。“拨”由表给予义的动词“把”虚化为介词“把”并进一步语音促化而成为一个新的语法单位。笔者认为，从语音上看，“拨”“把”读音相近；从语义上看，“拨”“把”在各方言点承载的语义几乎相同，可以表给予、使役、被动，“拨”“把”可能有着一定的联系。如果单从共时平面来看，好像“拨”的实际来源应该是“把”，但是如果从“把”“拨”的历时演变来看，便难以确定“把”“拨”的传承关系。“拨”在近代汉语时期主要出现于具有吴方言色彩的文献中，本身就是方言词，而“把”在近代汉语时期并没有集中出现在某种方言文献或口语文献中，且“把”字被动句也不多见。所以，要确定“拨”的来源是“把”，是有难度的。笔者不赞同“拨”来源于“把”的说法。

第五节　“乞”字被动句

一、“乞”字被动句的来源

江蓝生（1989）考察了《水浒传》《金瓶梅词话》《清平山堂话本》里“吃”“喫”“乞”的用字情况，指出饮食义的“吃”不与“乞”混用，遭受义、被动用法的“吃”在《水浒传》和《金瓶梅词话》里多与“乞”混用，而在《清平山堂话本》里则避免用“吃”只用“乞”。“乞”是“吃”的同音借字。江蓝生先生倾向被动标记“吃”“乞”由动词遭受义发展演变而来。蒋绍愚（1994/2003）持相同观点，认为被动标记“吃”“乞”“喫”跟动词“被”的虚化过程大体相似，且在《水浒传》《金瓶梅词话》《山歌》中“吃”“乞”“喫”在表示被动的同时也可以表示原因，而这一用法显然与遭受义联系密切。冯春田（2000）指出，“吃（喫）”字被动句跟“被”字句是同一句型，只是处在被动介词“被”的语法位置上的是被动介词“吃”，元明以来也写作“乞”（“吃”“乞”异形同词）。在冯先生看来，“乞”只是明代以后“吃”的另一种写法，在用字上有差别。学界对这一观点也比较认同。

与江、蒋、冯的观点不同，张惠英（1989）认为，“乞”表被动是从给予义发展来的。《敦煌变文集》中“喫”的被动用例还未充分成熟。《金瓶梅词话》和《山歌》中“乞”“吃”“喫”在用法上完全一致，都用来表示被动、挨受、原因，而不用来表示给予，但是“乞”在近代汉语中确实存在给予义，在现代汉语某些方言中也仍用“乞”表给予，当时不用的原因是这两部书的作者有意回避使用给予义的“乞”。蔡俊明（1991）认为“乞”表示被动是从动词给予义发展来的，《清平山堂话本·错认尸》中的3个“乞”字被动句，在《警世通言·乔彦杰一妾破家》中，均改写成了“吃”。在他看来，这是《警世通言》的编者不了解“乞”有被动的用法，不知道这种用法仍然保留在方言中，所以才将“乞”改成了“吃”。如果不考察“吃（喫）”字被动句在近代汉语史上的发展，仅孤立地看“乞”字被动句的发展演变，笔者确实也会赞同张、蔡二位先生的观点，即近代汉语表被动的“乞”是由动词给予义发展而来，因为现代汉语闽方言中的确有鲜活的语言事实作为依据。但如果将近代汉语表被动的“吃”“喫”“乞”结合起来研究便会发现，“三言二拍”、《水浒传》、《金瓶梅词话》、《清平山堂话本》中的“乞”字被动句的演变路径与明本潮州戏文、现代汉语方言中的“乞”字被动句的演变路径完全不同。

笔者认为，近代汉语“乞”字被动句的发展演变应有两条路径：一条路径是，近代汉语被动标记“乞”与《水浒传》《金瓶梅词话》《清平山堂话本》中的“吃”“喫”有相同的来源，“乞”是“吃”的同音借字；一条路径是，近代汉语被动标记“乞”与明本潮州戏文和现代汉语闽方言中被动标记“乞”有相同的来源，是由给予义动词发展而来的。

二、《水浒传》《金瓶梅词话》《清平山堂话本》中被动标记“乞”的来源

江蓝生（1989）早已就“吃”“喫”“乞”用字进行了考察和解释，指出“乞”是“吃”的同音借字，这三种资料所代表的方言大致在山东、江苏、浙江这一范围。[①]笔者认为，“乞”与“吃”“喫”语音字形相近，“同音借字”的说法很有道理。其一，“乞”[k‘iət]，迄韵溪母字，去讫切；“喫”[kiət]，锡韵溪母字，苦击切。“乞”与“喫”的声母相同，均为溪纽；韵母相近，均为入声；“迄”以 [-t] 收尾，“锡”以 [-k] 收尾，发音相似。从字形上来看，“乞”是“吃”的谐声偏旁，可以看作是同音关系的同源词。这类现象元刊本中习见，如《西蜀梦》四折“急煎煎”作“吉占占”，《拜月亭》二折“悒悒”作“邑邑”，《单刀会》四折“搬”作“般”，《诈妮子调风月》二折“绣”作“秀”，

① 近代汉语“吃”“喫”“乞”表被动虽然也在具有北方方言色彩的文献《元刊杂剧三十种》中偶见，但频率出现较高的还是《水浒传》《金瓶梅词话》《清平山堂话本》《山歌》等具有南方方言色彩的文献，笔者推测“吃”“喫”“乞”自产生之初即具山东、苏北、江浙等地方言色彩，但在现代汉语共同语和相应的方言地域均未保留。现代汉语闽南、闽东、潮汕方言中的“乞”表给予、使役、被动等用法，均为“乞”由给予动词到使役动词再到被动标记这样自身演变的结果，与同音借字的“乞”是完全不同的演变路径。

《看钱奴冤家债主》三折“财”作“才”,《楚昭王疏者下船》三折“睁”作“争”等。其二,《水浒传》《金瓶梅词话》《清平山堂话本》和明代苏州地区的吴语民歌集《山歌》中,“吃”“喫”“乞”都能表示食义、遭受义，还能表示被动、原因，与遭受义来源的“被”字句的演变过程相似。

“乞”与“吃”比较，出现频率较低，主要见于明代容与堂本《水浒传》、万历本和嘉靖本《金瓶梅词话》、崇祯本《金瓶梅》、影印明刊本《清平山堂话本》这几部文献中，但其中却具备了“吃”的全部用法。如：

1.“乞”用作动词，表示食义[①]：

（1）教他乞自在饭去罢。(《金瓶梅词话》第八十六回)

2.“乞”用作动词，表示遭受义：

（2）乞了些艰辛。(《水浒传》第十四回)

（3）乞惊。(《金瓶梅词话》第四十七回)

3.“乞”用作被动标记：

（4）周氏乞骂得没奈何，只得去房里取了麻索，递与大娘。(《清平山堂话本·错认尸》)

（5）李逵乞宋江逼住了，只得撇了双斧……(《水浒传》第五十二回)[②]

4.“乞”表示原因：

（6）[此位小姐]必益夫而得禄，三九定然封赠。但乞了这左眼大，早年克父；右眼小，周岁克娘。(《金瓶梅词话》第二十九回)

可以看出,“乞”字被动句在具有山东、苏北、江浙方言色

---

① 《元刊杂剧三十种》偶有“乞”用作“吃”的动词食义，如“道士们都修善，他每更不乞羶(《任风子》)”，转引自江蓝生《被动关系词“吃”的来源初探》,《中国语文》1989年第5期。

② 另本“乞”作“吃”。

彩的文献中出现频率较高，且一经产生就迅速成熟起来。比较成熟的形式，如被动句与处置式的结合，已在嘉靖本《金瓶梅词话》中出现：

（7）乞金莲向前把马鞭子夺了，掠在床顶上。（第二十六回）

（8）祝日念于是如此这般告说：“我因寻了你一回，寻不着，就同王三官到孙家会了，往许不与先生那里借三百两银子去，乞孙寡嘴老油嘴把借契写差了。”（第四十二回）

（9）却说春梅走到前边，还气狠狠的向众人说道：“乞我把贼瞎淫妇一顿骂，立撵了去。……”（第七十五回）

“乞”字被动句的复杂化，表现为状语和补语的复杂化、宾语和关系语有修饰成分，这些也是“乞”字被动句成熟的标志，如：

（10）安童正要走时，乞翁八一闷棍打落水中。（第四十七回）

（11）桂姐道：“娘且是说的好，乞他奈何的人慌。”（第三十二回）

（12）他爹见了我，讪讪的，乞我骂了两句没廉耻的话。（第二十五回）

（13）前日多累你押解老爷行李车辆，又救了奶奶一命，不然也乞张胜那厮杀了。（第一百回）

《金瓶梅词话》中被动标记“乞”比较成熟，不可能是“乞”字自身一蹴而就发展的结果。根据笔者对近代汉语文献的考察[①]，“乞”字不具备从遭受义动词演变为被动标记的能力，但如果认为是“吃”的同音借字，就比较容易理解了。

---

① 笔者考察的近代汉语文献有《祖堂集》、《敦煌变文集》、《五灯会元》、《古尊宿语录》、《朱子语类》、《大宋宣和遗事》、《太平广记》、《全元曲》、《水浒传》、《西游记》、《三遂平妖传》、“三言二拍”、《金瓶梅词话》、《型世言》、《醒世姻缘传》、《儒林外史》、《红楼梦》、《儿女英雄传》、《二十年目睹之怪现状》。

三、明本潮州戏文与现代汉语方言中被动标记“乞”的来源

“乞”有两个读音：一是去讫切，入声迄韵溪母；一是丘既切，去声未韵溪母。入声有求讨、乞求、索取之义；去声有给予之义。清钱大昕《十驾斋养新录·假借乞》：“乞之与乞一字也。取则入声，与则去声。”“乞”的求讨、乞求义，在汉语史上使用频繁，直到现代汉语还保留着这一义项。“乞”的给予义，在《汉书·朱买臣传》中已见：“居一日，妻自经死，买臣乞其夫钱，令葬。”唐宋时则比较多见，如：

（14）题安糊饼上，乞狗也不吃。（寒山诗《蹭蹬诸贫士》）

（15）藏得宝刀求主带，调成骏马乞人骑。（张籍《赠王司马》）

（16）罪臣不煞将金诏，感恩激切卒难申。乞臣残命归农业，生死荣华九族忻。（《敦煌变文集》卷一）

（17）山中或有异闻底事，乞个消息。（《祖堂集》卷十一）

（18）长官头脑冬烘甚，乞汝青钱买酒回。（范成大《四时田园杂兴六十首》之五十八）

唐宋以后，仍偶有出现，如：

（19）且慢者，乞个罪名。（马致远《半夜雷轰荐福碑》）

（20）朕正在此沉思，适太师奏捷，乞与朕擒来，以正国法？（《封神演义》第三十回）

（21）妾厉声曰：“鼠子不足辱吾刀杖，且乞汝命，后勿来送死。”（《池北偶谈》）①

“乞”在唐宋时期有给予义，却未发现“乞”由动词向介词转化的轨迹。这是因为，给予义来源的被动标记的产生有语义和

① 例（21）转引自江蓝生《被动关系词“吃”的来源初探》，《中国语文》1989年第5期。

句法两方面的条件，当给予的语义进入“乞+N+VP”的句式结构，才可能促使“乞”字句发生转变，而“乞”在近代汉语文献中好像不具备这个转化的条件。[①] 但是，明本潮州戏文中却出现了“乞”作授予动词、使役动词、被动标记的用法，与“给”字句的发展路径相似。江蓝生考察定静堂丛书影印明清刊刻的几本闽南戏文时，也提出“乞”有表示给予和被动的用法。此外，笔者还发现了“乞”表示使役的用法。如下：

1.“乞”用作授予动词：

（22）一点春心，今来交付乞谁？（《荔镜记》第二出）

（23）我今劝你嫁乞伊。（《荔镜记》第十四出）

（24）阿娘说得亦是，向年我就夫持纸笔来乞伊，阿娘纸笔便在只。（《荔枝记》第二十六出）

（25）着银乞我做盘费。（《荔枝记》第四十三出）

（26）相公若共刘永相见，千万说乞阮听。（《金花女·南山相会》）

2.“乞”用作使役动词：

（27）便乞你返去。（《荔镜记》第十九出）

（28）行开乞阮过去。（《荔镜记》第二十八出）

（29）阿走起，乞小人扫。（《荔枝记》第二十四出）

（30）乞一只驴乞你骑去。（《荔枝记》第三十四出）

（31）阮阿公出去上庄不在厝，分付我掌门，无乞你外人入来。（《荔枝记》第三十五出）

---

① 给予动词无论在南方还是北方，都是使役和被动兼用的。这一观点桥本万太郎《汉语被动式的历史·区域发展》早有论述，江蓝生《汉语使役与被动兼用探源》，周士宏《汉语被动标志的类型学考察》，曹茜蕾、贝罗贝《近代早期闽南话分析型致使结构的历史探讨》，笔者《近代汉语“与”字被动句考察》和《近代汉语“把”字被动句及其在现代汉语方言中的地域分布》也有探讨。

3.“乞”用作被动标记：

（32）共君出外，乞人做骂名。(《荔镜记》第三十三出）

（33）君你莫做亏心行止，莫乞外人教议。(《荔镜记》第四十八出）

（34）我乞人庵坏了。(《荔枝记》第五出）

（35）阿娘乞陈三缠倒。(《荔枝记》第十九出）

（36）人乞人欺，灯火亦来相欺。(《荔枝记》第四十五出）

（37）总是乞人骗。(《金花女·借银返京》)

（38）尔既知在心内，莫乞邻里人知。(《苏妈思女责桃花》)①

明本潮州戏文中给予、使役、被动用法的“乞”比较成熟，但由于笔者能力所限，只能尽力展现戏文中“乞”字句的风貌。陈泽平（2010）对19世纪以来福州方言的研究发现，“乞”可以引入施事，构成被动句。如：

（39）乞侬拾去。译文：被人拾去。

（40）乞雷公拍。译文：遭雷击。

（41）乞汝笑。译文：被你笑话。

据林寒生（2002）的调查，闽东的福州、长乐、福清、永泰、古田、福安、宁德、寿宁、周宁、福鼎，闽南的厦门、泉州，广东潮州、汕头、澄海等地“乞”的被动用法与明本潮州戏文一样，应该是一脉相承的。

此外，“乞”的“求讨”义、“给予”义、“容许、致使”义、被动义在福建、广东地区都有所保留，②如：

1. 表示“求讨”，如：

（42）自家无囝，去乞蜀支。译文：自己没有儿子，去领养

① 例（22）、（23）、（32）、（33）、（37）转引自江蓝生《被动关系词“吃”的来源初探》，《中国语文》1989年第5期。

② 福州话的材料转引自陈泽平《福州方言的介词》《福州方言的动词谓语句》，李如龙《闽南方言的介词》《泉州方言的动词谓语句》，施其生《汕头方言的介词》《汕头方言的动词谓语句》。

一个。（福州）

（43）我去间壁厝乞蜀条葱。译文：我到隔壁邻居家讨一根葱。（福州）

（44）乞囝。译文：买儿子。（泉州）

2. 表示“给予”，如：

（45）伊乞我几本书。译文：他给了我几本书。（福州）

（46）汝有无批袋乞我蜀只。译文：你有没有信封给我一个。（福州）

（47）份通知寄乞伊。译文：把通知寄给他。（汕头）

3. 表示“容许、致使”，如：

（48）乞伊多歇几日。译文：让他多休息几天。（福州）

（49）乞只狗入来。译文：让狗进来。（汕头）

4. 表示被动，如：

（50）鱼乞猫囝衔咯。译文：鱼被猫叼去了。（福州）

（51）衣裳乞雨沃滥咯。译文：衣服被雨淋湿了。（福州）

（52）乞伊骗去。译文：被伊骗去。（厦门）

（53）五谷过尽乞大水淹去。译文：庄稼都被淹了。（泉州）

（54）伊惊乞人笑。译文：他怕人家笑话。（汕头）

（55）茶杯乞伊拍破了。译文：茶杯被人打破了。（潮州）

（56）你乞伊睇见了。译文：你被他看见了。（澄海）

因为笔者所能找到的最早的潮州话、闽南话的语料仅为明代的，故只能在现有材料的基础上，将现代汉语闽语的形成最晚追溯到明代。

上面提到了《水浒传》《金瓶梅词话》《清平山堂话本》中的“乞”与明本潮州戏文的“乞”是两个不同的来源，但是毕竟都是通过被动标记“乞”来表现的，难免彼此影响，所以在方言中确实不易区分。

第五章　余　论

第一节　近代汉语被动标记的规律性

近代汉语时期的被动标记有着很强的共性，之所以这样说，是因为这些被动标记在来源和发展演变过程中有规律可循。

1. 近代汉语被动标记可分为遭受义、使役义、给予义三个来源，这说明近代汉语时期的被动标记在来源上具有规律性。

被动标记的不同词汇来源，跟人们对同一事件结构的观察视点不同有关。面对同一事件结构，不同民族或同一民族不同历史时期的人，关注的焦点有同有异，这会影响被动式语法标记的词汇来源的异同，也会影响被动式标记成分的异同（石毓智 2005）。

在汉语史上，遭受义来源的被动标记有“见”“被”“着（著）”“遭”“吃”。从语义上来说，遭受义动词本身就有施力和受力的方向，即受力者受到施力者的施力，施力方向与语义指向相同。遭受义来源的被动标记正是介引施力者对受力者行为造成的影响，这种语义基础使得遭受义动词在转变为被动标记时比较容易。所以，在汉语史上遭受义来源的被动标记最先出现，并且一直使用着。

使役义来源的被动标记有“教”“叫”“让”，这类被动标记主要出现在近代汉语时期。从语义上来说，“教”“叫”“让”与使令义有关，均表示甲发出“教”“叫”“让”的动作给乙，使乙去做某事，其施力方向与语义指向相反。随着使役动词从命令、支配义向容许义的发展，使令的意义逐渐消减，使得施力方向发生了转变，从甲向乙施力转而折返回乙向甲施力。近代汉语时期，使役义来源的被动标记比较繁盛，且较多反映北方方言的特点。

给予义来源的被动标记有“与”“给”“把”“拨”“乞”，这类被动标记的兴起也是在近代汉语时期，不过多数是在近代汉语中晚期兴起的。从语义上来说，这类被动标记的施力方向与语义指向也相反，一正一反两个方向不容易发生转化，所以在转化过程中授予动词“给”的动作性逐渐减弱，先具备了使役义，然后从使役义再向被动义转化。除了被动标记“与”产生时间较早外，其他被动标记均在近代汉语中后期产生，且较多反映南方方言的特点。

这三类被动标记虽然来源不同，但是在时间上有所交叉，反映了汉民族在被动标记选择上的倾向性。

2. 同一类来源的被动标记，其发展演变的内在规律都是一致的。

遭受义来源的被动标记经过“遭受动词 +V”和“遭受动词 +N+VP”这两种句式结构发展而来，而且最终都发生了分化，分化为兼表致使和原因。

使役义来源的被动标记经过“S+ 使役动词 +N+VP”的句式结构发展而来，在发展过程中使役动词的使令、支配义逐渐降低，从而完成使役向被动的转化。

给予义来源的被动标记经过“授予动词 +N+VP”句式结构的作用，再经过“使役动词 +N+VP”的中间阶段，最终发展为被动句，而且这类来源的被动标记“与”“给”“把”还发展出表示处置的用法。

3. 三类不同来源的被动标记的产生均为语义和句式共同作用的结果，且这三类被动标记基本上都经历了句式“动词 +N+VP”向“被动标记 +N+VP”的转化过程。

近代汉语时期，不论哪一种来源的被动标记，在由动词向被动标记转变的过程中，不可缺少的环节就是句式结构“动词+N+VP”的出现，①它的出现标志着被动标记转化条件基本具备。

第二节　近代汉语被动标记的发展线索

纵观近代汉语被动句的来源与发展，可将这三类不同来源的被动句最终分成两个大类。一类是遭受义动词发展来的被动标记，一类是使役义动词发展来的被动标记。至于给予义动词发展来的被动标记也要经过使役的中间环节才能进一步发展为被动标记，所以将其归并到使役义动词向被动标记发展的一类。这样就将近代汉语被动句分成了两个大类，将其发展分成了两条线索。其中“遭受—被动”这条线索比较古老，在上古时期已经产生；“使役—被动”这条线索要晚一些，到近代汉语时期才产生。

汉语被动句的这两条发展线索，其实并非汉语独有的现象。遭受义来源的被动标记，在汉藏语系很多语言如越南语、泰语、缅甸语、柬埔寨语也使用着。②桥本万太郎（1987）提到，临高话的［ɓiaŋ^{3}］，苗语的［zen^{13}］，黎语（通什方言的［goːm^{3}］、保定方言的［ia^{1}］），傣语德宏方言的［tso^{3}］，布依语的［tɯk^{8} tso^{2}］，壮语的［tɯk^{8}］，越南语的［bi］、［phâi］、［dư'ọ'c］等，都使用来源于遭受义的词表示被动。戴庆厦、李洁（2007）提到，汉藏语的汉语、白语、壮侗语、苗瑶语均使用遭受义来源的词表

① 其中遭受义来源的被动标记“被”“吃”比较特殊。“吃”与先秦时期产生的“被”字句的发展轨迹完全相同，句法环境除了“被／吃+N+VP”这种形式外，还有“被／吃+V”的形式，这两种句式结构均可促使被动标记的产生。

② 转引自周士宏《汉语被动标志的类型学考察》，《汉语学报》2005年第3期，第46页。

示被动，具体又列举了白语不同土语的［e^{42}］、“挨”、［$tɕo^{35}$］、“着”、［$tɯ^{35}$］、“被”，壮语（武鸣的“挨”），布依语（北盘江镇的“遭”），傣语（景洪、陇川、金平的“被”），侗语（车江的“被”）、水语（三洞的“挨”），毛南语（上南的“被”），黎语（海南乐东保定的“被”），仡佬语（比贡、安顺的“被”），布央语（巴哈的“被”），苗语（养蒿的“着”，弥勒的“被”“着”，凯里的“被”）等这类来源的被动标记。白语、壮侗语、苗瑶语中的被动标记，或是本身语言中的固有词，或是来自汉语的借词，均表现出与汉语相同的发展线索。

使役义来源的被动标记也不是汉语特有的。桥本万太郎（1987）列举了东亚大陆北方的几种民族语言，主要是阿尔泰语系的满族语和蒙古语族里的语言，如满语文言、满语富裕方言、锡伯语、鄂伦春语、土族语、东乡语。据赵明鸣（2001）提供的材料，突厥语有的被动标记如 -duq，最初普遍用于表示使动意义，最后转化为表示被动意义。可见，“使役—被动”这一发展线索在汉藏语系之外的阿尔泰语系存在。如何看待这种现象？正如江蓝生（1999）所说，无非有两种可能：一种是汉语的影响；一种是和汉语共有的特点。不同的人种、不同的民族会有不同类型的语言和不同的思维特点，但人类的思维逻辑毕竟有很大的共同性，从使动与被动在逻辑上的联系来看，或许使动、被动的兼用不是汉语所独有的。

笔者将给予义来源的被动标记归入“使役—被动”一类，原因是给予义来源的被动标记也要经过表示使役的中间阶段。虽然如此，使役、被动兼用与给予、被动兼用在汉语南北方言的使用情况还是有区别的。在广大的官话区，“叫”“让”“给”这三个被动标记在被动句中普遍存在，而使役、被动兼用在汉语北方方言中使用频率较高（见本书第三章），给予、被动兼用一般很少在现代汉语北方方言中使用[①]，但在南方方言中出现比较频繁（见本书第四章），南方的吴语、湘语、客家话、闽语、粤语里，主要采用“给”类动词兼表使役和被动。吴语的“拨”，湘语的“把”，梅县的“分”，闽南语的“乞”“互”，汕头的“分”“乞”，粤语的“畀”，均为给予类来源的被动标记，这些被动标记或是在近代汉语共同语中已经消失，或是从产生之时即为方言词汇。由此可见，在“使役—被动”的发展线索中，给予类来源的被动标记与使役类来源的被动标记有方言地域的差异，给予义来源的被动标记是隐藏在“使役—被动”这条发展线索下的隐线。

笔者根据近代汉语被动标记考察的实际情况，将其划分为两条线索，将给予类来源的被动标记归入使役类来源，与遭受义来源的标记并行发展，这两条线索分别与阿尔泰语系和汉藏语系部分语言被动标记的发展对应。

① 给予义来源的被动标记很少在现代汉语北方方言中使用，但不是绝对现象。根据笔者的考察，给予义来源的“给”在北方方言很多地区都使用，只不过没有使役义来源的被动标记的使用频率高而已。但在现代汉语北京话里，“给”字被动标记的使用呈现上升的趋势。

参考文献

北京大学中文系语言班（1982），《现代汉语虚词例释》，商务印书馆。

北京大学中文系语言学教研室（1995），《汉语方言词汇》，语文出版社。

蔡俊明（1991），《潮州方言词汇》，香港中文大学出版社。

曹凤霞（2014），《汉语被动标记更替历时研究》，南京大学出版社。

曹茜蕾、贝罗贝（2007），《近代早期闽南话分析型致使结构的历史探讨》，《方言》，第1期。

曹思海（2010），《〈醒世姻缘传〉"被"字句研究》，广西民族大学硕士论文。

曹小云（1990），《〈朝野佥载〉"被"字句研究》，《安徽师范大学学报》，第4期。

陈昌来、李　琳（2006），《〈儿女英雄传〉的"被"字句及相关问题考察》，《汉语被动表述问题研究新拓展》，华中师范大学出版社。

陈泽平（1997），《福州方言的动词谓语句》，《动词谓语句——中国东南部方言比较研究丛书（第三辑）》，暨南大学出版社。

陈泽平（2000），《福州方言的介词》，《介词——中国东南部方言比较研究丛书（第五辑）》，暨南大学出版社。

陈泽平（2010），《十九世纪以来的福州方言》，福建人民出版社。
陈章太、李如龙（1991），《闽语研究》，语文出版社。
陈章太、李行健（1996），《普通话基础方言基本词汇集》，语文出版社。
储泽祥（2006），《赣语岳西话表被动的“让”字句》，《汉语被动表述问题研究新拓展》，华中师范大学出版社。
崔荣昌（1997），《成都话音档》，上海教育出版社。
崔显军、张　雁（2006），《汉语方言中表被动的“着”论略》，《湛江师范学院学报》，第5期。
崔宰荣（2002），《唐宋被动句研究》，北京大学博士学位论文。
戴庆厦、李　洁（2006），《从藏缅语族语言反观汉语的被动句》，《云南师范大学学报》，第3期。
戴庆厦、李　洁（2007），《汉藏语被动句的类型学分析》，《中央民族大学学报》，第1期。
丁崇明、荣　晶（1994），《昆明方言的“着”字》，《方言》，第4期。
丁加勇（2006），《隆回湘语表被动的“吃”字句式及其配价研究》，《汉语被动表述问题研究新拓展》，华中师范大学出版社。
丁声树等（1961），《现代汉语语法讲话》，商务印书馆。
丁　勇（2006），《〈元典章〉的被字句》，《孝感学院学报》，第1期。
方经民（2006），《〈金瓶梅词话〉和近代汉语被动式的发展》，《汉语被动表述问题研究新拓展》，华中师范大学出版社。
冯春田（2000），《近代汉语语法研究》，山东教育出版社。
冯春田（2003），《聊斋俚曲语法研究》，河南大学出版社。
甘于恩、黄碧云（2005），《吴语的拨字句和湘语的把字句》，《吴语研究：第三届国际吴方言学术研讨会论文集》，上海教育出版社。

高成建（2008），《“二拍”被动式研究》，福建师范大学硕士论文。
高　霄、王慧青（2005），《〈红楼梦〉“被”字句句法研究》，《云南财贸学院学报》，第5期。
郭家翔（2013），《“教/叫”介词化及其层次性》，《语言研究》，第4期。
郭锡良（1986），《汉字古音手册》，北京大学出版社。
韩金广（2014），《“V吃+N”结构的认知语义分析》，《语言教学与研究》，第2期。
何洪峰（2004），《试论汉语被动标记产生的语法动因》，《语言研究》，第4期。
何洪峰、程明安（1996），《黄冈方言的“把”字句》，《语言研究》，第2期。
何忠东、李崇兴（2004），《汉语“使役”“被动”规律性演变的方言佐证》，《武汉理工大学学报》，第2期。
洪　波、赵　茗（2005），《汉语给予动词的使役化及使役动词的被动介词化》，《语法化与语法研究（二）》，商务印书馆。
侯精一、温端政（1993），《山西方言调查研究报告》，山西高校联合出版社。
胡明扬（1992），《近代汉语的上下限和分期问题》，《近代汉语研究》，商务印书馆。
黄伯荣（1996），《汉语方言语法类编》，青岛出版社。
黄　行、唐黎明（2003），《被动结构的跨语言类型对比》，《汉语被动表述问题研究新拓展》，华中师范大学出版社。
黄锦君（2002），《二程语录中的被动句和被字句》，《西南民族学院学报》，第5期。
黄锦君（2005），《二程语录语法研究》，四川大学出版社。
江蓝生（1989），《被动关系词“吃”的来源初探》，《中国语文》，第5期。

江蓝生（1999），《汉语使役与被动兼用探源》，《汉语历史句法及汉语构词法论文集——庆祝梅祖麟教授65岁华诞》，《东方语言学报》。
江蓝生（2002），《著名中年语言学家自选集——江蓝生卷》，安徽教育出版社。
蒋冀骋、吴福祥（1997），《近代汉语纲要》，湖南教育出版社。
蒋绍愚（1994/2003），《近代汉语研究概况》，北京大学出版社。
蒋绍愚（2003），《"给"字句、"教"字句表被动的来源》，《语法化与语法研究（一）》，商务印书馆。
蒋绍愚、曹广顺（2005），《近代汉语语法史研究综述》，商务印书馆。
鞠彩萍（2007），《"遭"字句——兼论被动标记词的界定与优胜劣汰》，《贵州大学学报》，第1期。
李崇兴、石毓智（2006），《被动标记"叫"语法化的语义基础和句法环境》，《古汉语研究》，第3期。
李方桂（1940），《龙州土语》，商务印书馆。
李方桂（1953），《武鸣壮语》，中国科学院。
李海霞（1994），《四川方言的被动式和"着"》，《西南师范大学学报》，第1期。
李行健（1995），《河北方言词汇编》，语文出版社。
李佳妮（2011），《"二程语录"被动式研究》，辽宁师范大学硕士论文。
李　蓝（2006），《"着"字式被动句的共时分布与类型差异》，《中国方言学报》，第1期。
李　荣（1989），《汉语方言分区》，《方言》，第1期。
李　荣（2002），《现代汉语方言大词典》，江苏教育出版社。
李如龙（1997），《泉州方言的动词谓语句》，《动词谓语句——中国东南部方言比较研究丛书（第三辑）》，暨南大学出版社。

李如龙（2000），《闽南方言的介词》，《介词——中国东南部方言比较研究丛书（第五辑）》，暨南大学出版社。

李润桃（1996），《“被”字句语义问题初探》，《殷都学刊》，第2期。

李森森（2013），《〈型世言〉被动式研究》，山东师范大学硕士论文。

李　珊（1994），《现代汉语被字句研究》，北京大学出版社。

李思明（1990），《〈水浒〉中的积极被动句——“蒙”字句》，《安庆师范学院学报》，第1期。

李　炜（2004），《清中叶以来北京话的被动“给”及其相关问题——兼及“南方官话”的被动“给”》，《中山大学学报》，第3期。

李　炜、濑户口律子（2007），《琉球官话课本中表使役、被动义的“给”》，《中国语文》，第2期。

李文泽（2001），《宋代语言中的兼语句研究》，《汉语史研究集刊（第四辑）》，巴蜀书社。

李　炎（2006），《〈醒世姻缘传〉及明清句法结构历时演变的定量研究》，百花洲文艺出版社。

李　炎（2012），《论汉语使役形式向被动形式的转化》，《厦门大学学报》，第1期。

李宇明、陈前瑞（2005），《北京话“给”字被动句的地位及其历史发展》，《方言》，第4期。

李宗江（1996），《〈红楼梦〉中的“与”和“给”》，《汉语常用词演变研究》，汉语大词典出版社。

梁德曼、黄尚军（1998），《成都方言词典》，江苏教育出版社。

林寒生（2002），《闽东方言词汇语法研究》，云南大学出版社。

刘　坚（1992），《近代汉语虚词研究》，语文出版社。

刘　坚（1995），《论诱发汉语词汇语法化的若干因素》，《中国语文》，第 3 期。
刘　英（2012），《〈西游记〉汉语被动式研究》，山东大学硕士论文。
卢晓群（2007），《湘语语法研究》，中央民族大学出版社。
吕景先（1980），《唐明之间汉语的被动式》，《河南大学学报》，第 2 期。
吕叔湘（1952），《语法修辞讲话》，辽宁教育出版社。
吕叔湘（1980），《现代汉语八百词》，商务印书馆。
吕叔湘（1984），《近代汉语指代词》，学林出版社。
吕思洁（2007），《〈水浒全传〉"被"字句及"被"字结构研究》，四川师范大学硕士论文。
马贝加（2002），《近代汉语介词》，中华书局。
马纯武（1981），《也谈"被"字句的语义问题》，《汉语学习》，第 6 期。
马兴芳（2001），《近代汉语被动义"吃"字结构格式、意义考察》，《临沂师范学院学报》，第 3 期。
莫　超（2004），《白龙江流域汉语方言语法研究》，中国社会科学出版社。
木村英树（2005），《北京话"给"字句扩展为被动句的语义动因》，《汉语学报》，第 2 期。
潘允中（1982），《汉语语法史概要》，中州书画社。
朴乡兰（2011），《汉语"教 / 叫"字句从使役到被动的演变》，《语言科学》，第 6 期。
钱曾怡（2001），《山东方言研究》，齐鲁书社。
钱乃荣（1992），《当代吴语研究》，上海教育出版社。
桥本万太郎（1987），《汉语被动式的历史·区域发展》，《中国语文》，第 1 期。
屈哨兵（2004），《"着"与相关被动标记的共现数目、类型及成因》，《华南农业大学学报》，第 1 期。

屈哨兵（2008），《现代汉语被动标记研究》，华中师范大学出版社。
沈家煊（2005），《语法化与语法研究（二）》，商务印书馆。
沈　明（2002），《太原话的“给”字句》，《方言》，第2期。
施其生（1997），《汕头方言的动词谓语句》，《动词谓语句——中国东南部方言比较研究丛书（第三辑）》，暨南大学出版社。
施其生（2000），《汕头方言的介词》，《介词——中国东南部方言比较研究丛书（第五辑）》，暨南大学出版社。
石汝杰（1996），《吴语读本——明清吴语和现代苏州方言》，日本好文出版社。
石汝杰（1997），《高淳方言的动词谓语句》，《动词谓语句——中国东南部方言比较研究丛书（第三辑）》，暨南大学出版社。
石毓智（2004a），《汉语语法化的历程》，北京大学出版社。
石毓智（2004b），《兼表被动和处置的“给”的语法化》，《世界汉语教学》，第3期。
石毓智（2005），《被动式标记语法化的认知基础》，《民族语文》，第3期。
石毓智（2006），《语法化的动因与机制》，北京大学出版社。
史在宏（2006），《〈金瓶梅〉被动句式研究》，四川师范大学硕士论文。
太田辰夫（1987/2003），《中国语历史文法》，北京大学出版社。
太田辰夫（1959），《说“给”》，《语法论集（三）》，中华书局。
唐钰明（1985），《论先秦汉语被动式的发展》，《中国语文》，第4期。
唐钰明（1987），《汉魏六朝被动式略论》，《中国语文》，第3期。
唐钰明（1988），《唐至清的“被”字句》，《中国语文》，第6期。
唐钰明（1991），《汉魏六朝佛经“被”字句的随机统计》，《中国语文》，第4期。
唐钰明（2002），《著名中年语言学家自选集——唐钰明卷》，安徽教育出版社。
田春来（2009），《近代汉语“著”字被动句》，《语言科学》，第5期。
田春来（2010），《表被动的“遭”的历时考察》，《古汉语研究》，第1期。
田春来（2012），《〈祖堂集〉介词研究》，中华书局。
王　虎、金御真（2011），《“吃”字被动句研究》，《五邑大学学报》，第1期。
王　健（1996），《“给”字句表处置的来源》，《语文研究》，第2期。
王　力（1957），《汉语被动式的发展》，《语言学论丛（第一辑）》，商务印书馆。
王　力（1958），《汉语史稿》，中华书局。
王　力（1989），《汉语语法史》，商务印书馆。
王振来（2006），《从语法化和方言的角度考察被动标记》，《汉语学习》，第4期。
吴福祥（1996），《敦煌变文语法研究》，岳麓书社。
吴福祥（2003），《语法化与语法研究（一）》，商务印书馆。
吴福祥（2004），《敦煌变文12种语法研究》，河南大学出版社。
吴福祥（2004），《〈朱子语类〉辑略语法研究》，河南大学出版社。
向　熹（1958），《〈水浒传〉中的“把”字句、“将”字句和“被”字句》，《语言学论丛（第二辑）》，商务印书馆。
向　熹（1993），《简明汉语史》，高等教育出版社。
谢燕玲（2006），《〈三遂平妖传〉“被”字句研究》，《社科纵横》，第1期。
邢福义（2006），《汉语被动表述问题研究新拓展》，华中师范大学出版社。

邢公畹（1989），《红河上游傣雅语》，语文出版社。
许宝华、宫田一郎（1999），《汉语方言大词典》，中华书局。
许绍早（1956），《〈水浒〉中的被动句》，《东北人文科学学报》，第3期。
许仰民（1989），《论〈金瓶梅词话〉的“乞”字句》，《信阳师范学院学报》，第2期。
许仰民（1990），《〈金瓶梅词话〉的被动句》，《殷都学刊》，第2期。
许仰民（2006），《〈金瓶梅词话〉语法研究》，中华书局。
杨秋泽（1990），《利津方言志》，语文出版社。
杨月蓉（2007），《从“教（叫）”看汉语被动句和使动句的互转》，《重庆工商大学学报》，第5期。
俞光中、植田均（1999），《近代汉语语法研究》，学林出版社。
袁　宾（1989），《〈祖堂集〉被动句研究》，《中国语文》，第1期。
袁　宾（1992），《近代汉语概论》，上海教育出版社。
袁　宾、徐时仪等（2001），《二十世纪的近代汉语研究》，书海出版社。
袁　宾（2005），《“蒙”字句），《语言科学》，第6期。
曾毓美（2001），《湘潭方言语法研究》，湖南大学出版社。
张　博（1999），《组合同化：词义衍生的一种途径》，《中国语文》，第2期。
张　定（2006），《枞阳方言被动标记“着”的历史来源及其语法化》，《安徽教育学院学报》，第1期。
张惠英（1989），《说“给”和“乞”》，《中国语文》，第5期。
张惠英（2002），《汉藏系语言和汉语方言比较研究》，民族出版社。
张惠英（2005），《语言现象的观察与思考》，民族出版社。
张美兰（2006），《近代汉语使役动词及其相关的句法、语义结构》,《清华大学学报》,第2期。
张树铮(1995),《寿光方言志》,语文出版社。
张延俊(2010),《汉语被动式历时研究》,中国社会科学院出版社。
张延俊(2011),《“遭”字被动式研究》,《长江学术》,第2期。
张延俊(2011),《近古汉语“教”字被动式的形成与发展》,《信阳师范学院学报》,第1期。
张一舟、张清源、邓英树(2001),《成都方言语法研究》,巴蜀书社。
张振兴(1992),《漳平方言研究》,中国社会科学出版社。
张振兴(1999),《从汉语方言的被动式谈起》,《汉语法特点面面观》,北京语言文化大学出版社。
张振兴(2002),《著名中年语言学家自选集——张振兴卷》,安徽教育出版社。
张振羽(2010),《“着”字被动句来源的多视角考察》,《宁夏大学学报》,第1期。
赵明鸣(2001),《〈突厥语词典〉语言被动态及其被动结构研究》,《民族语文》,第4期。
郑　宏(2009),《近代汉语“与”字被动句考察》,《语文研究》,第3期。
郑　宏(2012),《近代汉语“把”字被动句及其在现代汉语方言中的地域分布》,《西北大学学报》,第3期。
志村良治(1995),《中国中世语法史研究》,中华书局。
中国社会科学院(1987),《中国语言地图集》,香港朗文(远东)有限公司。
周崇谦(2003),《〈水浒传〉的被动句》,《张家口职业技术学院学报》,第3期。
周　磊(2002),《乌鲁木齐话“给”字句研究》,《方言》,第1期。

周　磊（2002），《乌鲁木齐话的被动标记》，《汉语方言语法研究和探索》，黑龙江人民出版社。

周士宏（2005），《汉语被动标志的类型学考察》，《汉语学报》，第3期。

周　杨、张菊萍（2008），《近代汉语被动标记“吃”消失的语音动因》，《襄樊学院学报》，第3期。

周一民（1998），《北京口语语法·词法卷》，语文出版社。

周　芸（2007），《句容方言的“把”字被动句》，《唐山师范学院学报》，第3期。

祝敏彻（1957），《早期处置式略论》，《语言学论丛（第一辑）》，商务印书馆。

左福光（2005），《四川宜宾方言的被动句和处置句》，《方言》，第4期。

左林霞（2004），《孝感方言的标记被动句》，《方言》，第2期。

佐佐木勋人（2002），《由给予动词构成的处置式》，《语法研究与探索（十一）》，商务印书馆。

P.A. Bennett（本涅特） (1981),The Evolution of Passive and Disposal Sentence,Journal of Chinese Linguistics,vol9.

引 用 文 献

《朝鲜时代汉语教科书丛刊》，汪维辉编，中华书局，2005。
《初刻拍案惊奇》，（明）凌濛初著，中华书局，2001。
《敦煌变文集》，王重民等编，人民文学出版社，1984。
《儿女英雄传》，（清）文康著，上海古籍出版社，1991。
《二刻拍案惊奇》，（明）凌濛初著，中华书局，2001。
《二马》，老舍著，人民文学出版社，1998。
《二十年目睹之怪现状》，（清）吴趼人著，人民文学出版社，2000。
《古尊宿语录》，（宋）赜藏主等著，萧萐父、吕有祥点校，中华书局，1994。
《关汉卿戏曲集》，中国戏剧出版社，1958。
《官场现形记》，（清）李伯元著，中华书局，2002。
《海上繁华梦》，（清）孙家振著，上海古籍出版社，1991。
《海上花列传》，（清）韩邦庆著，人民文学出版社，1982。
《红楼梦》，（清）曹雪芹著，人民文学出版社，1990。
《家》，巴金著，人民文学出版社，2000。
《金瓶梅词话》，（明）兰陵笑笑生著，人民文学出版社，2000。
《近代汉语语法资料汇编（宋代卷）》，刘坚、蒋绍愚主编，商务印书馆，1993。
《近代汉语语法资料汇编（唐五代卷）》，刘坚、蒋绍愚主编，商务印书馆，1995。
《近代汉语语法资料汇编（元代明代卷）》，刘坚、蒋绍愚主编，商务印书馆，1995。
《警世通言》，（明）冯梦龙著，上海古籍出版社，1998。
《镜花缘》，（清）李汝珍著，上海古籍出版社，1991。
《九尾龟》，（清）张春帆著，荆楚书社，1989。
《老残游记》，（清）刘鹗著，中华书局，2001。
《鲁迅文集》，黑龙江人民出版社，2004。
《骆驼祥子》，老舍著，人民文学出版社，2000。
《明清民歌时调集》，上海古籍出版社，1987。
《孽海花》，（清）曾朴著，中华书局，2001。
《清平山堂话本》，（明）洪楩著，谭正璧校点，上海古籍出版社，1987。
《全宋词》，唐圭璋编，中华书局，2009。
《全唐诗》，（清）彭定求等编，中华书局，1960。
《全元曲》，河北教育出版社，1998。
《儒林外史》，（清）吴敬梓著，中华书局，1999。
《入唐求法巡礼行记》，（日）圆仁著，白化文等校注，花山文艺出版社，1992。
《三国演义》，（明）罗贯中，人民文学出版社，2005。
《三遂平妖传》，（明）罗贯中著，华夏出版社，1995。
《水浒传》，（明）施耐庵、罗贯中著，人民文学出版社，1990。
《死水微澜》，李劼人著，人民文学出版社，2000。
《四世同堂》，老舍著，北京出版社，1986。
《宋元小说家话本集》，程毅中辑注，齐鲁书社，2000。
《唐宋史料笔记：隋唐嘉话 朝野佥载》，程毅中校，中华书局，1979。
《王朔文集》，北京华艺出版社，1992。

《围城》，钱锺书著，人民文学出版社，1997。
《文明小史》，（清）李伯元著，中华书局，2002。
《五灯会元》，（宋）释普济著，中华书局，1984。
《西游记》，（明）吴承恩著，人民文学出版社，1980。
《小额（节选）》，《中国近代文学研究（第一辑）》，广东人民出版社，1983。
《新编五代史平话》，中国古典文学出版社，1954。
《新刊大宋宣和遗事》，上海古典文学出版社，1954。
《新校元刊杂剧三十种》，徐沁君点校，中华书局，1994。
《型世言》，（明）陆人龙著，中华书局，1993。
《醒世恒言》，（明）冯梦龙著，上海古籍出版社，1998。
《醒世姻缘传》，（清）西周生著，中华书局，2002。
《永乐大典戏文三种校注》，钱南扬校注，中华书局，1979。
《语言自迩集——19世纪中期的北京话》，（英）威妥玛著，张卫东译，北京大学出版社，2002。
《喻世明言》，（明）冯梦龙著，上海古籍出版社，1998。
《张爱玲文集》，安徽文艺出版社，1992。
《赵树理全集》，北岳文艺出版社，2000。
《朱子语类》，（宋）黎靖德编，中华书局，1994。
《子夜》，茅盾著，人民文学出版社，2000。
《祖堂集》，（南唐）静筠二禅师著，吴福祥、顾之川点校，岳麓书社，1996。

后记

本书《近代汉语有标记被动句研究》是教育部2010年人文社科青年项目最终的成果，也是本人在博士论文《近代汉语表被动的“吃”“叫”“给”及其在方言中的分布》基础上深入探索的成果。

这个题目源于我的博士生导师唐钰明先生在《汉语史》课上布置的一次小作业，主要探讨汉语史上的“被动句”。先生早于20世纪80年代起就发表了系列论文研究被动句，从历时的角度基本已将主流“被”字句的来源、发展演变解释得很清楚了。近代汉语时期，是多种被动标记百花齐放的时期，先生谈到了“被”字句，那其他被动句又有怎样的发展演变过程呢？于是我开始着手考察，结果发现近代汉语有标记被动句的来源非常有趣，发展演变过程也具有一定的规律性，这下研究的兴趣一发而不可收。读博士期间，我选修了施其生先生的方言课，课程结束时，我提交了一篇论文，内容涉及汉语方言有标记被动句的汉语史考察，得到了施先生的认可，更加坚定了我对近代汉语有标记被动句的研究方向。我从共时、历时角度深入细致地考察近代汉语有标记被动句，并以此作为博士论文的研究课题。

特别要感谢我最尊重的唐钰明先生，如果没有先生的认同，在博士面试的时候，紧张的我根本没有机会师从先生门下，更不可能从先生身上学到更多的语言学知识和做人的道理。感谢我的硕士生导师刘静先生，为我开启了语言学这扇大门，领我走进音韵学的世界，教我如何实地调查方言。感谢施其生先生、邢向东先生在我读书期间给予的学业上的指导和帮助。仔细想来，我今日热爱和从事学术研究，均得益于几位先生的精心栽培。

本书得以顺利出版，特别要感谢我的工作单位深圳职业技术学院学术著作出版基金的资助，学校和我所在的人文学院重视学术研究，为我提供了各种便利。感谢语文出版社的编辑，为我的书稿不辞辛劳。感谢我的师友、同学、同事、家人给予我的各种帮助，使我能专注于我所热爱的事业。

这本书即将付梓，我内心既高兴又忐忑。高兴的是，从 2007 年我博士毕业至今，十年有余，因各种原因阻滞，此书未能及时出版，如今终于要出版了。忐忑的是，这本书的不足和缺憾，我十分清楚，但就目前来说，我还没有能力彻底解决。还是套用句老话吧，“路漫漫其修远兮，吾将上下而求索”。